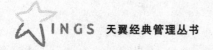

INGS 天翼经典管理丛书

 中国企业

U0593497

主 编 陈佳贵
副主编 彭华岗 黄群慧

中国企业 2009 社会责任发展指数报告

Report on China Top Firms CSR Index（2009）

中国社会科学院经济学部
企业社会责任研究中心

钟宏武 张蒽 张唐槟 孙孝文 著

经济管理出版社
ECONOMY & MANAGEMENT PUBLISHING HOUSE

图书在版编目（CIP）数据

中国企业社会责任发展指数报告.2009/钟宏武等著.
—北京：经济管理出版社，2009.12
ISBN 978-7-5096-0856-2

Ⅰ.①中… Ⅱ.①钟… Ⅲ.①企业—社会—职责—研究报告—中国—2009 Ⅳ.①F279.2

中国版本图书馆 CIP 数据核字（2009）第 223673 号

出版发行：**经济管理出版社**

北京市海淀区北蜂窝 8 号中雅大厦 11 层

电话：(010)51915602　　　邮编：100038

印刷：北京银祥印刷厂	经销：新华书店
组稿编辑：陈 力	责任编辑：陈 力 李晓宪
技术编辑：杨国强	责任校对：超 凡

880mm×1230mm/16　　　　　20.25 印张　　　535 千字
2009 年 12 月第 1 版　　　　2009 年 12 月第 1 次印刷

定价：280.00 元

书号：ISBN 978-7-5096-0856-2

《中国企业社会责任》文库

编委会

《中国企业社会责任》文库总序

2006 年以来，我国企业社会责任运动进入一个新的历史阶段，呈现出全社会参与、全面加速和中心扩散的特征。首先，是全社会参与。政府部门、公众、媒体、员工、消费者、社会团体、社区、投资者、研究机构等企业利益相关方的社会责任意识开始觉醒，从各个角度以各种方式向企业施压，形成了形式各异的责任运动。在不平凡的 2008 年，先后发生了南方雪灾、5·12 汶川大地震、"三鹿奶粉事件"和国际金融危机等重大事件，2008 年 11 月胡锦涛主席在 APEC 会议上提出"企业应该树立全球责任观念，自觉将社会责任纳入经营战略，完善经营模式，追求经济效益和社会效益的统一。"社会责任已成为企业生存发展的必修课。

其次，企业社会责任运动呈现出全面加速的特征。目前，中国企业已经认识到社会责任的重要性和必要性，企业社会责任实践的重点不是"解释问题"而是"解决问题"，企业极为关注"怎么做"和"做得好"。截至 2009 年 10 月，超过 500 家企业发布了企业社会责任报告；不少企业还建立了社会责任部门，统筹推动企业社会责任工作；此外，部分先进企业还在积极探索将社会责任工作融入企业战略和日常管理，建立全面社会责任管理体系。

再者，企业社会责任运动呈现出中心扩散的特征。从产业层面来看，我国企业社会责任运动起源于能源、电力等公共事业，目前已逐步向采掘、制造、贸易、零售、通信、金融、房地产等各行各业扩散。从区域层面来看，企业社会责任运动的中心从北京、上海、广州等东部中心城市向中部、西部省份扩散。

企业社会责任实践的不断发展，繁荣了我国企业社会责任的理论研究。20 世纪 90 年代，中国期刊全文数据库收集的企业社会责任论文年均 20 余篇；本世纪初，企业社会责任论文年均 800 余篇，2009 年达到 2900 余篇。

但遗憾的是，如此众多的理论成果并未对企业社会责任实践产生相应的影响力。一方面是因为一些理论工作者的研究题目过于西化，不太关注我国的现实问题，导致理论成果与具体实践"两张皮"；另一方面是缺乏一个集中展示优秀理论成果的平台，一些重大的研究成果散见在浩如烟海的普及性读物之中，增大了广大读者的甄别难度，减弱了此类成果的影响效力。

为了解决上述问题，中国社会科学院经济学部企业社会责任研究中心与经济管理出版社合作推出《中国企业社会责任》文库，为关注中国企业社会责任理论与实践的重大研究成果提供统一的出版平台，使得理论成果更快更好地指导具体实践。

《中国企业社会责任》文库将通过专家推荐、文库编委会评选的形式，每年向全社会精选 10 本重要研究成果出版发行、宣传推广，再通过 3~5 年的运行，为中国企业社会责任贡献一批传世之作！

全国人大常委会委员

中国社会科学院学部主席团代主席

陈佳贵

2009 年 12 月

报告摘要

　　《中国企业社会责任发展指数报告》（2009）根据经典社会责任理论和国外典型评价体系，结合中国实际，构建了一套覆盖全面、结构一致、可行可比的企业社会责任发展指数，从责任管理、市场责任、社会责任、环境责任等多方面全面研究、评价了国企100强、民企100强和外企100强的社会责任管理水平和社会责任信息披露现状，客观反映了中国企业社会责任发展现状和阶段性特征。为了直观反映出企业的社会责任管理现状和信息披露水平，将企业社会责任发展阶段划分为四类：领先者（60分以上）、追赶者（40~60分）、起步者（20~40分）和旁观者（20分以下）。

　　第一章"中国100强系列企业社会责任发展指数（2009）"评价中国国有企业100强、民营企业100强和外资企业100强共300家企业的社会责任管理现状和责任信息披露水平。研究发现：（1）中国100强系列企业社会责任发展指数平均为20.2分，处于起步者初期阶段；（2）国企100强社会责任指数整体高于民企100强和外企100强；（3）电网行业处于领先者阶段，大多数行业仍处于旁观者阶段；（4）企业社会责任领先者和追赶者集中于国有企业，旁观者中外资企业占比最大。300家企业中有14家领先企业，其中12家是国有企业，其余2家为民营企业，没有一家外资企业的社会责任发展进入领先阶段。300家企业中还有179家处于旁观阶段，其中，国有企业仅占1/5，民营企业占1/3强，而外资企业占到了2/5强。

　　第二章"中国国有企业100强社会责任发展指数（2009）"对中国国有企业100强的社会责任管理与社会责任信息披露现状进行了全方位的评价。研究发现：（1）国有企业100强社会责任发展指数平均得分为30.6分，达到起步者阶段；（2）中央企业和国有金融企业社会责任指数远远领先于其他国有企业；（3）企业规模与社会责任指数成正比，企业规模越大，社会责任指数越高；（4）责任管理落后于责任实践，责任实践中市场责任领先于社会责任和环境责任。

　　第三章"中国民营企业100强社会责任发展指数（2009）"对中国民营企业100强的社会责任管理与社会责任信息披露现状进行了全方位的评价。研究发现：（1）民企100强的社会责任平均得分仅为17.9分，处于"旁观者"阶段，社会责任推进工作仍未全面启动；（2）服务型企业社会责任履行情况明显优于制造企业；（3）多数区域民营企业100强社会责任工作仍未真正起步；（4）责任管理落后于责任实践；（5）不存在责任管理与责任实践皆领先的"双优企业"，55家企业属于"双差企业"。

　　第四章"中国外资企业100强社会责任发展指数（2009）"对在华外资企业100强的社会责任管理与社会责任信息披露现状进行了全方位的评价。研究发现：（1）外资企业100强的社会责任发展指数仅为12.1分，整体仍处于旁观者阶段；（2）外资在华企业社会责任信息披露不规范，有10家外资企业未建立中文网站，有12家外资企业网站中未披露任何社会责任信息；（3）外资企业社会责任发展指数的行业差距较大，通信设备制造业得分较高，纺织服装业得分为负；（4）各国/地区在华企业均持"旁观态度"，港台企业尤为落后；（5）外资企业责任管理落后于责任实践，在责任实践中社会责任领先于市场责任和环境责任；（6）不存在责任管理与责任实践皆领先的"双优企业"，72家企业属于"双差企业"。

目　录

第一章 中国 100 强系列企业社会责任发展指数（2009）

中国社科院经济学部企业社会责任研究中心根据经典社会责任理论和国外典型评价体系，结合中国实际，构建了一套覆盖全面、结构一致、可行可比的企业社会责任指标，从责任管理、市场责任、社会责任、环境责任等多方面评价中国国有企业 100 强、民营企业 100 强和外资企业 100 强共 300 家企业的社会责任管理现状和责任信息披露水平，辨析出中国企业社会责任发展进程的阶段性特征，为中国企业社会责任的深入研究提供基准性参考。《中国 100 强系列企业社会责任发展指数报告》（2009）是本研究的最终成果。

第一节 研究方法与技术路线

中国企业社会责任发展指数是对中国企业社会责任管理体系建设现状和责任信息披露水平进行评价的综合指数。其研究路径如下：首先根据"三重底线"（Triple Bottom Line）和利益相关方理论（Stakeholders Theory）等经典的社会责任理论构建出一个责任管理、经济责任、社会责任、环境责任"四位一体"的理论模型；其次通过对标分析国际社会责任指数、国内社会责任倡议文件和世界 500 强企业社会责任报告构建出分行业的社会责任评价指标体系；再次从企业社会责任报告、企业年报、企业官方网站①收集中国国有企业 100 强、民营企业 100 强和外资企业 100 强共 300 家企业的 2008 年度的社会责任信息；②最后对企业的社会责任信息进行内容分析和定量评价，得出企业社会责任发展指数初始得分，并通过责任奖项、责任缺失和创新责任管理等项目对初始得分进行调整，得到企业社会责任发展指数最终得分与排名（如图 1-1 所示）。

---

① 企业负面信息的来源包括人民网、新华网等权威媒体和相关政府网站。
② 本研究收集信息的区间是 2008 年 1 月 1 日到 2009 年 6 月 30 日。

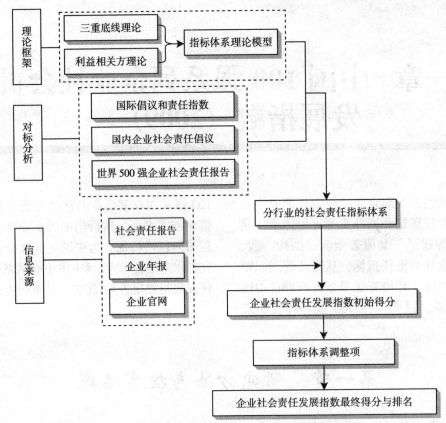

图1-1　中国100强系列企业社会责任发展指数研究路径

一、理论模型

中国企业社会责任指标体系的理论基础是三重底线观和利益相关方理论。三重底线观认为，企业行为要满足经济底线、社会底线与环境底线，企业不仅要对股东负责，追求利润目标，而且要对社会、环境负责。企业社会责任实质上是企业对股东、客户、员工、供应商、社区等利益相关方和环境的责任。

基于上述理论，本研究构建了一个新的社会责任理论模型（如图1-2所示）。居中的是责任管理，这是每个企业社会责任实践的原点，企业责任管理包括责任治理机制、责任推进工作、责任

沟通机制和守法合规体系。市场责任居于模型的下方，因为企业是经济性组织，为市场高效率、低成本地提供有价值的产品/服务，取得较好的财务绩效是企业可持续发展的基础。市场责任包括客户责任、伙伴责任和股东责任等与企业业务活动和市场责任密切相关的责任。社会责任居于模型的左上方，包括政府责任、员工责任和社区责任。环境责任居于模型的右上方，包括环境管理、节约资源/能源、降污减排等内容。整个模型围绕责任管理这一核心，以市场责任为基石，社会责任、环境责任为两翼，形成一个稳定的闭环三角结构。

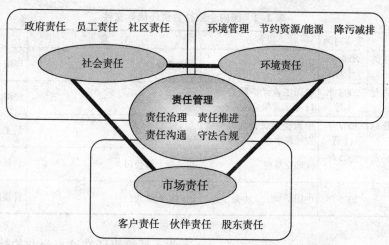

政府责任　员工责任　社区责任　　　环境管理　节约资源/能源　降污减排

社会责任　　　　　　环境责任

责任管理
责任治理　责任推进
责任沟通　守法合规

市场责任

客户责任　伙伴责任　股东责任

图 1-2　中国 100 强系列企业社会责任发展指数理论模型

二、对标分析

为了使中国企业社会责任发展指数指标体系既能遵从国际规范又符合中国实际，本研究参考了国际企业社会责任倡议和指标体系、国内企业社会责任倡议以及世界 500 强企业的社会责任报告。

参考的国际企业社会责任倡议和指标体系包括全球报告倡议组织（GRI）可持续发展报告指南（G3）、《财富》100 强责任排名指数、道琼斯可持续发展指数、富时可持续性投资指数

（FTSE4Good）、约翰内斯堡股票交易所责任投资指数、英国企业商会（BiTC）企业责任指数等；参考的国内企业社会责任倡议包括《中央企业履行社会责任的指导意见》《中国工业企业及工业协会社会责任指南》、《中国企业社会责任推荐标准和实施范例》、《深圳证券交易所上市公司社会责任指引》、《中国纺织企业社会责任管理体系》等；参考的世界 500 强企业的社会责任报告主要是中国 100 强企业所涉及的行业的社会责任报告，以借鉴其中的行业关键指标。

表 1-1　国际企业社会责任指数

	发布时间	发布方	对　象	分类原则
全球报告倡议组织（GRI）可持续发展报告指南（G3）	2006 年	全球报告倡议组织	全球企业	战略及概况、管理方针以及绩效指标
《财富》100 强责任排名指数	2004 年	英国 Account Ability 研究所和 CSR Network 咨询公司	《财富》全球 500 强前 100 名企业	利益相关方、治理、战略、绩效管理、公开披露以及是否聘用外部独立审验六个方面
道琼斯可持续发展指数	1999 年	道琼斯公司（Dow Jones）与可持续资产管理公司	道琼斯指数 DJSI 所覆盖的 24 个国家 58 个工业组织中前 10% 的在可持续发展领域领先的公司	经济、社会、环境
富时可持续性投资指数（FTSE4Good）	2001 年	伦敦证交所与英国伦敦《金融时报》	涵盖英国、欧洲大陆以及美国等的 100 家公司	环境、社会和利益相关方、人权、供应链中的劳工和反腐败等标准
约翰内斯堡责任投资指数	2004 年	富时集团与约翰内斯堡股票交易所	约翰内斯堡指数的前 40 家公司和上一年度责任投资指数所包含的公司	经济、社会、环境、公司治理
英国企业商会（BiTC）企业责任指数	2002 年[①]	英国企业商会	FTSE100 和 FTSE250 中的公司，道琼斯可持续发展指数中各行业中的领先公司，英国企业商会中的大公司	环境、社会

① 1992 年首先设立了环境指数。

表1–2 国内企业社会责任倡导文件

名 称	发布时间	发布方	对 象	分类原则
《中央企业履行社会责任的指导意见》	2008年1月	国资委	中央企业	经济、社会、环境
《中国工业企业及工业协会社会责任指南》	2008年4月	中国工业经济联合会等11家工业协会	国内工业企业	经济、社会、环境、产品
《中国企业社会责任推荐标准和实施范例》	2007年11月	中国企业联合会可持续发展理事会	国内企业	员工、产品、环境、社会
《深圳证券交易所上市公司社会责任指引》	2007年4月	深圳交易所	深交所上市公司	利益相关方
《中国纺织企业社会责任管理体系》	2005年	中国纺织工业协会	国内纺织企业	管理体系、员工

三、构建分行业的社会责任指标体系

虽然所有企业都需要推进责任管理，履行经济、社会、环境责任，但不同行业的责任内容和责任重要性有很大差别。譬如，电力、石化等行业在经营中消耗大量的能源、资源，同时排出大量的废水、废渣、废气，环境责任尤为重大。环境责任在这类企业的社会责任指数中的权重应当较高，环境指标也更为复杂。反之，金融企业在经营中消耗资源较少、排污也较少，其主要的环境责任是绿色信贷、环境保险、绿色办公等。因

此，环境责任在这类企业的社会责任指数中的权重就相对较低，环境指标也较为简单。

本研究依据不同行业的社会责任特性，构建了分行业的企业社会责任指标体系。行业分类以国家统计局的"国民经济行业分类"为基础，根据承担的企业社会责任内容的相近程度，进行合并和拆分，确保指标体系构建的科学性和指标的实质性，最后形成24个行业（如表1–3所示）。中国100强系列企业中，属于金属制造业的企业最多，占16.3%，其次是通信设备制造业，占13.0%；而属于农业、造纸业的企业各只有1家。

表1–3 中国100强系列企业行业分类

评价样本行业分类	对应的国民经济行业分类	企业数量/家	占比/%
农业	农业	1	0.3
采矿业	采矿业	14	4.7
食品业	农副食品加工业和食品制造业	13	4.3
纺织服装业	纺织、服装、鞋、帽制造业	13	4.3
造纸业	造纸及纸制品业	1	0.3
石油石化	石油加工、炼焦及核燃料加工业；化学原料及化学制品制造业	28	9.3
医药制造业	医药制造业	4	1.3
金属制造业	黑色金属冶炼及压延加工业；有色金属冶炼及压延加工业；金属制品业	49	16.3
非金属矿物制品业	非金属矿物制品业	2	0.7
通用专用设备制造业	通用设备制造业；专用设备制造业	12	4.0
电气机械及器材制造业	电气机械及器材制造业	22	7.3
通信设备制造业	通信设备、计算机及其他电子设备制造业	39	13.0
交通运输设备制造业	交通运输设备制造业	22	7.3
电力	电力生产	6	2.0

续表

评价样本行业分类	对应的国民经济行业分类	企业数量/家	占比/%
电网	电力供应业	2	0.7
建筑业	建筑业	11	3.7
交通运输、仓储、邮政业	交通运输、仓储、邮政业	14	4.7
信息传输和软件业	信息传输、计算机服务和软件业	2	0.7
电信业	电信	3	1.0
零售业	零售业	13	4.3
银行	银行业	12	4.0
保险业	保险业	4	1.3
贸易	批发业	9	3.0
房地产	房地产业	4	1.3

中国企业社会责任指标体系由三个层级构成，各行业的一级指标与二级指标均相同，三级指标有所区别。一级指标包括责任管理、市场责任、社会责任和环境责任。其中，责任管理包括四个二级指标，分别是责任治理、责任推进、责任沟通和守法合规；市场责任包括三个二级指标，即股东责任、客户责任、伙伴责任；社会责任包括政府责任、员工责任和社区责任三个二级指标；环境责任由环境管理、节约资源/能源、降污减排构成。根据行业特性，客户责任、员工责任和整个环境责任板块下的三级指标在各行业之间有所差别。中国100强系列企业社会责任发展指数指标体系（基础版）如表1-4所示，各行业指数构成在此基础上有增删。

表1-4 中国100强系列企业社会责任发展指数指标体系（基础版）

一级指标	二级指标	主要三级指标	
责任管理	责任治理	● 明确核心业务的风险与机遇 ● 关心世界性问题 ● 加入国际社会责任组织 ● 明确社会责任理念	● 机构决策者声明可持续发展的机遇与挑战及其与机构及战略的关系 ● 建设社会责任领导机构
	责任推进	● 制定企业社会责任发展规划 ● 明确企业社会责任主管部门 ● 建立专门的企业社会责任部门或设立企业社会责任专员 ● 构建企业社会责任指标体系 ● 企业社会责任风险管理	● 明确企业的利益相关方 ● 开展企业社会责任培训 ● 推动下属企业履行社会责任（包括编写企业社会责任报告、建立组织体系等） ● 推动合作伙伴（上下游企业）履行社会责任
	责任沟通	● 利益相关方需求调查 ● 利益相关方与高层沟通机制 ● 公司主页上有企业社会责任专栏 ● 发布企业社会责任报告 ● 第几份企业社会责任报告 ● 是否已发布2008年企业社会责任报告	● 企业社会责任报告参考标准或指南 ● 企业社会报告披露负面信息 ● 企业社会责任报告数据可比性（包括纵向可比性与横向可比性） ● 企业社会责任报告可信度（报告含利益相关方评价、专家点评或第三方审验）
	守法合规	● 建立守法合规体系 ● 制定行业规范 ● 守法合规培训	● 反商业贿赂与措施 ● 反腐败制度与措施

一级指标	二级指标	主要三级指标	
市场责任	客户责任	● 研发投入 ● 专利数 ● 产品或服务质量管理 ● 产品合格率 ● 按照规定对产品信息进行说明	● 客户关系管理体系 ● 客户满意度调查 ● 积极应对客户投诉 ● 保护客户信息
	伙伴责任	● 建立战略合作机制 ● 责任采购 ● 责任贸易	● 合同履约率 ● 反不正当竞争 ● 信用评估等级
	股东责任	● 成长性 ● 收益性 ● 安全性	● 投资者关系管理 ● 宏观经济环境变化对财务绩效的影响及对策
社会责任	政府责任	● 响应政府宏观政策 ● 纳税总额	● 员工人数
	员工责任	● 劳动合同签订率或集体合同覆盖率 ● 社保覆盖率 ● 向员工提供有竞争力的薪酬 ● 平等雇佣制度、措施 ● 女性管理者比例 ● 职业安全健康管理体系 ● 安全健康培训 ● 体检员工比例	● 员工伤亡人数 ● 员工培训体系 ● 培训力度（包括培训覆盖面、人均培训投入、人均培训时间等） ● 员工职业发展规划 ● 员工意见传达到高层的渠道 ● 困难员工帮扶 ● 员工满意度 ● 员工流失率
	社区责任	● 评估运营对社区的影响 ● 本地化采购政策 ● 员工本地化政策 ● 捐赠方针	● 建立公益基金或基金会 ● 捐赠总额 ● 抗震捐赠额 ● 员工志愿者
环境责任	环境管理	● 环境管理体系 ● 通过 ISO14000 认证 ● 开展环保培训 ● 绿色采购	● 环保产品研发与销售 ● 环保总投资 ● 环保公益
	节约资源/能源	● 节约能源制度、措施 ● 单位产值能耗 ● 节约水资源制度、措施 ● 单位产值水耗	● 环保产品研发与销售 ● 环保总投资 ● 环保公益
	降污减排	● 减少废气排放制度、措施 ● 废气排放量或减排量 ● 减少废水排放的制度、措施 ● 废水排放量或减排量 ● 减少固体废弃物制度、措施	● 固体废弃物排放量或减排量 ● "三废"综合利用率 ● 减少温室气体排放制度、措施 ● 温室气体排放量或减排量

四、指标赋权与评分

中国 100 强系列企业社会责任发展指数的赋权与评分分为以下五个步骤：

（1）根据各行业指标体系中各项企业社会责任内容的相对重要性，运用层次分析法确定责任管理、市场责任、社会责任、环境责任等四大类责任板块的权重。

（2）根据指标的实质性和重要性，为每大类责任板块下的具体指标赋权。

（3）根据企业社会责任管理现状和信息披露的情况，给出各项社会责任内容下的每一个指标的得分。评分标准是：无论管理类指标或绩效类指标，如果从企业公开信息中能够说明企业已经建立了相关体系或者披露了相关绩效数据，就给分，否则，该项指标不得分。指标得分之和就是该项责任板块的得分。

（4）根据权重和各项责任板块的得分，计算企业社会责任发展指数的初始得分。计算公式为：

$$企业社会责任指数初始得分 = \sum_{j=1}^{k} W_j * A_j$$ ，其中，A_j 为企业某社会责任板块得分，W_j 为该项责任板块的权重。

（5）初始得分加上调整项得分就是企业社会责任发展指数最终得分。调整项得分包括企业社会责任相关奖项的奖励分（每个责任板块下的奖项奖励 1 分），企业社会责任缺失的惩罚分（每个责任板块下的缺失扣 2 分），以及对企业社会责任管理的创新实践的特别加分（加 5 分）。

五、评价对象

（一）中国国有企业 100 强

中国国有企业 100 强的样本选取以中国国有企业联合会、中国国有企业企业家协会联合发布的"2008 年中国国有企业 500 强"榜单为基础，在进入 500 强的国有企业中按照排名先后依次选取。由于军工企业的行业特殊性，在样本中予以剔除；[①] 个别企业的运营仍依靠财政拨款和政策性银行融资，经营较为特殊，也在样本中予以剔除；[②] 此外，对因重组导致原企业已不存在的样本也不做评价。[③] 最终挑选出 100 家国有企业构成研究样本，样本具有规模大、行业分布广的特点。

中国国有企业 100 强规模巨大，2007 年的平均营业收入约为 1300 亿元人民币，其营业收入之和相当于中国 2007 年 GDP 的 50.5%；国有企业 100 强行业分布广泛，共涉及 19 个行业；企业性质方面，国有金融企业比重小，[④] 中央企业与其他国有企业所占比重较大（国有企业 100 强样本特征详见第二章）。

（二）中国民营企业 100 强

中国民营企业 100 强样本选取以中国企业联合会发布的 2009 年民营企业 500 强名单为基础，以民营资本控股为原则，根据排名先后依次选取，并考虑了营业收入的规模和稳定性两个因素，最终选出中国民营企业 100 强。

民营企业 100 强规模较小，年平均营业收入为 313 亿元人民币；行业分布广泛，也来自于 19 个行业；区域分布上，覆盖了我国内地的所有地域。这符合我国民营经济"量大面广"、规模较小的特点（民营企业 100 强样本特征详见第三章）。

（三）中国外资企业 100 强

中国外资企业 100 强样本选取以商务部发布的 2007~2008 年度外商投资企业 500 强名单为基础。但是，商务部 500 强名单对于外商投资企业的界定采用了宽标准原则，即只要企业注册资本中含有外资成分即被认定为外商投资企业，因此 500 强名单中含有诸多"外资参股，内资控股"企业。但在通常情况下，这些"外资参股，内资控股"企业都被归类为"国有及国有控股"或"民营企业"。此外，商务部 500 强名单中，还存在多家企业同为某一外资集团控股子公司的现象，样本代表性受到影响。因此，我们对这一名单进行了必要的修正，并综合考虑业务的稳定性和影响力。为了使样本更具有规模代表性和影响力代表性，本研究还将对外商投资企业 500 强中具有重大影响的外资母公司在中国设立的中国总部公司纳入评价对象。

中国外资企业 100 强覆盖 13 个行业，涉及 17 个国家/地区，其母公司 59% 为世界 500 强（外资企业 100 强样本特征详见第四章）。

[①] 剔除的军工企业包括：珠海振戎国内公司、中国兵器工业集团公司、中国兵器装备集团公司、中国航天科工集团公司、中国航空工业第一集团公司、中国船舶重工集团公司等六家企业。

[②] 剔除的依靠财政拨款的企业是：沈阳铁路局、北京铁路局。

[③] 中国对外贸易运输（集团）总公司与中国长江航运（集团）总公司在 2009 年 3 月进行重组，成立新的公司——中国外运长航集团有限公司，中国对外贸易运输（集团）总公司已不存在，故予以剔除。

[④] 与中央企业和其他国有企业相比，我国国有金融企业的总数本来很小。

六、信息来源

中国 100 强系列企业社会责任发展指数的评价基础是企业主动、公开披露的社会责任信息。这些信息应该满足以下基本原则：主动性，向社会主动披露社会责任信息是企业重要的责任实践，因此，这些信息应该是企业主动披露的信息；公开性，利益相关方能够通过公开渠道方便地获取相关信息；实质性，这些信息要能切实反映企业履行社会责任的水平；时效性，这些信息要反映出企业最新的责任状况。

依据上述原则，本研究确定了三类信息来源：企业社会责任报告、①企业年报以及企业官方网

站。本研究的信息搜集工作于 2009 年 6 月 30 日截止，因此社会责任报告和年报以 2009 年 6 月 30 日之前能够从网络获取的最近的一期报告为准，企业官方网站的实时消息以 2008 年 1 月 1 日至 2009 年 6 月 30 日期间发布的信息为准。

本研究在对企业履行社会责任的情况进行评价时，不仅着眼于企业的积极行为和正面信息，还考虑了企业的消极行为和负面信息。但由于中国企业很少在社会责任报告、年报以及官方网站中主动披露企业责任缺失的负面信息，因此责任缺失的信息来源不限于这三类，而是参考了新华网、人民网等权威媒体和政府相关网站的报道。

第二节　评价结论

根据责任管理、市场责任、社会责任和环境责任四位一体的责任评价体系，得出中国 100 强系列企业社会责任发展指数。

一、排名与分类

中国 100 强系列企业的社会责任整体水平仍然较低，社会责任发展指数平均分为 20.2 分。中国 100 强系列企业排名与各企业得分如表 1-5 所示。

表 1-5　中国 100 强系列企业社会责任发展指数（2009）

排名	企业名称	企业性质	行　业	创新责任管理	得分
领先者（14 家）					
1	中国远洋运输（集团）总公司	国有企业	交通运输、仓储、邮政业	企业社会责任与风险管理相融合	84.5
2	国家电网公司	国有企业	电网业	发布《国家电网公司企业社会责任指南》	77.0
3	中国移动通信集团公司	国有企业	电信业	加入道琼斯可持续发展指数	74.5
4	中国大唐集团公司	国有企业	电力业	企业开放日	73.5
5	中国华能集团公司	国有企业	电力业	发布《可持续发展宣言》	73.0
6	宝钢集团有限公司	国有企业	金属制造业	建立可持续发展研究所	71.5
7	联想控股有限公司	民营企业	通信设备制造业	发布《社会责任白皮书》	70.5
8	中国海洋石油总公司	国有企业	石油石化	加入 3C（Combat Climate Change）组织	69.0
9	中国中铁股份有限公司	国有企业	建筑业	—	64.5
10	中国平安保险（集团）股份有限公司	民营企业	保险业	—	64.0
11	中国工商银行股份有限公司	国有企业	银行业	—	62.5

---

① 企业社会责任报告是企业非财务报告的统称，包括可持续发展报告、企业公民报告、企业社会责任报告等。

续表

排名	企业名称	企业性质	行 业	创新责任管理	得分
12	中国石油天然气集团公司	国有企业	石油石化	发布《哈萨克斯坦报告》	62.0
12	中国中钢集团公司	国有企业	采矿业	发布中国企业首份国别社会责任报告《中钢非洲报告》	62.0
14	中国石油化工集团公司	国有企业	石油石化	—	60.3
追赶者（28家）					
15	武汉钢铁（集团）公司	国有企业	金属制造业	—	59.5
16	中国民生银行股份有限公司	民营企业	银行业	中国银行业率先建立企业社会责任中心	59.0
17	中国中化集团公司	国有企业	石油石化	—	58.5
18	鞍山钢铁集团公司	国有企业	金属制造业	—	57.5
18	交通银行股份有限公司	国有企业	银行业	—	57.5
20	中国铁建股份有限公司	国有企业	建筑业	—	56.0
20	东风汽车公司	国有企业	交通运输设备制造业	—	56.0
22	中国南方航空集团公司	国有企业	交通运输、仓储、邮政业	—	55.0
22	中国建设银行股份有限公司	国有企业	银行业	—	55.0
24	中国华电集团公司	国有企业	电力业	—	54.5
25	中国南方电网有限责任公司	国有企业	电网业	—	54.0
26	中国国电集团公司	国有企业	电力业	—	52.0
27	华润（集团）有限公司	国有企业	零售业	发布《2007年华润企业公民建设白皮书》	51.5
28	中国银行	国有企业	银行业	—	51.0
29	新希望集团有限公司	民营企业	食品业	中国光彩事业的倡导者和践行者	50.0
30	首钢总公司	国有企业	金属制造业	—	48.5
30	中国人寿保险（集团）公司	国有企业	保险业	—	48.5
32	华夏银行股份有限公司	民营企业	银行业	—	46.5
33	中国国际海运集装箱（集团）股份有限公司	国有企业	交通运输、仓储、邮政业	—	45.5
34	中国农业银行	国有企业	银行业	—	43.5
34	通用汽车（中国）	外资企业	交通运输设备制造业	—	43.5
36	中国交通建设集团有限公司	国有企业	建筑业	—	43.0
36	索尼公司	外资企业	通信设备制造业	—	43.0
38	招商银行股份有限公司	民营企业	银行业	发起中国企业社会责任同盟	42.5
39	金光纸业（中国）投资有限公司	外资企业	造纸业	—	42.0
40	TCL集团	国有企业	电气机械及器材制造业	—	41.5
41	可口可乐（中国）饮料有限公司	外资企业	食品业	建立可口可乐中国企业公民委员会	41.0
42	华为技术有限公司	民营企业	通信设备制造业	发布社会责任采购指南	40.0
起步者（79家）					
43	美的集团有限公司	民营企业	电气机械及器材制造业	发布年度 CSR 规划	39.5
44	上海贝尔阿尔卡特股份有限公司	外资企业	通信设备制造业	公司设立可持续发展委员会	39.0
45	安阳钢铁集团有限责任公司	国有企业	金属制造业	—	38.5
45	巴斯夫（中国）有限公司	外资企业	石油石化	建立大中华区可持续发展指导委员会	38.5
45	神华集团有限责任公司	国有企业	采矿业	—	38.5

续表

排名	企业名称	企业性质	行　业	创新责任管理	得分
45	中粮集团有限公司	国有企业	贸易业	中粮控股加入富时环境机会指数	38.5
49	中国人民保险集团公司	国有企业	保险业	—	38.0
50	英特尔中国	外资企业	通信设备制造业	—	37.5
51	兖矿集团有限公司	国有企业	采矿业	—	36.5
51	中国五矿集团公司	国有企业	采矿业	—	36.5
53	新华联控股有限公司	民营企业	采矿业	—	36.0
54	中国第一汽车集团公司	国有企业	交通运输设备制造业	—	35.5
55	中国电信集团公司	国有企业	电信业	—	35.0
55	富士施乐（中国）有限公司	外资企业	通用专用设备制造业	—	35.0
57	太原钢铁（集团）有限公司	国有企业	金属制造业	—	34.5
58	兴业银行股份有限公司	民营企业	银行业	我国首家赤道银行	34.5
59	广东省粤电集团公司	国有企业	电力业	—	33.5
59	中国联合通信有限公司	国有企业	电信业	—	33.5
61	海亮集团有限公司	民营企业	金属制造业	—	33.0
62	上海汽车工业（集团）总公司	国有企业	交通运输设备制造业	—	32.5
62	丰田汽车（中国）投资有限公司	外资企业	交通运输设备制造业	—	32.5
64	雅戈尔集团股份有限公司	民营企业	纺织服装业	—	32.0
64	ABB 中国	外资企业	电气机械及器材制造业	—	32.0
66	苏宁电器股份有限公司	民营企业	零售业	—	31.5
67	吉林亚泰（集团）股份有限公司	民营企业	房地产业	—	31.0
68	南京钢铁集团有限公司	民营企业	金属制造业	—	30.5
68	中天钢铁集团有限公司	民营企业	金属制造业	—	30.5
68	内蒙古蒙牛乳业（集团）股份有限公司	民营企业	食品业	—	30.5
68	三星中国投资有限公司	外资企业	通信设备制造业	—	30.5
72	杭州钢铁	国有企业	金属制造业	—	30.0
73	深圳发展银行	民营企业	银行业	—	29.5
74	攀枝花钢铁（集团）公司	国有企业	金属制造业	—	29.0
74	中国铝业公司	国有企业	金属制造业	—	29.0
74	陕西东岭工贸集团股份有限公司	民营企业	金属制造业	—	29.0
74	惠普（中国）投资有限公司	外资企业	通信设备制造业	—	29.0
78	华泰集团有限公司	民营企业	食品业	—	28.5
79	陕西延长石油（集团）有限责任公司	国有企业	石油石化	—	28.3
80	万科企业股份有限公司	民营企业	房地产业	—	28.0
81	福特汽车（中国）有限公司	外资企业	交通运输设备制造业	建立企业社会责任委员会	27.5
82	壳牌中国	外资企业	化工业	—	27.3
83	铜陵有色金属集团控股有限公司	国有企业	金属制造业	—	27.0
83	中兴通讯股份有限公司	民营企业	通信设备制造业	建立企业社会责任推行团队	27.0
85	物美控股集团有限公司	民营企业	零售业	—	26.5

续表

排名	企业名称	企业性质	行业	创新责任管理	得分
86	中国中煤能源集团公司	国有企业	采矿业	—	26.0
86	中国重型汽车集团有限公司	国有企业	交通运输设备制造业	—	26.0
88	上海复星高科技（集团）有限公司	民营企业	医药制造业	—	25.5
88	江苏阳光集团有限公司	民营企业	纺织服装业	—	25.5
88	人民电器集团有限公司	民营企业	电气机械及器材制造业	—	25.5
91	浙江省物产集团公司	国有企业	贸易业	—	24.5
91	江苏雨润食品产业集团有限公司	民营企业	食品业	—	24.5
91	传化集团有限公司	民营企业	石油石化	—	24.5
94	中国水利水电建设集团公司	国有企业	建筑业	—	24.0
94	上海华谊（集团）公司	国有企业	石油石化	—	24.0
94	安利（中国）日用品有限公司	外资企业	零售业	—	24.0
94	沃尔玛（中国）投资有限公司	外资企业	零售业	—	24.0
98	莱芜钢铁集团有限公司	国有企业	金属制造业	—	23.5
98	广东格兰仕集团有限公司	民营企业	电气机械及器材制造业	—	23.5
98	西门子（中国）有限公司	外资企业	电气机械及器材制造业	—	23.5
101	中国建筑股份有限公司	国有企业	建筑业	—	23.0
101	滨化集团股份有限公司	民营企业	石油石化	—	23.0
101	华盛江泉集团有限公司	民营企业	电力	—	23.0
101	日立（中国）有限公司	外资企业	电气机械及器材制造业	—	23.0
105	河北敬业集团	民营企业	金属制造业	—	22.5
105	内蒙古伊利实业集团股份有限公司	民营企业	食品业	—	22.5
107	中国航空集团公司	国有企业	交通运输、仓储、邮政业	—	22.0
107	中国东方航空股份有限公司	国有企业	交通运输、仓储、邮政业	—	22.0
107	山东时风（集团）有限责任公司	民营企业	通用专用设备制造业	—	22.0
110	本溪钢铁（集团）有限责任公司	国有企业	金属制造业	—	21.5
110	三一集团有限公司	民营企业	通用专用设备制造业	—	21.5
110	红豆集团有限公司	民营企业	纺织服装业	—	21.5
110	利群集团股份有限公司	民营企业	零售业	—	21.5
114	中国太平洋保险（集团）股份有限公司	国有企业	保险业	—	21.0
114	佳能（中国）	外资企业	通用专用设备制造业	—	21.0
114	BP中国	外资企业	石油石化	—	21.0
117	济钢集团有限公司	国有企业	金属制造业	—	20.5
117	大众汽车集团（中国）	外资企业	交通运输设备制造业	—	20.5
119	中国化工集团公司	国有企业	石油石化	—	20.0
119	大同煤矿集团	国有企业	采矿业	—	20.0
119	广厦控股创业投资有限公司	民营企业	建筑业	—	20.0
旁观者（179家）					
122	天津市物资集团总公司	国有企业	贸易业	—	19.5
122	金龙精密铜管集团股份有限公司	民营企业	金属制造业	—	19.5

续表

排名	企业名称	企业性质	行业	创新责任管理	得分
122	南山集团公司	民营企业	纺织服装业	—	19.5
122	广州宝洁有限公司	外资企业	石油石化	—	19.5
126	广东物资集团公司	国有企业	贸易业	—	19.0
126	大金（中国）投资有限公司	外资企业	电气机械及器材制造业	—	19.0
128	百联集团有限公司	国有企业	零售业	—	18.5
128	正泰集团有限公司	民营企业	电气机械及器材制造业	—	18.5
128	光宝集团	外资企业	通信设备制造业	—	18.5
131	上海建工（集团）总公司	国有企业	建筑业	—	18.0
131	中国海运（集团）总公司	国有企业	交通运输、仓储、邮政业	—	18.0
131	中国机械工业集团公司	国有企业	通用专用设备制造业	—	18.0
131	松下电工（中国）有限公司	外资企业	电气机械及器材制造业	—	18.0
131	乐金电子（中国）有限公司	外资企业	通信设备制造业	—	18.0
136	中国冶金科工集团公司	国有企业	金属制造业	—	17.5
137	无锡尚德太阳能电力有限公司	外资企业	电气机械及器材制造业	—	17.0
137	东芝中国	外资企业	电气机械及器材制造业	—	17.0
137	宝马（中国）	外资企业	交通运输设备制造业	—	17.0
140	雀巢中国有限公司	外资企业	食品业	—	16.5
141	光明食品（集团）有限公司	国有企业	食品业	—	16.0
141	天津荣程联合钢铁集团有限公司	民营企业	金属制造业	—	16.0
141	摩托罗拉（中国）电子有限公司	外资企业	通信设备制造业	—	16.0
144	北大方正集团有限公司	国有企业	通信设备制造业	—	15.0
144	德力西集团有限公司	民营企业	电气机械及器材制造业	—	15.0
144	江苏省苏中建设集团股份有限公司	民营企业	建筑业	—	15.0
144	宁波金田投资控股有限公司	民营企业	金属制造业	—	15.0
144	天正集团有限公司	民营企业	电气机械及器材制造业	—	15.0
149	中天发展控股集团有限公司	民营企业	建筑业	—	14.5
149	国美电器控股有限公司	民营企业	零售业	—	14.5
149	斗山工程机械（中国）有限公司	外资企业	电气机械及器材制造业	—	14.5
152	京东方科技集团股份有限公司	国有企业	通信设备制造业	—	14.0
152	扬子江药业集团有限公司	民营企业	医药制造业	—	14.0
152	锦江麦德龙现购自运有限公司	外资企业	零售业	—	14.0
152	施耐德（中国）投资有限公司	外资企业	电气机械及器材制造业	—	14.0
156	中国化学工程集团公司	国有企业	建筑业	—	13.5
156	上海人民企业（集团）有限公司	民营企业	电气机械及器材制造业	—	13.5
156	联合利华（中国）有限公司	外资企业	石油石化	—	13.5
156	华硕	外资企业	通信设备制造业	—	13.5
160	内蒙古伊泰集团有限公司	民营企业	采矿业	—	13.0
160	山东省农村信用社联合社	民营企业	银行业	—	13.0
160	百兴集团有限公司	民营企业	纺织服装业	—	13.0

续表

排名	企业名称	企业性质	行业	创新责任管理	得分
160	庞大汽贸集团股份有限公司	民营企业	零售业	—	13.0
160	夏普	外资企业	通用专用设备制造业	—	13.0
160	爱立信（中国）通信有限公司	外资企业	通信设备制造业	—	13.0
160	国际商业机器全球服务（中国）有限公司	外资企业	信息运输和软件业	—	13.0
167	中国中信集团公司	国有企业	银行业	—	12.5
168	广东省广新外贸集团有限公司	国有企业	贸易业	—	12.5
167	中国铁路物资总公司	国有企业	交通运输、仓储、邮政业	—	12.5
167	比亚迪股份有限公司	民营企业	交通运输设备制造业	—	12.5
167	江苏沙钢集团有限公司	民营企业	金属制造业	—	12.5
167	南金兆集团有限公司	民营企业	采矿业	—	12.5
167	天津天狮集团有限公司	民营企业	医药制造业	—	12.5
167	联强国际贸易（中国）有限公司	外资企业	贸易业	—	12.5
167	奥的斯电梯（中国）投资有限公司	外资企业	通用专用设备制造业	—	12.5
176	青岛丽东化工有限公司	外资企业	石油石化	—	12.3
177	江苏悦达集团有限公司	国有企业	交通运输设备制造业	—	12.0
177	中国电子信息产业集团公司	国有企业	通信设备制造业	—	12.0
177	浙江恒逸集团有限公司	民营企业	纺织服装业	—	12.0
177	上海三菱电梯有限公司	外资企业	通用专用设备制造业	—	12.0
181	江西铜业集团公司	国有企业	金属制造业	—	11.5
181	山西焦煤集团	国有企业	采矿业	—	11.5
181	中国航空油料集团公司	国有企业	交通运输、仓储、邮政业	—	11.5
181	临沂新程金锣肉制品有限公司	民营企业	食品业	—	11.5
181	海航集团有限公司	民营企业	交通运输、仓储和邮政业	—	11.5
186	中国邮政集团公司	国有企业	交通运输、仓储、邮政业	—	11.0
186	奥克斯集团有限公司	民营企业	电气机械及器材制造业	—	11.0
186	爱默生发电机有限公司	外资企业	电气机械及器材制造业	—	11.0
186	理光中国	外资企业	通用专用设备制造业	—	11.0
186	佳通轮胎（中国）投资有限公司	外资企业	石油石化	—	11.0
186	联众（广州）不锈钢有限公司	外资企业	金属制造业	—	11.0
192	大连大商集团有限公司	民营企业	零售业	—	10.5
192	杭州娃哈哈集团有限公司	民营企业	食品业	—	10.5
192	沈阳远大企业集团有限公司	民营企业	建筑业	—	10.5
195	桐昆集团股份有限公司	民营企业	纺织服装业	—	10.0
195	四川宏达（集团）有限公司	民营企业	石油石化	—	10.0
195	法尔胜集团公司	民营企业	金属制造业	—	10.0
195	浙江荣盛控股集团有限公司	民营企业	石油石化	—	10.0
199	通威集团有限公司	民营企业	食品业	—	9.5
199	三胞集团有限公司	民营企业	通信设备制造业	—	9.5
199	现代汽车中国投资有限公司	外资企业	交通运输设备制造业	—	9.5

续表

排名	企业名称	企业性质	行业	创新责任管理	得分
199	仁宝集团	外资企业	通信设备制造业	—	9.5
199	日产（中国）投资有限公司	外资企业	交通运输设备制造业	—	9.5
199	台达集团	外资企业	通信设备制造业	—	9.5
205	北台钢铁（集团）有限责任公司	国有企业	金属制造业	—	9.0
205	九州通医药集团股份有限公司	民营企业	医药制造业	—	9.0
205	恒力集团有限公司	民营企业	纺织服装业	—	9.0
205	戴尔中国有限公司	外资企业	通信设备制造业	—	9.0
205	益海嘉里集团	外资企业	食品业	—	9.0
210	北京建龙重工集团有限公司	民营企业	采矿业	—	8.5
210	箭牌糖果（中国）有限公司	外资企业	食品业	—	8.5
210	诺基亚（中国）投资有限公司	外资企业	通信设备制造业	—	8.5
210	微星科技	外资企业	通信设备制造业	—	8.5
210	华新丽华控股有限公司	外资企业	金属制造业	—	8.5
215	新华联合冶金投资集团有限公司	民营企业	采矿业	—	8.0
215	萍乡钢铁有限责任公司	民营企业	金属制造业	—	8.0
215	华芳集团有限公司	民营企业	纺织服装业	—	8.0
215	万向集团公司	民营企业	交通运输设备制造业	—	8.0
215	江苏三房巷集团有限公司	民营企业	石油石化	—	8.0
215	欧莱雅（中国）有限公司	外资企业	石油石化	—	8.0
215	UT斯达康通讯有限公司	外资企业	通信设备制造业	—	8.0
215	卡特彼勒（中国）投资有限公司	外资企业	通用专用设备制造业	—	8.0
215	小松（中国）投资有限公司	外资企业	通用专用设备制造业	—	8.0
224	天津市中环电子信息集团有限公司	国有企业	通信设备制造业	—	7.5
224	江苏高力集团有限公司	民营企业	房地产业	—	7.5
224	旭阳煤化工集团有限公司	民营企业	石油石化	—	7.5
224	普利司通（中国）投资有限公司	外资企业	石油石化	—	7.5
228	湖南华菱钢铁集团有限责任公司	国有企业	金属制造业	—	7.0
228	山东大王集团有限公司	民营企业	电气机械及器材制造业	—	7.0
228	本田中国投资有限公司	外资企业	交通运输设备制造业	—	7.0
228	翔鹭石化股份有限公司	外资企业	石油石化	—	7.0
232	山西煤炭运销集团有限公司	国有企业	采矿业	—	6.5
232	江苏金浦集团有限公司	民营企业	石油石化	—	6.5
232	江阴澄星实业集团有限公司	民营企业	石油石化	—	6.5
232	浦项（中国）投资有限公司	外资企业	金属制造业	—	6.5
232	雪铁龙（中国）投资有限公司	外资企业	交通运输设备制造业	—	6.5
237	新疆广汇实业投资（集团）有限责任公司	民营企业	房地产业	—	6.0
237	纬创集团	外资企业	通信设备制造业	—	6.0
239	海信集团有限公司	国有企业	通信设备制造业	—	5.5

续表

排名	企业名称	企业性质	行业	创新责任管理	得分
239	奇瑞汽车股份有限公司	民营企业	交通运输设备制造业	—	5.5
239	日照钢铁控股集团有限公司	民营企业	金属制造业	—	5.5
239	英迈中国投资有限公司	外资企业	电气机械及器材制造业	—	5.5
239	德龙钢铁有限公司	外资企业	金属制造业	—	5.5
244	江阴市西城钢铁有限公司	民营企业	金属制造业	—	5.0
244	河北文丰钢铁有限公司	民营企业	金属制造业	—	5.0
244	四川省川威集团有限公司	民营企业	金属制造业	—	5.0
244	神达电脑集团	外资企业	通信设备制造业	—	5.0
244	微软（中国）有限公司	外资企业	信息传输和软件业	—	5.0
244	正新橡胶（中国）有限公司	外资企业	石油石化	—	5.0
250	天津钢管集团股份有限公司	国有企业	金属制造业	—	4.5
250	浙江远大进出口有限公司	民营企业	贸易业	—	4.5
250	SK 中国	外资企业	石油石化	—	4.5
253	广州汽车工业集团有限公司	国有企业	交通运输设备制造业	—	4.0
253	唐山瑞丰钢铁（集团）有限公司	民营企业	金属制造业	—	4.0
253	富士康科技集团	外资企业	通信设备制造业	—	4.0
256	天津冶金集团有限公司	国有企业	金属制造业	—	3.5
256	唐山港陆钢铁有限公司	民营企业	金属制造业	—	3.5
258	江苏申特钢铁有限公司	民营企业	金属制造业	—	3.0
258	浙江省兴合集团公司	民营企业	贸易制造业	—	3.0
258	天津友发钢管集团有限公司	民营企业	金属制造业	—	3.0
261	三菱商事（中国）有限公司	外资企业	贸易业	—	2.5
262	北京汽车工业控股有限责任公司	国有企业	交通运输设备制造业	—	2.0
263	江西省冶金集团公司	国有企业	金属制造业	—	1.5
263	宏碁集团	外资企业	通信设备制造业	—	1.5
265	海城市西洋耐火材料有限公司	民营企业	非金属矿物制品业	—	1.0
265	希捷国际科技（无锡）有限公司	外资企业	通信设备制造业	—	1.0
265	群康科技（深圳）有限公司	外资企业	通信设备制造业	—	1.0
268	上海电气（集团）总公司	国有企业	电气机械及器材制造业	—	0.0
268	唐山钢铁集团有限责任公司	国有企业	金属制造业	—	0.0
268	天津汽车工业（集团）有限公司	国有企业	交通运输设备制造业	—	0.0
268	黑龙江北大荒农垦集团总公司	国有企业	农业	—	0.0
268	华晨汽车集团控股有限公司	国有企业	交通运输设备制造业	—	0.0
268	永城煤电控股集团	国有企业	采矿业	—	0.0
268	安徽海螺集团有限责任公司	国有企业	非金属矿物制品业	—	0.0
268	山东魏桥创业集团有限公司	民营企业	纺织服装业	—	0.0
268	江苏华西集团公司	民营企业	金属制造业	—	0.0
268	江苏新长江实业集团有限公司	民营企业	金属制造业	—	0.0
268	德讯（中国）货运代理有限公司	外资企业	交通运输、仓储、邮政业	—	0.0

排名	企业名称	企业性质	行业	创新责任管理	得分
268	太平船务（中国）有限公司	外资企业	交通运输、仓储、邮政业	—	0.0
268	凌致时装	外资企业	纺织服装业	—	0.0
268	伟创力公司	外资企业	通信设备制造业	—	0.0
268	江苏佳世达电通有限公司	外资企业	通信设备制造业	—	0.0
268	戴姆勒—克莱斯勒（中国）投资有限公司	外资企业	交通运输设备制造业	—	0.0
268	飞思卡尔半导体（中国）有限公司	外资企业	通信设备制造业	—	0.0
268	上海大润发	外资企业	零售业	—	0.0
268	三井物产（中国）有限公司	外资企业	金属制造业	—	0.0
268	乐金飞利浦液晶显示	外资企业	通信设备制造业	—	0.0
268	北京康捷空国际货运代理有限公司	外资企业	交通运输、仓储、邮政业	—	0.0
268	海力士–恒亿半导体有限公司	外资企业	通信设备制造业	—	0.0
268	捷普集团	外资企业	通信设备制造业	—	0.0
268	旭电公司	外资企业	通用专用设备制造业	—	0.0
268	亚旭电子科技	外资企业	通信设备制造业	—	0.0
268	丹沙中福货运代理有限公司	外资企业	交通运输、仓储、邮政业	—	0.0
268	乐金化学（中国）投资有限公司	外资企业	石油石化	—	0.0
268	台一集团	外资企业	金属制造业	—	0.0
268	耐克体育（中国）有限公司	外资企业	纺织服装业	—	0.0
268	上海易初莲花连锁超市	外资企业	零售业	—	0.0
298	马钢（集团）控股有限公司	国有企业	金属制造业	—	−1.0
299	阿迪达斯体验（中国）有限公司	外资企业	纺织服装业	—	−2.0
299	宁波奇美电子	外资企业	通信设备制造业	—	−2.0

为了直观地反映出企业的社会责任管理现状和信息披露水平，将中国100强系列企业分为四类：领先者、追赶者、起步者和旁观者（见表1-6）。

表1-6　企业社会责任发展类型

责任类型	得分区间	企业特性
1. 领先者	60分以上	企业具有较完善的社会责任管理体系，社会责任信息披露较为完整，是我国社会责任的先驱企业。
2. 追赶者	40~60分	企业逐步建立社会责任管理体系，社会责任信息披露基本完善，是领先企业的追赶者。
3. 起步者	20~40分	企业社会责任工作刚刚"起步"，尚未建立系统的社会责任管理体系，社会责任信息披露也较为零散、片面，与领先者和追赶者有着较大的差距。
4. 旁观者	20分以下	企业社会责任信息披露严重不足。

中国100强系列企业的社会责任发展水平仍然较低，整体处于"起步"阶段（平均分为20.2分）。其中，居于领先地位的企业仍是少数，仅有14家（占4.7%）；28家企业（占9.4%）居于"追赶者"地位；约1/4的企业（79家）处于"起步"地位；3/5的企业（179家）仍在"旁观"，没有采取实质性的管理措施，社会责任披露十分缺乏（见图1-3）。

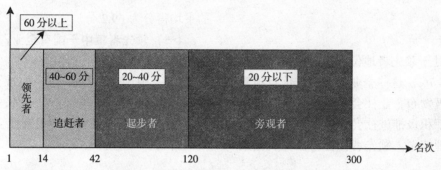

图1-3　中国100强系列企业社会责任分类

二、责任板块与二级指标平均得分

从中国100强系列企业的责任管理、市场责任、社会责任以及环境责任四大板块平均得分看，以市场责任得分最高，责任管理得分最低。从二级指标的表现来看，政府责任与股东责任的披露情况最好，责任推进最为落后（见表1-7）。

表1-7　中国100强系列企业责任板块与二级指标得分①

责任板块	平均得分	二级指标	平均得分
责任管理	15.3	责任治理	21.3
		责任推进	4.3
		责任沟通	14.3
		守法合规	24.1
市场责任	23.6	客户责任	22.4
		伙伴责任	15.8
		股东责任	31.9
社会责任	21.7	政府责任	37.0
		员工责任	15.2
		社区责任	27.4
环境责任	17.7	环境管理	26.3
		节约资源/能源	18.5
		降污减排	12.2

① 本研究中所有责任板块与二级指标得分都未包含调整项分值，仅社会责任发展指数是调整后的得分。

第三节　领先者（14家）

一、概论

14家企业处于领先者地位，占中国100强系列企业总数的4.7%。这些企业社会责任信息披露较为全面，积极发布企业社会责任报告，且其中的大部分企业都积极推进社会责任工作，着手构建社会责任管理体系。领先者社会责任发展指数的平均得分为69.2分。

（一）领先者集中于国有企业，外资企业没有领先者

14家中国100强系列企业社会责任领先者中，国有企业有12家，占85.7%；民营企业有2家，占14.3%；外资企业中没有社会责任领先者。

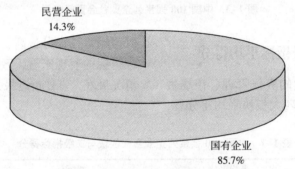

图1-4　领先者中不同性质企业占比

（二）领先者中国有企业社会责任发展指数略优于民营企业

中国100强系列企业领先者中，国有企业社会责任发展指数略优于民营企业，平均得分69.5分；民营企业社会责任发展指数平均得分67.3分。

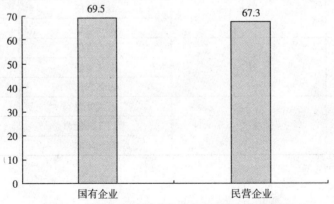

图1-5　领先者各性质企业社会责任发展指数得分

（三）领先者各责任板块表现平均，责任管理略领先于责任实践

在责任管理、市场责任、社会责任与环境责任四大责任板块中，中国100强系列企业领先者的得分比较接近，均显著高于中国100强系列企业的平均得分。领先者的责任管理指数得分最高，为67.7分；其次是市场责任和环境责任，分别为65.4分和62.6分；社会责任指数相对落后，为59.9分，未达到领先者水平。

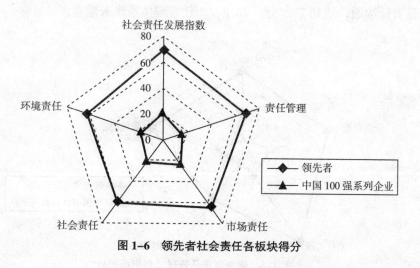

图1-6　领先者社会责任各板块得分

二、责任管理

（一）概论

中国100强系列企业领先者的责任管理指数平均为67.7分，领先于市场责任指数、环境责任指数以及社会责任指数。领先者责任管理水平整体较高，其中，2家企业（占14.3%）的责任管理指数超过90分，其社会责任管理体系初步建立、社会责任沟通积极开展；5家企业（占35.7%）的责任管理指数得分为70~90分；2家企业（占14.3%）得到60分；另有5家企业（占35.7%）低于60分，责任管理未达到领先者水平。

1. 国有企业责任管理领先，民营企业责任管理相对落后

从企业性质来看，国有企业领先者的责任管理得分最高，为68.1分，民营企业紧随其后，得分65.8分。

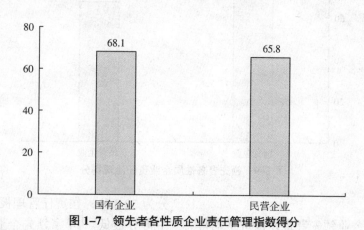

图1-7　领先者各性质企业责任管理指数得分

2. 责任沟通最为领先，责任推进仍需加强

中国 100 强系列企业领先者的责任管理指数以及责任治理、责任推进、责任沟通和守法合规等二级指标的表现都显著好于中国 100 强系列企业的平均水平。责任管理板块下的四个二级指标中，得分最高的是责任沟通，达到 79.5 分，领先企业积极发布企业社会责任报告是得分高的重要原因。其次是责任治理和守法合规，分别为 76.2 分和 72.6 分。即使是社会责任领先企业，责任推进的得分总体上仍然较低，仅为 39.8 分，许多企业的社会责任管理工作仍处在起步阶段，社会责任管理体系尚未建立。

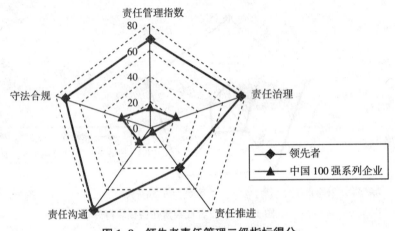

图 1-8　领先者责任管理二级指标得分

（二）责任治理

中国 100 强系列企业领先者责任治理平均得分为 76.2 分，高于守法合规（72.6 分）和责任推进得分（39.8 分）。6 家企业（占 42.9%）责任治理获得满分，另有 2 家企业（占 14.2%）得分高于 90 分，责任治理较为完善。但有 6 家企业（占 42.9%）不足 60 分。

国有企业领先者责任治理表现优于民营企业，得分 77.8 分，许多企业明确了社会责任理念，甚至建立了社会责任领导机构和较为完善的社会责任管理体系。

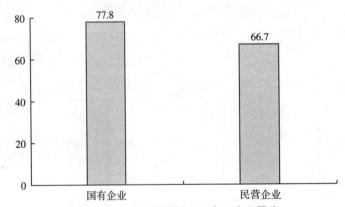

图 1-9　领先者各性质企业责任治理得分

（三）责任推进

中国 100 强系列企业领先者责任推进平均得分为 39.8 分，在责任管理板块下的四个二级指标中得分最低。14 家领先企业中，10 家企业（占

71.4%) 责任推进得分低于 60 分，未达到领先水平，其中还有 2 家企业责任推进得分为 0。

民营企业领先者责任推进略优于国有企业，但二者的责任推进指数总体上都未达到领先水平，责任推进工作仍需加强。

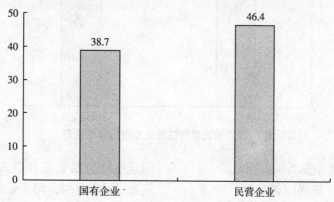

图 1-10 领先者各性质企业责任推进得分

（四）责任沟通

中国 100 强系列企业领先者责任沟通平均得分为 79.5 分，在责任管理板块下的四个二级指标中得分最高。10 家企业（占 71.4%）责任沟通得分在 80 分以上，仅有 2 家企业（占 14.3%）责任沟通得分低于 60 分，未达到领先水平。

国有企业和民营企业领先者的责任沟通得分都较高，分别为 80.7 分和 72.7 分，责任沟通受到充分重视，建立了较为完善的责任沟通体系。

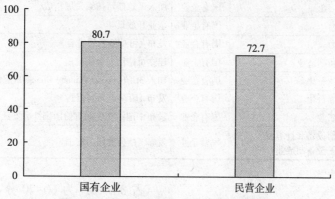

图 1-11 领先者各性质企业责任沟通得分

（五）守法合规

社会责任领先者守法合规平均得分 72.6 分，略低于责任治理和责任沟通的得分。14 家社会责任领先企业中，7 家企业（占 50%）守法合规得分超过 80 分，其中 2 家企业守法合规得分 100 分；但有 4 家企业（占 28.6%）守法合规得分不足 60 分，未达到领先水平。

从企业性质来看，国有企业和民营企业领先者守法合规信息披露表现接近，且都高于 70 分，相关信息披露较为充分。

（六）调整项

在 14 家领先企业中，有 12 家企业（占 85.7%）获得过企业社会责任综合奖项，其中 10 家为国有企业，2 家为民营企业。3 家发生过较严

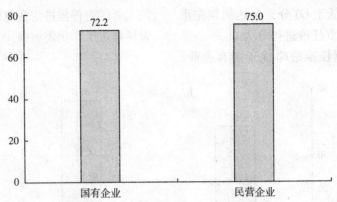

图1-12 领先者各性质企业守法合规得分

重的责任缺失事件的企业全部为国有企业。

领先者积极开展责任管理创新实践，10家企业（占71.4%）获得了创新实践的5分加分，[①]其中9家为国有企业，1家为民营企业。责任管理

创新实践包括企业社会责任与风险管理相融合、发布《国家电网公司企业社会责任指南》、加入道琼斯可持续发展指数、发布社会责任国别报告等（详见表1-8）。

表1-8 领先者社会责任管理的领先实践

企　业	行　业	企业性质	领先实践	得分
中国远洋运输（集团）总公司	交通运输、仓储、邮政业	国有企业	企业社会责任与风险管理相融合	84.5
国家电网公司	电网	国有企业	发布《国家电网公司企业社会责任指南》	77.0
中国移动通信集团公司	电信业	国有企业	加入道琼斯可持续发展指数	74.5
中国大唐集团公司	电力	国有企业	企业开放日	73.5
中国华能集团公司	电力	国有企业	发布《可持续发展宣言》	73.0
宝钢集团有限公司	金属制造业	国有企业	建立可持续发展研究所	71.5
中国海洋石油总公司	石油石化	国有企业	加入3C（Combat Climate Change）组织	69.0
中国石油天然气集团公司	石油石化	国有企业	发布《哈萨克斯坦报告》	62.0
中国中钢集团公司	采矿业	国有企业	发布中国国有企业首份国别社会责任报告《中钢非洲报告》	62.0
联想控股有限公司	通信设备和计算机及其他电子设备制造业	民营企业	发布《社会责任白皮书》	70.5

三、市场责任

（一）概论

中国100强系列企业领先者的市场责任指数平均为65.4分，略低于责任管理指数（67.7分），在四大责任板块中居于第二位。14家社会责任领先者的市场责任得分都高于50分，其中6家企业（占42.9%）市场责任指数超过70分，5家企业

（占35.7%）为60~70分，3家企业（占21.4%）不足60分。

1.民营企业市场责任指数得分高于国有企业

中国100强系列企业领先者中，民营企业领先者的市场责任指数高于国有企业领先者，两类性质企业的市场责任指数都超过60分，达到领先水平。

---

① 这使得领先者企业社会责任发展指数平均得分（69.2分）高于每一个责任板块平均得分。

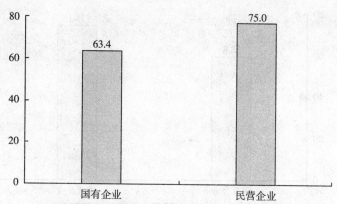

图 1-13 领先者各性质企业市场责任指数得分

2. 股东责任信息披露最好，伙伴责任信息披露不足

中国 100 强系列企业领先者市场责任指数（65.4 分）以及客户责任、伙伴责任和股东责任的信息披露得分都显著高于中国 100 强系列企业的平均得分。从各二级指标的表现来看，股东责任的信息披露最充分，得分高达 86.0 分；其次是客户责任，得分 61.0 分；而伙伴责任的信息披露不足，仅为 42.5 分。

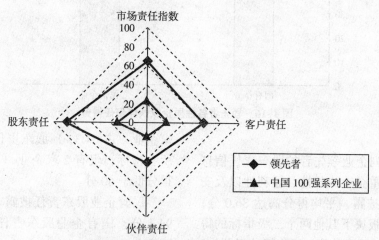

图 1-14 领先者市场责任二级指标得分

（二）客户责任

中国 100 强系列企业领先者的客户责任平均得分为 61.0 分，在市场责任板块下的三个二级指标中水平居中。半数企业（7 家）的客户责任得分超过 60 分，其中 3 家企业客户责任得分超过 80 分；其余 7 家企业（占 50%）客户责任信息披露得分为 20~50 分，有待提升。

民营企业领先者客户责任信息披露更加充分，平均得分 74.1 分；国有企业平均得分 58.8 分，接近于领先水平。

（三）伙伴责任

即使是社会责任领先者，其伙伴责任信息披露仍不充分，中国 100 强系列企业领先者的伙伴责任得分为 42.5 分，显著低于客户责任和股东责任得分，该二级指标的信息披露未达到领先水平。14 家社会责任领先企业中，仅 2 家企业（占 14.3%）伙伴责任得分高于 60 分。

民营企业领先者伙伴责任信息披露较好，得

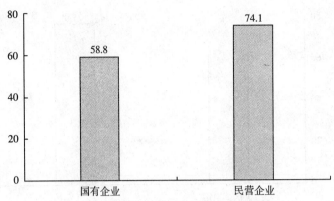

图 1-15　领先者各性质企业客户责任得分

分 61.1 分；国有企业伙伴责任信息披露表现较差，　低于民营企业 21.6 分，总体上处于起步者阶段。

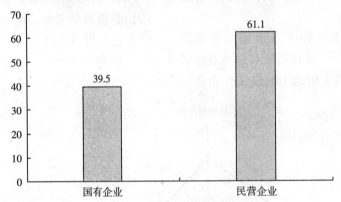

图 1-16　领先者各性质企业伙伴责任得分

（四）股东责任

中国 100 强系列企业领先者的股东责任信息披露十分出色，注重企业成长性、盈利性以及安全性等财务指标的披露，平均得分高达 86.0 分，不仅高于市场责任板块下其他两个二级指标的得分，也高于领先者的所有其他二级指标的得分。9

家企业（占 64.3%）股东责任获得满分，披露了所有指标；仅有 2 家企业（占 14.3%）股东责任得分低于 60 分。

民营企业股东责任披露非常充分，得分高达 94.4 分；国有企业股东责任披露也较好，得分 84.7 分。

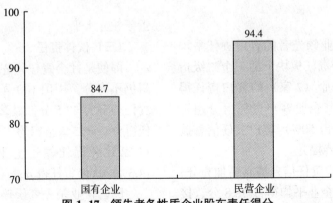

图 1-17　领先者各性质企业股东责任得分

（五）调整项

中国100强系列企业领先者的市场责任获奖颇丰。14家社会责任领先企业中，13家都曾获得相关奖项，获奖率为92.9%；在13家获得市场责任奖项的企业中，有11家为国有企业，2家为民营企业。

同时，市场责任缺失的现象也时有发生，有6家企业曾被权威媒体或政府相关部门报道过责任缺失问题，包括泄露客户信息、较大亏损等。在6家发生过较严重的责任缺失的企业中，4家为国有企业，2家为民营企业。

四、社会责任

（一）概论

中国100强系列企业领先者社会责任指数平均为59.9分，在四大责任板块中得分最低。14家社会责任领先企业中，2家企业（占14.3%）社会责任指数超过70分，信息披露较为充分；7家企业（占50.0%）社会责任指数为60~70分；5家企业（占35.7%）不足60分。

1. 国有企业社会责任领先

中国100强系列企业领先者中，国有企业社会责任得分相对较高，为61.2分；民营企业得分为52.0分，总体上未达到领先水平。

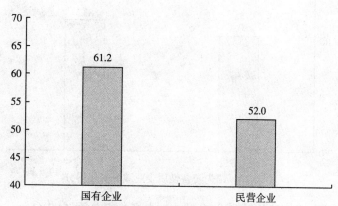

图1-18 领先者各性质企业社会责任指数得分

2. 政府责任信息披露最好，其他责任信息披露不足

中国100强系列企业领先者社会责任指数（59.9分）以及政府责任、员工责任和社区责任的信息披露得分都显著高于中国100强系列企业的平均得分，政府责任的信息披露最充分，得分高达81.0分；员工责任和社区责任的信息披露有所欠缺，得分分别为58.3分和54.4分。

（二）政府责任

中国100强系列企业领先者政府责任平均得分为81.0分，在社会责任板块下的三个二级指标中表现最优，绝大部分领先企业都积极披露响应宏观政策、缴纳税收等方面的措施和绩效。半数

企业（7家）披露了政府责任所有相关指标，得到满分；仅有1家企业（占7.1%）政府责任得分低于60分。

民营企业和国有企业政府责任信息披露均较为充分，得分高达83.3分和80.6分。

（三）员工责任

中国100强系列企业领先者员工责任平均得分为58.3分，员工责任信息披露整体未达到领先水平，与政府责任的披露情况仍有一定差距。14家社会责任领先企业中，1家企业（占7.1%）员工责任得分超过90分，8家企业（占57.1%）员工责任得分不足60分。

国有企业领先者员工责任信息披露领先，得

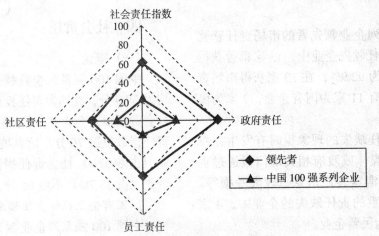

图 1-19 领先者社会责任二级指标得分

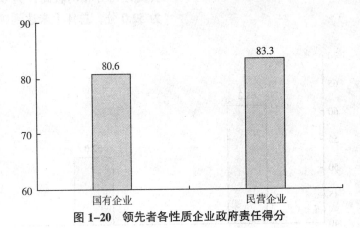

图 1-20 领先者各性质企业政府责任得分

分 60.5 分；民营企业员工责任信息披露处于追赶　　水平，得分为 44.7 分。

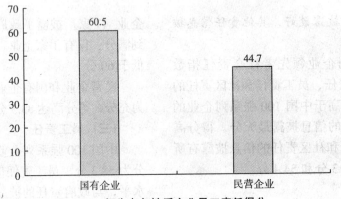

图 1-21 领先者各性质企业员工责任得分

（四）社区责任

中国 100 强系列企业领先者社区责任平均得分为 54.4 分，在社会责任板块下的三个二级指标

中得分最低，信息披露未达到领先水平。虽然所有企业都披露了慈善公益活动的情况，但许多企业没有就捐赠方针、捐赠总额等予以说明；此外，

企业在披露运营对社区的影响方面也存在不足。14 家社会责任领先企业中，仅 5 家企业（占 35.7%）社区责任得分超过 60 分；9 家企业（占 64.3%）社区责任得分不足 60 分。

国有企业领先者社区责任相对领先，得分 54.7 分，民营企业社区责任信息披露得分 52.7 分，二者总体上都未达到领先水平。

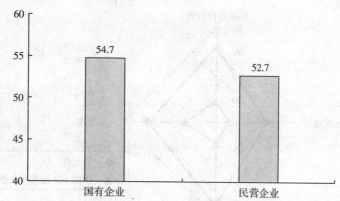

图 1-22 领先者各性质企业社区责任得分

（五）调整项

14 家中国 100 强系列企业领先者中，所有企业都曾获得过社会责任相关奖项。社会责任缺失方面，1 家企业发生了较严重的安全事故，1 家企业大范围裁员。

五、环境责任

（一）概论

中国 100 强系列企业领先者中的环境责任指数平均为 62.6 分，环境责任信息披露整体较好，但低于责任管理指数（67.7 分）和市场责任指数

（65.4 分）。1 家企业（占 7.1%）环境责任指数超过 90 分，信息披露全面；2 家企业（占 14.3%）环境责任指数为 70~90 分；4 家企业（占 28.6%）环境责任指数未超过 60 分。

1. 国有企业环境责任领先，民营企业环境责任相对落后

从企业性质来看，中国 100 强系列企业领先者中，国有企业领先者的环境责任得分相对较高，为 66.0 分；民营企业信息披露水平相对较差，得分为 42.0 分，处于追赶者阶段。

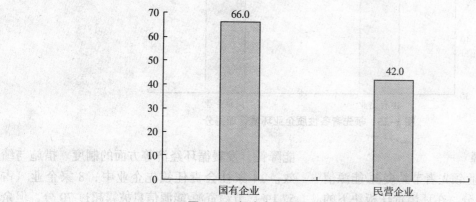

图 1-23 领先者各性质企业环境责任指数得分

2. 节约资源/能源信息披露最好，降污减排责任信息披露不足

中国 100 强系列企业领先者中环境责任指数（62.6 分）以及环境管理、节约资源/能源和降污减排的信息披露得分都显著高于中国 100 强系列企业的平均得分。节约资源/能源的信息披露最充分，得分为 70.0 分；环境管理和降污减排的信息披露不够充分，得分分别为 59.0 分和 44.4 分。

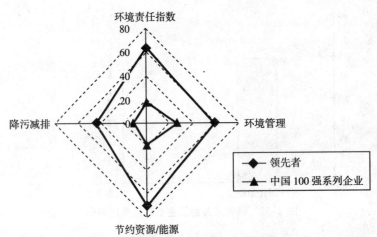

图 1-24　领先者环境责任二级指标得分

（二）环境管理

中国 100 强系列企业领先者中的环境管理平均得分为 59.0 分，在环境责任板块下的三个二级指标中表现居中，该项指标的信息披露未达到领先水平。6 家企业（占 42.9%）环境管理得分高于 70 分；3 家企业（占 21.4%）得分为 60~70 分；5 家企业（占 35.7%）环境管理得分不足 60 分。

国有企业领先者环境管理相对领先，信息披露较充分，得分 59.8 分；民营企业得分 54.3 分，二者总体上都未达到领先水平。

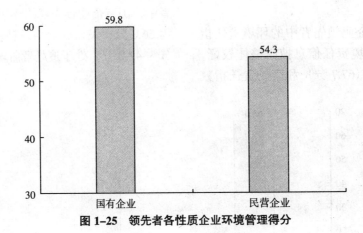

图 1-25　领先者各性质企业环境管理得分

（三）节约资源/能源

中国 100 强系列企业领先者节约资源/能源信息披露平均得分为 70.0 分，在环境责任板块下的二级指标中表现最优，领先者积极披露企业在节能降耗、发展循环经济等方面的制度、措施与绩效。14 家社会责任领先企业中，8 家企业（占 57.1%）节约资源/能源信息披露超过 70 分，但余下的 6 家企业（占 42.9%）得分均不足 60 分。

国有企业领先者节约资源/能源信息披露最为充分，得分74.2分；民营企业节约资源/能源得分为45.0分，披露较为欠缺。

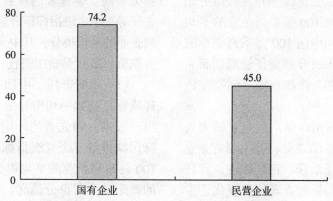

图1-26　领先者各性质企业节约资源/能源得分

（四）降污减排

中国100强系列企业领先者在降污减排信息披露上的表现差于环境管理和节约资源/能源信息的披露情况，平均得分仅为44.4分，领先者虽然披露了降污减排的措施，但对减排数据的披露不足。14家社会责任领先企业中，仅4家企业（占28.6%）降污减排信息披露超过60分，有3家企业（占21.4%）未披露任何降污减排信息，得分为0。

国有企业领先者降污减排信息披露相对较充分，得分47.1分；民营企业得分仅为28.3分，信息披露仍处于较为零散、片面状态。总体来看领先者的降污减排信息披露水平整体偏低，未达到领先水平。

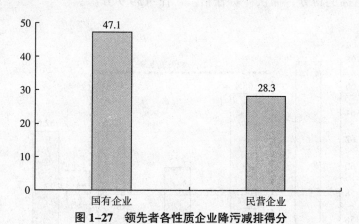

图1-27　领先者各性质企业降污减排得分

（五）调整项

与责任管理、市场责任和社会责任相比，中国100强系列企业领先者中获得环境责任相关奖项的企业较少，14家企业中有9家企业曾获该类奖项。在9家获得环境责任相关奖项的企业中，有8家为国有企业，1家为民营企业。此外，有2家企业因出现破坏环境的责任缺失事件被权威媒体或政府相关部门曝光，这2家企业均为国有企业。

六、小结

（1）中国100强系列企业的14家社会责任领先者中，国有企业12家，占85.7%；民营企业2

家，占 14.3%；外资企业 0 家，没有社会责任领先者。在责任管理、市场责任、社会责任与环境责任四大责任板块中，社会责任领先者的得分比较接近，均显著高于中国 100 强系列企业的平均得分，且责任管理指数与中国 100 强系列企业的差距最为明显。领先者积极开展责任管理创新实践，14 家企业中有 10 家企业都获得了创新实践加分。

（2）责任管理。中国 100 强系列企业领先者责任管理指数平均得分为 67.7 分，其中国有企业得分较高。领先者的责任治理、责任推进、责任沟通和守法合规等二级指标的表现均显著优于中国 100 强系列企业的平均水平，其中又以责任沟通得分最高，责任推进得分较低，社会责任管理体系尚不完善。

（3）市场责任。中国 100 强系列企业领先者中的市场责任指数平均得分为 65.4 分，其中民营企业得分较高。领先者的客户责任、伙伴责任和股东责任的信息披露得分都显著高于中国 100 强系列企业的平均得分，股东责任尤为领先，高于领先者所有其他二级指标的得分，而伙伴责任信息披露不足。

（4）社会责任。中国 100 强系列企业领先者社会责任指数平均得分为 59.9 分，其中国有企业得分较高。领先者的政府责任、员工责任和社区责任等三个二级指标得分都显著高于中国 100 强系列企业的平均得分，其中又以政府责任信息披露最为充分，其次是员工责任，社区责任相对不足。

（5）环境责任。中国 100 强系列企业领先者环境责任指数平均得分为 62.6 分，其中国有企业得分较高。领先者的环境管理、节约资源/能源、降污减排等三个二级指标的得分都显著高于中国 100 强系列企业的平均得分，且以节约资源/能源的差距最大，得分最高，环境管理和降污减排的信息披露不够充分。

（6）领先者责任管理领先于责任实践，在责任实践中市场责任领先于社会责任和环境责任。中国 100 强系列企业领先者中的责任管理指标得分（67.7 分）领先于责任实践指标得分（62.6 分），说明社会责任领先者责任管理领先于社会责任实践。另外从责任实践来看，市场责任（65.4 分）领先于环境责任（62.6 分）和社会责任（59.9 分）。

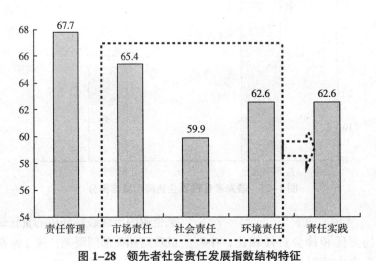

图 1-28　领先者社会责任发展指数结构特征

（7）在责任管理、市场责任、社会责任与环境责任四大责任板块中，社会责任板块获奖最多，获奖率为 100%；环境责任板块获奖相对最少，获奖率为 64.3%。市场责任板块发生较严重责任缺失最多，责任缺失率为 42.9%；社会责任和环境责任板块相对最少，责任缺失率均为 14.3%。此

外，领先者积极开展责任管理创新实践，14家企业中有10家企业（占71.4%）获得了创新实践加

分，其中9家为国有企业，1家为民营企业。

第四节　追赶者（28家）

一、概论

中国100强系列企业中，28家企业处于追赶者地位，占中国100强系列企业总数的9.3%。这些企业较为积极地披露社会责任信息，但披露的全面性和实质性有所欠缺，且在推进社会责任工作、构建社会责任管理体系方面还较为落后。追赶者社会责任发展指数的平均得分为49.9分，其中15家企业（占53.6%）高于50分，另外13家企业（占46.4%）低于50分。

（一）追赶者主要集中于国有企业

28家中国100强系列企业追赶者中，国有企业19家，占67.9%；民营企业5家，占17.9%；外资企业4家，占14.2%。

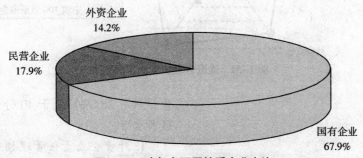

图1-29　追赶者不同性质企业占比

（二）国有企业社会责任发展指数优于其他性质企业

国有企业社会责任发展指数优于其他性质企业，得分为52.0分；其次是民营企业，社会责任发展指数得分为47.6分；外资企业社会责任发展指数相对落后，得分为42.4分。

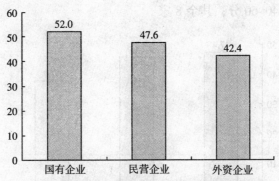

图1-30　追赶者各性质企业社会责任发展指数得分

（三）追赶者市场责任得分最高，责任管理落后于责任实践

在责任管理、市场责任、社会责任与环境责任四大责任板块中，中国100强系列企业追赶者的得分均高于中国100强系列企业的平均得分，市场责任指数的领先优势最为明显，而环境责任指数与中国100强系列企业平均水平的差距相对较小。追赶者的市场责任指数得分最高，为56.1分；其次是社会责任和责任管理，分别为47.6分和45.5分；环境责任指数相对落后，为38.1分。不同于领先者，追赶者的责任管理落后于责任实践（47.3分）。

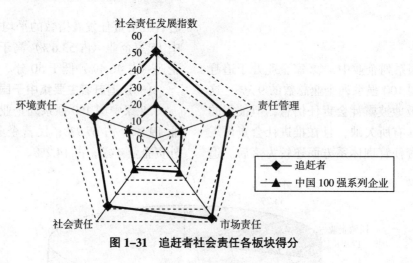

图1-31　追赶者社会责任各板块得分

二、责任管理

（一）概论

中国100强系列企业追赶者责任管理指数为45.5分，低于市场责任指数和社会责任指数，且显著低于领先者责任管理指数（67.7分）。28家社会责任追赶者中，4家企业（占14.3%）责任管理指数超过60分，达到领先者水平；16家企业（占57.1%）责任管理指数为40~60分；其余8家企业（占28.6%）低于40分，责任管理未达到追赶者水平。

1. 外资企业责任管理领先，民营企业责任管理相对落后

从企业性质来看，中国100强系列企业追赶者中，外资企业追赶者的责任管理得分最高，为47.4分，国有企业紧随其后，得分45.7分，民营企业责任管理相对落后，得分为37.7分。

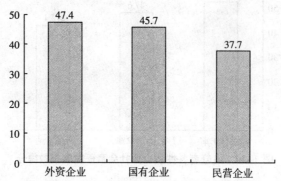

图1-32　追赶者各性质企业责任管理指数得分

2. 责任沟通最为领先，企业责任推进工作尚未开展

中国 100 强系列企业追赶者的责任管理指数以及责任治理、责任推进、责任沟通和守法合规等二级指标的表现都优于中国 100 强系列企业的平均水平，但责任推进得分与中国 100 强系列企业的平均水平已较为接近。二级指标中，得分最高的是责任沟通，为 56.4 分，其次是守法合规和责任治理，分别为 55.5 分和 52.1 分。追赶企业的责任推进得分很低，仅为 9.7 分，许多企业的社会责任推进工作尚未开展。

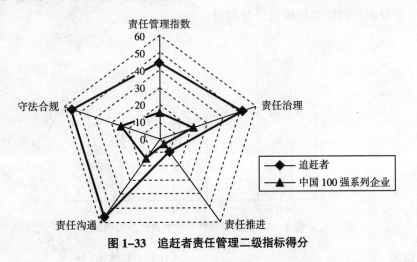

图 1-33 追赶者责任管理二级指标得分

（二）责任治理

中国 100 强系列企业追赶者责任治理平均得分为 52.1 分，略低于责任沟通和守法合规得分，显著领先于责任推进得分。28 家社会责任追赶者中，3 家企业（占 10.7%）责任治理超过 90 分，7 家企业（占 25.0%）高于 60 分但不足 90 分，它们都是责任治理的积极推动者；但有 11 家企业（占 39.3%）不足 40 分。

从企业性质来看，外资企业追赶者责任治理最为领先，得分 60.4 分，许多企业明确了社会责任理念，甚至建立了社会责任领导机构和较为完善的社会责任管理体系；其次是国有企业，责任治理得分为 53.9 分；民营企业责任治理相对落后，信息披露不足，得分为 38.3 分。

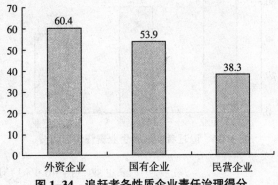

图 1-34 追赶者各性质企业责任治理得分

（三）责任推进

中国 100 强系列企业追赶者责任推进平均得分为 9.7 分，在责任管理板块下的四个二级指标中得分最低，总体上尚未开展社会责任推进工作，未建立社会责任管理体系。28 家社会责任追赶者中，仅 2 家企业（占 7.1%）——鞍山钢铁集团和中国民生银行股份有限公司的责任推进得分超过

40 分，22 家企业（占 78.6%）得分低于 20 分，且有 14 家企业（占 50.0%）得分为 0。

从企业性质来看，民营企业追赶者责任治理相对领先，得分 15.7 分；其次是外资企业，责任治理得分为 8.9 分；国有企业责任治理相对落后，信息披露严重不足，得分为 8.3 分。

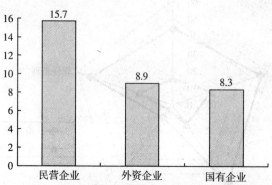

图 1-35　追赶者各性质企业责任推进得分

（四）责任沟通

中国 100 强系列企业追赶者责任沟通平均得分为 56.4 分，在责任管理板块下的四个二级指标中，得分最高。28 家社会责任追赶者中，12 家企业（占 42.9%）责任沟通得分在 60 分以上，它们都是责任沟通的领先者；但同时有 7 家企业（占

25.0%）不足 40 分。

外资企业追赶者责任沟通最为领先，得分 70.2 分，许多企业积极发布社会责任报告；其次是国有企业，责任沟通得分为 57.2 分；民营企业责任沟通相对落后，得分为 42.7 分。

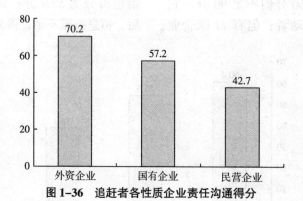

图 1-36　追赶者各性质企业责任沟通得分

（五）守法合规

中国 100 强系列企业追赶者守法合规平均得分 55.5 分，略低于责任沟通的得分，高于责任治理和责任推进得分。28 家社会责任追赶者中，13

家企业（占 46.4%）守法合规得分超过 60 分（其中 1 家企业守法合规得分 100 分），它们都是守法合规的领先者；但有 7 家企业（占 25.0%）守法合规得分不足 60 分，其中 1 家企业未披露任何守

法合规相关信息。

国有企业和民营企业守法合规相对领先，外资企业守法合规仍需加强。从企业性质来看，国有企业守法合规最为领先，得分 59.8 分；紧随其后的是民营企业，得分为 53.3 分；外资企业守法合规信息披露不充分，得分为 37.5 分。

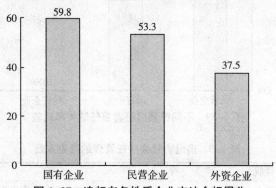

图 1-37　追赶者各性质企业守法合规得分

（六）调整项

（1）在 28 家中国 100 强系列企业追赶者中，有 14 家企业（占 50%）获得过企业社会责任综合奖项。其中有 8 家为国有企业，获奖率为 42.1%；4 家为民营企业，获奖率为 80.0%；2 家为外资企业，获奖率为 50.0%。

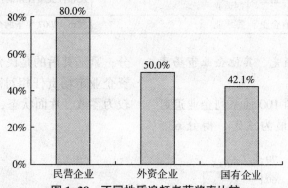

图 1-38　不同性质追赶者获奖率比较

（2）有 10 家（占 35.7%）中国 100 强系列企业追赶者发生过较严重的责任缺失，其中 7 家为国有企业，责任缺失发生率为 36.8%；3 家为民营企业，责任缺失发生率为 60.0%；外资企业没有发生过较严重的责任缺失。

（3）追赶者积极开展责任管理创新实践，28 家企业中有 6 家企业（占 21.4%）都获得了创新实践加分。[①] 其中有 1 家国有企业，4 家民营企业和 1 家外资企业（详见表 1-9）。

三、市场责任

（一）概论

中国 100 强系列企业追赶者的市场责任指数平均为 56.1 分，在其四大责任板块中得分最高。28 家社会责任追赶者中，4 家企业（占 14.3%）市场责任指数超过 60 分，它们都是市场责任的领先者；但同时有 8 家企业（占 28.6%）市场责任指数不足 40 分。

---

① 这使得领先者企业社会责任发展指数平均得分（69.2 分）高于每一个责任板块平均得分。

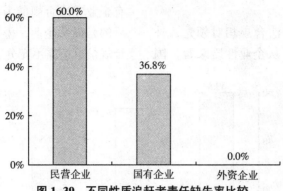

图1-39 不同性质追赶者责任缺失率比较

表1-9 追赶者社会责任管理的领先实践

企业名称	企业性质	行 业	领先实践	得分
中国民生银行股份有限公司	民营企业	银行业	中国银行业率先建立企业社会责任中心	59.0
新希望集团有限公司	民营企业	食品业	中国光彩事业的倡导者和践行者	50.0
可口可乐（中国）饮料有限公司	外资企业	食品业	建立可口可乐中国企业公民委员会	41.0
招商银行股份有限公司	民营企业	银行业	发起中国企业社会责任同盟	42.5
华为技术有限公司	民营企业	通信设备计算机及其他电子设备制造业	发布社会责任采购指南	40.0
华润（集团）有限公司	国有企业	零售业	发布《2007年华润企业公民建设白皮书》	51.5

1. 国有企业市场责任领先，其他企业市场责任仍需加强

从企业性质来看，中国100强系列企业追赶者中，国有企业市场责任最为领先，得分63.5分；紧随其后的是民营企业，得分为52.7分；外资企业市场责任相对落后，信息披露不足，处于较为零散、片面状态，得分仅为25.3分。

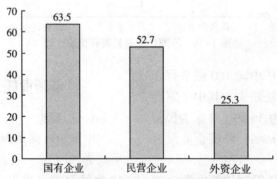

图1-40 追赶者各性质企业市场责任指数得分

2. 股东责任信息披露最好，伙伴责任信息披露不足

中国100强系列企业追赶者市场责任指数（56.1分）以及客户责任、伙伴责任和股东责任的信息披露得分都显著高于中国100强系列企业的平均得分，股东责任尤为领先。首先从各二级指标的表现来看，股东责任的信息披露最充分，得分高达74.5分；其次是客户责任，得分56.3分；

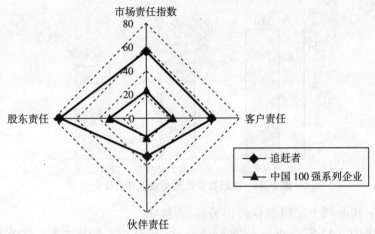

图 1-41　追赶者市场责任二级指标得分

而伙伴责任的信息披露不足，仅为 32.0 分。

（二）客户责任

中国 100 强系列企业追赶者客户责任平均得分为 56.3 分，在市场责任板块下的三个二级指标中水平居中。28 家社会责任追赶者中，14 家企业（占 50.0%）客户责任得分高于 60 分，是客户责任信息披露的领先者；但同时有 5 家企业（占

17.9%）客户责任指数不足 40 分，其中 1 家企业得分为 0。

国有企业追赶者客户责任最为领先，信息披露充分，得分 64.7 分；其次是民营企业，客户责任得分为 50.9 分；外资企业客户责任相对落后，得分 23.1 分。

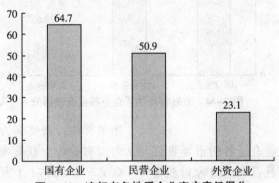

图 1-42　追赶者各性质企业客户责任得分

（三）伙伴责任

中国 100 强系列企业追赶者的伙伴责任得分平均为 32.0 分，显著低于客户责任和股东责任得分。28 家社会责任追赶者中，3 家企业（占 10.7%）伙伴责任得分高于 60 分，达到领先者水平；但同时有 19 家企业（占 67.9%）伙伴责任指数不足 40 分，其中 2 家企业未对伙伴责任信息进行任何披露。

国有企业追赶者伙伴责任最为领先，信息披露相对最充分，得分 35.0 分；其次是外资企业，伙伴责任得分为 26.1 分；民营企业伙伴责任信息披露处于较为零散、片面的状态，得分 25.3 分。

（四）股东责任

中国 100 强系列企业追赶者的股东责任信息披露比较充分，注重企业成长性、盈利性以及安全性等财务指标的披露，平均得分高达 74.5 分，

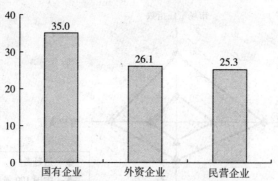

图 1-43　追赶者各性质企业伙伴责任得分

高于市场责任板块下其他两个二级指标的得分。28 家社会责任追赶者中，22 家企业（占 78.6%）股东责任信息披露高于 60 分，其中 11 家企业（占 39.3%）获得满分，披露了所有指标；但同时有 5 家企业（占 17.9%）股东责任指数不足 40 分，其中 1 家企业未对股东责任信息进行任何披露。

从企业性质来看，国有企业股东责任信息披露充分，得分 83.8 分；紧随其后的是民营企业，得分为 75.3 分；外资企业股东责任显著落后，得分仅为 29.6 分。

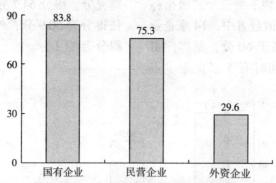

图 1-44　追赶者各性质企业股东责任得分

（五）调整项

（1）中国 100 强系列企业追赶者的市场责任获奖颇丰。28 家社会责任追赶者中，23 家曾获得相关奖项，获奖率为 82.1%。23 家企业中，17 家为国有企业，获奖率为 89.5%；5 家为民营企业，获奖率为 100%；1 家为外资企业，获奖率为25.0%。

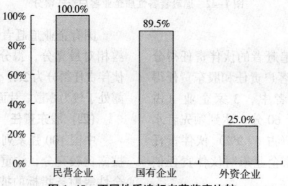

图 1-45　不同性质追赶者获奖率比较

（2）有 10 家企业（占 35.7%）曾被权威媒体或政府相关部门报道过责任缺失问题，包括泄露客户信息、较大亏损等。其中 6 家为国有企业，责任缺失发生率为 31.6%；2 家为民营企业，责任缺失发生率为 40%；2 家为外资企业，责任缺失发生率为 50%。

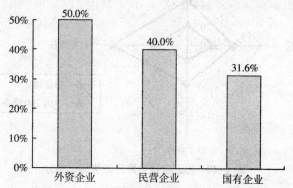

图 1-46　不同性质追赶者责任缺失率比较

四、社会责任

（一）概论

中国 100 强系列企业追赶者社会责任指数平均为 47.6 分，领先于责任管理指数（45.5 分）和环境责任指数（38.1 分），低于领先者社会责任指数（59.9 分）。28 家社会责任追赶者中，3 家企业（占 10.7%）社会责任指数超过 60 分，达到领先水平；有 5 家企业（占 17.9%）社会责任指数不足 40 分。

1. 民营企业社会责任领先，其他企业社会责任仍需加强

从企业性质来看，民营企业追赶者社会责任最为领先，得分 53.0 分；其次是国有企业社会责任得分为 47.8 分，外资企业社会责任信息披露较不充分，得分为 40.0 分。

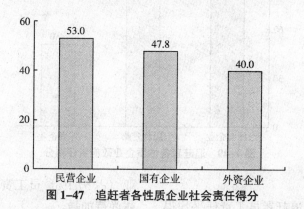

图 1-47　追赶者各性质企业社会责任得分

2. 政府责任信息披露最好，员工责任信息披露不足

中国 100 强系列企业追赶者社会责任指数（47.6 分）以及政府责任、员工责任和社区责任的信息披露得分都显著高于中国 100 强系列企业的平均得分，政府责任领先优势最为明显。从各二级指标的表现来看，**政府责任的信息披露最充分**，得分高达 81.9 分，甚至高于领先者水平；社区责任其次，得分 49.5 分；员工责任信息披露不足，得分为 39.5 分，未达到追赶者水平。

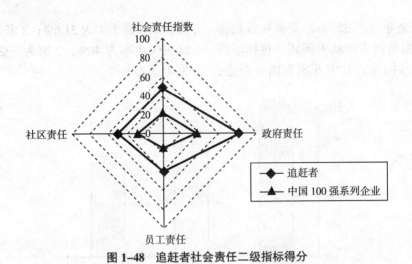

图 1-48　追赶者社会责任二级指标得分

（二）政府责任

中国 100 强系列企业追赶者政府责任平均得分为 81.9 分，在社会责任板块下的三个二级指标中表现最优，也高于追赶者的所有其他二级指标的得分，是追赶者二级指标中唯一一个优于领先者的指标，绝大部分追赶者都积极披露响应宏观政策、缴纳税收等方面的措施和绩效。28 家社会责任追赶者中，仅有 1 家企业（占 3.6%）政府责任得分低于 60 分；14 家企业（占 50%）披露了政府责任所有相关指标，得到满分。

国有企业政府责任信息披露最为领先，得分 88.8 分；民营企业紧随其后，得分为 81.3 分；外资企业政府责任相对落后，得分为 50.0 分。

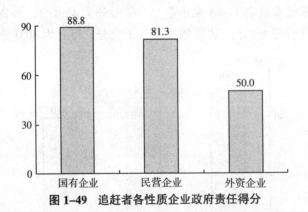

图 1-49　追赶者各性质企业政府责任得分

（三）员工责任

中国 100 强系列企业追赶者员工责任平均得分为 39.5 分，在社会责任板块下的三个二级指标中表现最差，员工责任信息披露整体不足，与政府责任的披露情况仍有较大的差距。28 家社会责任追赶者中，5 家企业（占 17.9%）员工责任得分超过 60 分，达到领先者水平；但同时有 16 家企业（占 57.1%）员工责任得分不足 40 分，信息披露尚待加强。

国有企业追赶者员工责任最为领先，信息披露相对最充分，得分 44.4 分；其次是民营企业员工责任得分为 34.0 分；外资企业得分仅为 23.5 分。

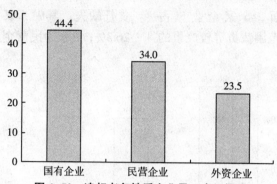

图1-50　追赶者各性质企业员工责任得分

（四）社区责任

中国100强系列企业追赶者社区责任平均得分为49.5分，在社会责任板块下的三个二级指标中处于中等水平。28家社会责任追赶者中，8家企业（占28.6%）社区责任得分超过60分；12家企业（占42.9%）得分为40~60分；另有8家企业（占28.6%）社区责任得分不足40分，信息披露水平仍待加强。

民营企业和外资企业社区责任信息披露都达到领先者水平，得分分别为70.3分和66.1分；国有企业社区责任相对落后，得分为40.5分。

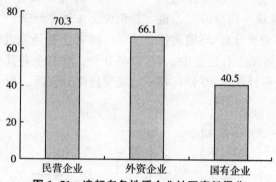

图1-51　追赶者各性质企业社区责任得分

（五）调整项

（1）28家中国100强系列企业追赶者中，22家企业曾获得过社会责任相关奖项。其中，17家为国有企业，获奖率为89.5%；2家为民营企业，获奖率为40%；3家为外资企业，获奖率为75%。

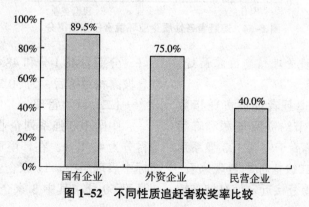

图1-52　不同性质追赶者获奖率比较

（2）社会责任缺失方面，6家企业（占21.4%）发生了安全事故、大范围裁员等较严重的责任缺失。其中5家为国有企业，责任缺失率为26.3%；1家为民营企业，责任缺失率为20%。

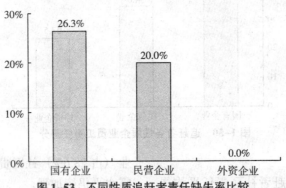

图1-53　不同性质追赶者责任缺失率比较

五、环境责任

（一）概论

中国100强系列企业追赶者的环境责任指数平均为38.1分，在四大责任板块中得分最低，也远低于领先者环境责任指数（62.6分），环境责任信息披露整体不足。28家社会责任追赶者中，4家企业（占14.3%）环境责任得分超过60分；15家企业（占53.6%）得分为40~60分；9家企业（占32.1%）环境责任得分不足40分，未达到追赶者水平。

1. 国有企业和外资企业环境责任相对领先，民营企业仍需加强

国有企业环境责任信息披露最为领先，得分48.0分；外资企业其次，为45.3分；民营企业环境责任得分较低，为30.5分。

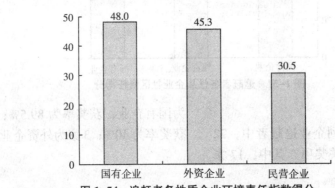

图1-54　追赶者各性质企业环境责任指数得分

2. 节约资源/能源和环境管理信息披露最好，降污减排信息披露不足

中国100强系列企业追赶者环境责任指数（38.1分）以及环境管理、节约资源/能源和降污减排的信息披露得分都显著高于中国100强系列企业的平均得分。而从各二级指标的表现来看，环境管理和节约资源/能源得分接近，信息披露较好，分别为48.1分和48.4分；降污减排的相关信息披露相对落后，为30.5分。

（二）环境管理

中国100强系列企业追赶者的环境管理平均得分为48.1分，在环境责任板块下的三个二级指标中表现居中。11家企业（占39.3%）环境管理高于60分，其中3家企业超过70分；9家企业

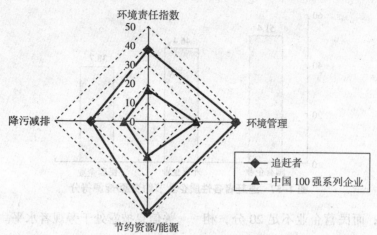

图1-55　追赶者环境责任二级指标得分

（占32.1%）环境管理得分不足40分，未达到追赶者水平，且其中有1家得分为0。

从企业性质来看，外资企业和国有企业环境管理信息披露较好，分别为59.3分和51.1分；民营企业环境管理处于起步者水平，得分27.6分。

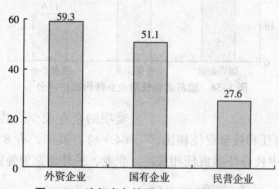

图1-56　追赶者各性质企业环境管理得分

（三）节约资源/能源

中国100强系列企业追赶者的节约资源/能源信息披露平均得分为48.4分，在环境责任板块下的二级指标中表现最优，追赶者对企业在节能降耗、发展循环经济等方面的制度、措施与绩效等信息的披露较为关注和重视。8家企业（占28.6%）节约资源/能源超过60分，其中2家企业高达80分，它们是节约资源/能源信息披露的领先者；10家企业（占32.1%）节约资源/能源得分不足40分。

国有企业节约资源/能源得分较高，为51.4分；外资企业其次，为46.4分；民营企业节约资源/能源信息披露得分为38.7分，未达到追赶者水平。

（四）降污减排

中国100强系列企业追赶者在降污减排信息披露上的表现差于环境管理和节约资源/能源信息的披露情况，平均得分仅为30.5分，部分追赶者虽然披露了降污减排的措施，但对减排数据披露不足。6家企业（占21.4%）降污减排得分超过60分，其中1家获得满分，披露所有的定性和定量指标；但有9家企业（占32.1%）未对降污减排信息进行任何披露，得分为0。

从企业性质来看，国有企业追赶者降污减排信息披露相对较好，得分35.3分；外资企业其

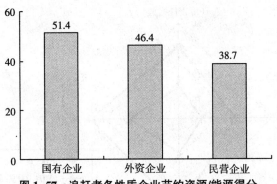

图1-57 追赶者各性质企业节约资源/能源得分

次，得分为29.8分；而民营企业不足20分，相 关信息披露处于旁观者水平。

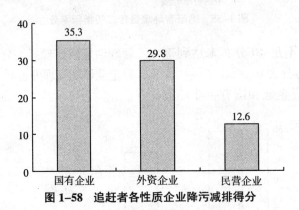

图1-58 追赶者各性质企业降污减排得分

（五）调整项

（1）与责任管理、市场责任和社会责任相比，中国100强系列企业追赶者中获得环境责任相关奖项的企业较少，共13家企业获该类奖项（占64.3%）。其中，有8家为国有企业，3家为民营企业，另外2家为外资企业。

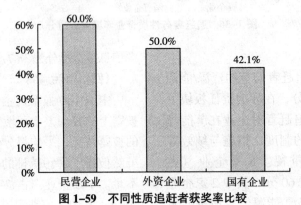

图1-59 不同性质追赶者获奖率比较

（2）5家企业发生过较严重的环境责任缺失，它们全部为国有企业。可见虽然国有企业环境责任信息披露领先，但节能减排实践仍需加强。

六、小结

（1）社会责任追赶者包括分布于14个行业的28家企业，占评价企业总数的9.3%。28家社会责任追赶者中，国有企业 19 家，占 67.9%；民营企业 5 家，占 17.9%；外资企业 4 家，占 14.3%。在责任管理、市场责任、社会责任与环境责任四大责任板块中，得分均显著高于中国 100 强系列企业的平均得分，且市场责任指数与中国 100 强系列企业的差距最为明显。追赶者积极开展责任管理创新实践，28 家企业中有 6 家企业都获得了创新实践加分。

（2）责任管理。社会责任追赶者责任管理指数平均得分 45.5 分，其中，外资企业得分最高，国有企业紧随其后，民营企业相对落后。追赶者的责任治理、责任推进、责任沟通和守法合规等二级指标的表现均显著优于中国 100 强系列企业的平均水平，其中又以责任沟通得分最高，责任推进得分最低，社会责任管理体系尚不完善。

（3）市场责任。社会责任追赶者的市场责任指数平均得分为 56.1 分，其中，国有企业得分最高，民营企业紧随其后，外资企业市场责任相对落后。追赶者的客户责任、伙伴责任和股东责任的信息披露得分都显著高于中国 100 强系列企业的平均得分，股东责任尤为领先，而伙伴责任信息披露不足。

（4）社会责任。社会责任追赶者的社会责任指数平均得分为 47.6 分，其中，民营企业得分最高，国有企业紧随其后，外资企业相对落后。追赶者的政府责任、员工责任和社区责任等三个二级指标得分都显著高于中国 100 强系列企业的平均得分，其中又以政府责任差距最大。政府责任最为领先，高于追赶者所有其他二级指标的得分，是唯一一个优于领先者得分的二级指标，其次是社区责任，员工责任相对落后。

（5）环境责任。社会责任追赶者的环境责任指数平均得分为 38.1 分，其中，国有企业得分最高，外资企业紧随其后，民营企业相对落后。追赶者的环境管理、节约资源/能源、降污减排等三个二级指标的得分都显著高于中国 100 强系列企业的平均得分，且以节约资源/能源的差距最大，得分最高，降污减排的信息披露相对落后。

（6）追赶者责任实践领先于责任管理，在责任实践中市场责任领先于社会责任和环境责任。社会责任追赶者的责任实践指标得分（47.3 分）领先于责任管理指标得分（45.5 分）。另外从责任实践来看，市场责任（56.1 分）领先于社会责任（47.6 分）和环境责任（38.1 分）。

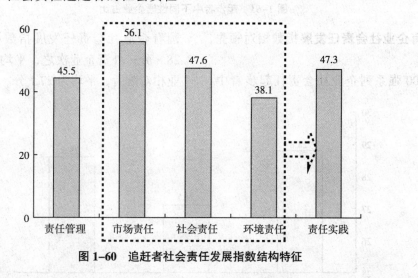

图 1-60　追赶者社会责任发展指数结构特征

（7）在责任管理、市场责任、社会责任与环境责任四大责任板块中，市场责任板块获奖最多，获奖率为 82.1%；环境责任板块获奖相对最少，获奖率为 46.4%。责任管理和市场责任板块发生较严重责任缺失最多，责任缺失率均为 35.7%；社会责任和环境责任板块相对较少，责任缺失率分别为 21.4% 和 17.9%。此外，追赶者开始积极开展责任管理创新实践，28 家企业中有 6 家企业（占 21.4%）获得了创新实践加分，其中有 1 家国有企业，4 家民营企业，1 家外资企业。

第五节 起步者（79家）

一、概论

在 300 家中国 100 强系列企业中，共有 79 家企业为社会责任起步者，占总体样本的 26.3%。起步者的社会责任发展指数为 27.9 分，比中国 100 强系列企业社会责任发展指数（20.2 分）高出 7.7 分，比追赶者的社会责任发展指数（49.9）低 22 分。

（一）起步者中国有企业和民营企业占比较高

在 79 家社会责任起步者中，国有企业和民营企业均为 31 家，分别占起步者总体的 39.2%；外资企业为 17 家，占追赶者总体的 21.5%。

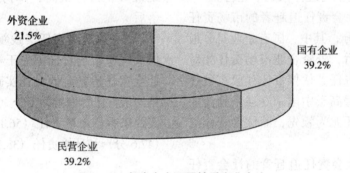

图 1-61 起步者中不同性质企业占比

（二）国有企业社会责任发展指数相对领先，民营企业落后

在中国 100 强系列企业社会责任起步者中，国有企业社会责任发展指数相对领先，平均为 28.8 分；外资企业次之，平均为 28.6 分；民营企业相对落后，平均为 27.1 分。

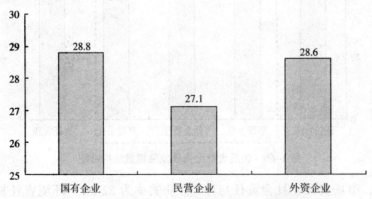

图 1-62 起步者不同性质企业社会责任发展指数得分

（三）市场责任披露相对较好，责任管理落后

在责任管理、市场责任、社会责任和环境责任四大责任领域中，中国100强系列企业社会责任起步者得分均高于中国100强系列企业平均得分。其中，市场责任和社会责任披露水平相对较高，又以市场责任披露最为领先，平均得分为31.5分；责任管理最为落后，平均得分为18.8分。

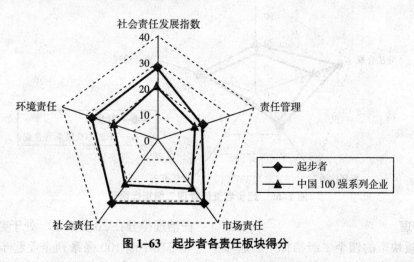

图1-63 起步者各责任板块得分

二、责任管理

（一）概论

与社会责任三大实践（市场责任、社会责任和环境责任）相比，起步者的责任管理指数相对落后，平均得分为18.8分，落后于追赶者的责任管理指数（45.5分）26.7分。其中，责任管理得分在40分以上（含40分）、达到追赶者水平的企业为6家（占7.6%）；得分为20~40分、达到起步者水平的企业为35家（占44.3%）。

1. 外资企业责任管理指数领先，民营企业落后

在中国100强系列企业社会责任起步者中，外资企业责任管理水平相对领先，得分为24.7分；国有企业次之，得分为19.1分；民营企业责任管理水平最为落后，得分为15.3分。

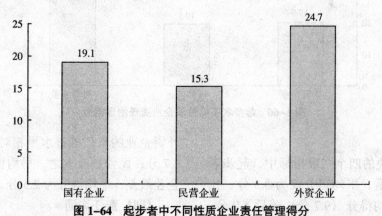

图1-64 起步者中不同性质企业责任管理得分

2. 守法合规最为领先，责任推进落后

从责任治理、责任推进、责任沟通和守法合规四个二级指标的表现看，中国100强系列企业社会责任起步者较为重视守法合规信息披露，平

均得分为 35.3 分；责任治理次之，得分为 23.9 分；责任沟通平均得分为 16.4 分；责任推进最为

落后，平均得分仅为 3.8 分，责任推进工作尚未开展。

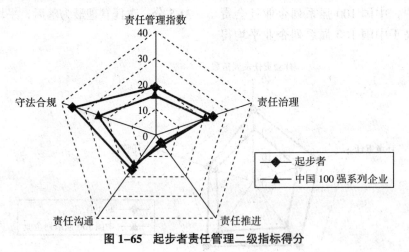

图 1-65　起步者责任管理二级指标得分

（二）责任治理

在责任管理板块下的四个二级指标中，起步者的责任治理表现居第二位，平均得分为 23.9 分，但比追赶者责任治理平均得分（52.1 分）落后 28.2 分。有 14 家企业（占 17.7%）责任治理得分为 40 分以上（含 40 分）；44 家（占 55.7%）责

任治理得分在 20 分以下，处于旁观水平。

在中国 100 强系列企业起步者中，外资企业的责任治理平均得分最为领先，为 41.1 分；国有企业和民营企业责任治理相对落后，平均得分分别为 19.9 分和 19.1 分，总体上均处于旁观阶段。

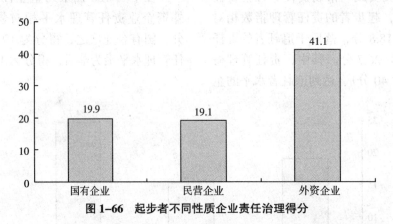

图 1-66　起步者不同性质企业责任治理得分

（三）责任推进

在责任管理板块的四个二级指标中，起步者的责任推进最为落后，平均得分仅为 3.8 分，比追赶者责任推进平均得分（9.7 分）落后 5.9 分。仅 5 家企业（占 6.3%）责任推进超过 20 分，有 60 家企业（占 75.9%）责任推进得分为 0 分。

在中国 100 强系列企业社会责任起步者中，

外资企业的责任推进水平相对较高，平均得分为 6.7 分；民营企业次之，平均得分为 3.7 分；国有企业最差，平均得分为 2.5 分。

（四）责任沟通

起步者的责任沟通表现落后于守法合规和责任治理，平均得分为 16.4 分，比追赶者责任沟通平均得分（56.4 分）落后 40 分。其中，责任沟通

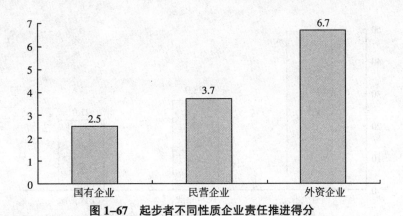

图 1-67　起步者不同性质企业责任推进得分

得分在 40 分以上（含 40 分）的起步者企业有 12 家，占起步者总体的 15.2%；有 52 家企业责任沟通得分在 20 分以下，占起步者总体的 65.8%。

外资企业的责任沟通水平相对较高，平均得分为 28.7 分；民营企业和国有企业表现较差，分别为 13.8 分和 12.8 分，处于旁观阶段。

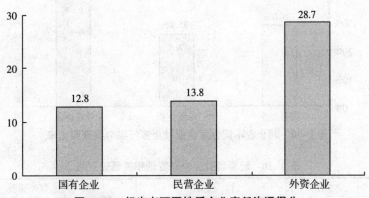

图 1-68　起步者不同性质企业责任沟通得分

（五）守法合规

在责任管理板块下的四个二级指标中，起步者的守法合规最为领先，平均得分 35.3 分，比追赶者守法合规平均得分（55.5 分）落后 20.2 分。其中，守法合规得分在 60 分以上（含 60 分）的起步者企业有 16 家（占 20.2%）；但仍有 17 家企业守法合规得分为 0 分（占 21.5%）。

从各性质企业的表现看，国有企业的守法合规信息披露得分相对较高，为 49.5 分；民营企业次之，平均为 28.0 分；外资企业守法合规相关信息披露最不充分，得分为 21.9 分。

（六）调整项

（1）在 79 家社会责任起步者中，共有 25 家

企业在评价期获得企业社会责任综合奖项，占起步者总体的 31.6%。有 9 家国有企业在评价期获社会责任奖项，获奖比率为 29.0%；获得责任管理奖的民营企业 8 家，获奖比率为 25.8%；外资企业有 9 家，获奖比率为 52.9%。

（2）起步者中共有 4 家企业在评价期发生责任管理负面信息，其中国有企业 1 家，民营企业 2 家，外资企业 1 家。

（3）在 79 家企业社会责任起步者中，共有 7 家企业进行责任管理相关创新实践，其中有 1 家国有企业、3 家民营企业和 3 家外资企业（详见表 1-10）。

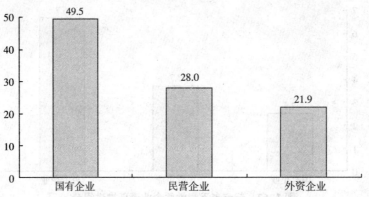

图 1-69　起步者不同性质企业守法合规得分

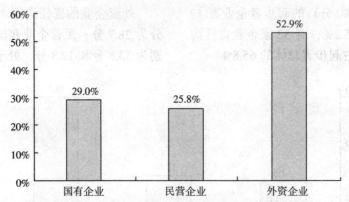

图 1-70　起步者不同性质企业社会责任综合奖获奖比率

表 1-10　起步者社会责任管理相关领先实践

企业名称	企业性质	行　业	领先实践	得分
美的集团有限公司	民营企业	电气机械及器材制造业	发布年度 CSR 规划	39.5
上海贝尔阿尔特股份有限公司	外资企业	通信设备制造业	公司设立可持续发展委员会	39.0
中粮集团有限公司	国有企业	贸易业	中粮控股加入富时环境机会指数	38.5
巴斯夫中国	外资企业	石油石化	建立大中华区可持续发展指导委员会	38.5
兴业银行股份有限公司	民营企业	银行业	我国首家赤道银行	29.5
中兴通讯股份有限公司	民营企业	通信设备制造业	建立企业社会责任推行团队	27.0
福特汽车（中国）有限公司	外资企业	交通运输设备制造业	建立企业社会责任委员会	27.5

三、市场责任

（一）概论

与责任管理、社会责任和环境责任相比，起步者的市场责任指数最为领先，平均得分为 31.5 分，落后于追赶者的市场责任指数（56.1 分）24.6 分。79 家起步者中，25 家企业（占 31.6%）市场责任得分在 40 分以上（含 40 分）；12 家企业（占 15.2%）市场责任得分在 20 分以下，处于旁观水平。

1. 国有企业和民营企业市场责任信息披露相对领先

在中国 100 强系列企业社会责任起步者中，国有企业和民营企业市场责任信息披露相对领先，平均得分分别为 34.8 分和 34.7 分；外资企业市场责任信息披露相对落后，平均得分为 19.2 分。

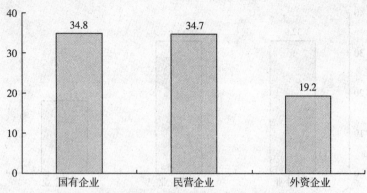

图 1-71 起步者不同性质企业市场责任得分

2. 股东责任信息披露最为领先，伙伴责任信息披露落后

从客户责任、伙伴责任和股东责任三个二级指标看，中国 100 强系列企业社会责任起步者的股东责任信息披露相对较好，平均得分为 44.9 分，达到追赶者水平；客户责任次之，平均得分为 29.8 分；伙伴责任信息披露最为落后，平均得分为 20.2 分。

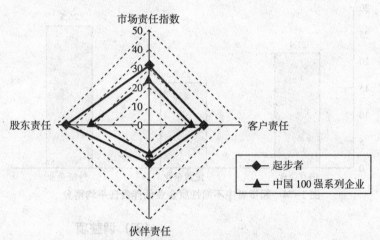

图 1-72 起步者市场责任二级指标得分

（二）客户责任

中国 100 强系列企业社会责任起步者的客户责任信息披露表现好于伙伴责任但不及股东责任，平均得分为 29.8 分，比追赶者客户责任平均得分（56.3 分）落后 26.5 分。其中，有 21 家企业（占 26.6%）客户责任得分为 40 分以上（含 40 分），其中 5 家企业超过 60 分（含 60 分），达到领先者水平；25 家企业（占 31.6%）客户责任得分在 20 分以下。

在中国 100 强系列企业社会责任起步者中，国有企业的客户责任信息披露最为领先，平均得分为 32.9 分；民营企业次之，平均得分为 32.8 分；外资企业客户责任信息披露最为落后，平均得分为 17.9 分。

（三）伙伴责任

中国 100 强系列企业社会责任起步者的伙伴责任信息披露得分在市场责任板块下的三个二级指标中最低，平均为 20.2 分，比追赶者伙伴责任平均得分（32.0 分）落后 11.8 分。其中，有 9 家企业（占 11.4%）伙伴责任信息披露得分为 40 分以上（含 40 分），最高不超过 55 分；而伙伴责任得分在 20 分以下的企业为 40 家（占 50.6%），其

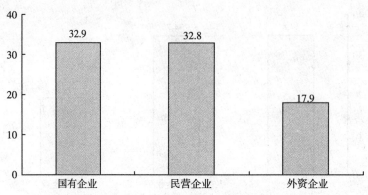

图1-73　起步者中不同性质企业客户责任平均得分

中有17家企业得分为0。

在中国100强系列企业社会责任起步者中，外资企业的伙伴责任信息披露最为领先，平均得分为26.5分；国有企业次之，平均得分为21.4分；民营企业伙伴责任信息披露最为落后，平均得分为15.9分。

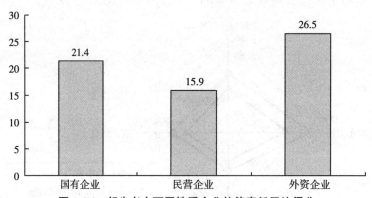

图1-74　起步者中不同性质企业伙伴责任平均得分

（四）股东责任

在市场责任板块下的三个二级指标中，起步者的股东责任信息披露表现最为落后，平均得分为44.9分，比追赶者股东责任平均得分（74.5分）落后29.6分。其中，有29家（占36.7%）企业股东责任得分在60分以上（含60分），达到领先水平；有15家企业（占18.9%）得分为40~60分；得分在20分以下的企业为20家（占25.3%）。

各性质起步者的股东责任信息披露水平差距较大。民营企业的股东责任信息披露最为领先，平均得分为57.9分；国有企业次之，平均得分为48.1分；外资企业股东责任信息披露最为落后，平均得分为13.6分，处于旁观水平。

（五）调整项

（1）在79家社会责任起步者中，共有51家企业在评价期获得市场责任相关奖项荣誉，占起步者总体的64.6%。国有企业获市场责任奖项的比率相对较高，起步者中共有24家国有企业在评价期获市场责任奖项，获奖率为77.4%；民营企业次之，评价期获市场责任奖项荣誉的企业为22家；外资企业最为落后，评价期仅有29.4%的外资企业起步者（5家）获得市场责任相关奖项。

（2）共有21家企业在评价期发生市场责任缺失，占起步者总体的26.9%。国有企业、民营企业和外资企业在评价期均有7家企业发生市场责任缺失。

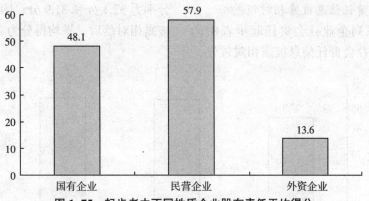

图 1-75 起步者中不同性质企业股东责任平均得分

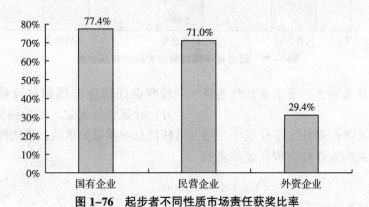

图 1-76 起步者不同性质市场责任获奖比率

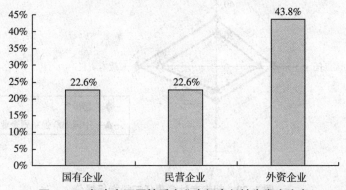

图 1-77 起步者不同性质企业市场责任缺失发生比率

四、社会责任

（一）概论

与其他三个责任领域（责任管理、市场责任和环境责任）相比，中国 100 强系列企业起步者的社会责任指数领先于责任管理和环境责任，但稍落后于市场责任；平均得分为 30.4 分，落后于追赶者的社会责任指数（47.6 分）17.2 分。其中，社会责任得分在 40 分以上（含 40 分）的企业为 19 家（占 24.1%）；社会责任得分在 20 分以下的企业为 11 家（占 13.9%）。

1. 外资企业社会责任信息披露相对领先

在中国 100 强系列企业社会责任起步者中，外资企业与民营企业社会责任信息披露相对领先，分别为 32.1 分和 31.9 分；国有企业社会责任信息披露相对落后，平均得分为 27.9 分。

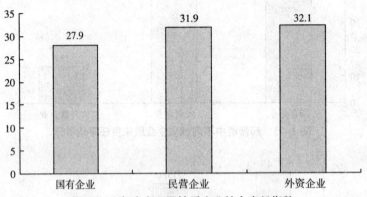

图1-78　起步者不同性质企业社会责任指数

2. 政府责任信息披露领先，员工责任信息披露最为落后

从政府责任、员工责任和社区责任三个二级指标看，中国 100 强系列企业社会责任起步者的政府责任信息披露相对较好，平均得分为 51.1 分；社区责任次之，平均得分为 37.1 分；员工责任信息披露最为落后，平均得分为 21.6 分。

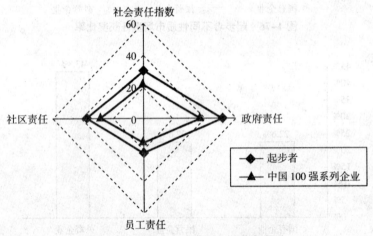

图1-79　起步者社会责任二级指标得分

（二）政府责任

中国 100 强系列企业起步者的政府责任信息披露表现最为领先，平均得分为 51.1 分，但落后追赶者政府责任平均得分（81.9 分）30.8 分。41 家企业（占 51.9%）政府责任得分在 60 分以上，其中 12 家企业获得满分；但仍有 12 家企业（占 15.2%）政府责任得分为 0。

民营企业的政府责任信息披露最为领先，平均得分为 63.0 分，达到领先水平；国有企业次之，平均得分为 46.2 分；外资企业政府责任信息披露最为落后，平均得分为 37.5 分。

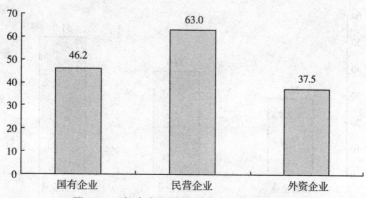

图 1-80　起步者不同性质企业政府责任得分

（三）员工责任

中国 100 强系列企业起步者的员工责任信息披露表现落后于政府责任和社区责任，平均得分为 21.6 分，比追赶者员工责任平均得分（39.5 分）落后 17.9 分。有 11 家企业（占 13.9%）员工责任得分为 40 分以上（含 40 分），其中仅 1 家企业超过 60 分；员工责任得分在 20 分以下（不含 20 分）的企业有 40 家（占 50.6%）。

各性质起步者的员工责任信息披露水平接近，都略高于 20 分。其中，国有企业的员工责任信息披露平均得分为 22.9 分，民营企业为 20.9 分，外资企业为 20.3 分。

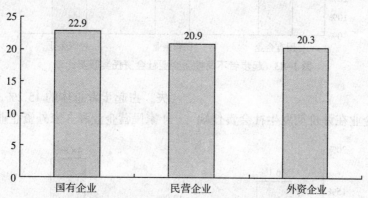

图 1-81　起步者不同性质企业员工责任得分

（四）社区责任

中国 100 强系列企业起步者的社区责任信息披露表现优于员工责任而落后于政府责任，平均得分为 37.1 分，比追赶者社区责任平均得分（49.5 分）落后 12.4 分。其中，6 家企业（占 7.6%）社区责任得分超过 60 分；30 家企业（占 38.0%）得分为 40~60 分；10 家企业（占 12.7%）得分在 20 分以下，仍处在旁观阶段。

外资企业的社区责任信息披露达到追赶者水平，平均得分为 51.0 分；民营企业平均得分为 38.5 分；国有企业社区责任信息披露相对落后，平均得分为 28.5 分。

（五）调整项

（1）在 79 家企业社会责任起步者中，共有 55 家企业在评价期获得社会责任相关奖项荣誉，占起步者总体的 69.6%。国有企业获社会责任奖项的比率相对较高，共 24 家国有企业在评价期获社会责任奖项，获奖率为 77.4%；民营企业次之，评价期获社会责任奖项荣誉的企业为 22 家；有 9 家外资企业获得社会责任相关奖项，获奖比率

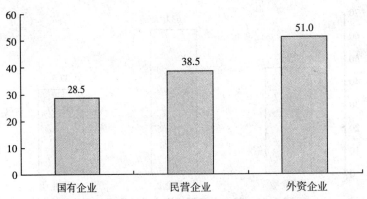

图1-82　起步者中不同性质企业社区责任平均得分

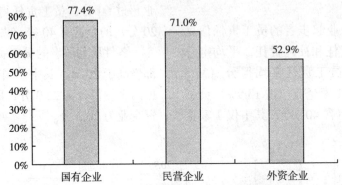

图1-83　起步者不同性质企业社会责任奖获奖比率

为52.9%。

（2）共有12家企业在评价期发生社会责任缺失，占起步者总体的15.2%，包括5家国有企业，4家民营企业和3家外资企业。

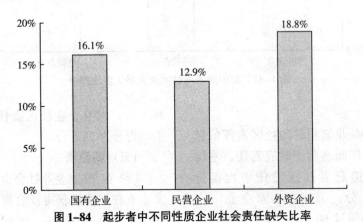

图1-84　起步者中不同性质企业社会责任缺失比率

五、环境责任

（一）概论

中国100强系列企业起步者的环境责任指数相对较低，落后于市场责任指数和社会责任指数；平均得分为27.1分，落后于追赶者的环境责任指数（38.1分）11.0分。环境责任得分在40分以上（含40分）的企业有18家（占22.8%）；得分在

20分以下的企业为24家（占30.4%）。

1. 外资企业环境责任指数相对领先，民营企业落后

在各类性质的起步者中，外资企业环境责任信息披露相对领先，平均得分为33.4分；国有企业次之，平均得分为28.6分；民营企业环境责任信息披露相对落后，平均得分为22.4分。

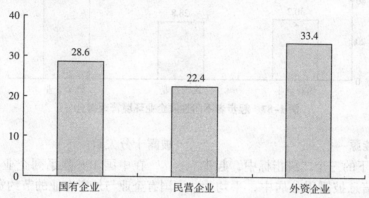

图1-85 起步者不同性质企业环境责任指数

2. 环境管理信息披露领先，降污减排落后

从环境管理、节约资源/能源和降污减排三个二级指标看，中国100强系列企业社会责任起步者的环境管理信息披露相对较好，平均得分为37.1分；节约资源/能源次之，平均得分为29.0分；降污减排信息披露最为落后，平均得分为21.0分。

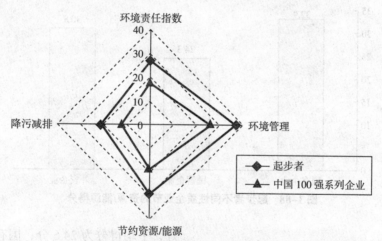

图1-86 起步者环境责任二级指标得分

（二）环境管理

在环境责任板块下的三个二级指标中，起步者的环境管理信息披露表现最为领先，平均得分为37.1分，比追赶者环境管理平均得分（48.1分）落后11分。虽有18家企业（占22.8%）环境管理得分在60分以上（含60分），达到领先水平；但得分在20分以下（不含20分）的企业仍有30家（占38.0%），其中11家得分为0，未披露任何环境管理信息。

外资企业起步者的环境管理信息披露遥遥领先，平均得分为66.7分；国有企业和民营企业环境管理信息披露不足，平均得分为30.2分和28.8分。

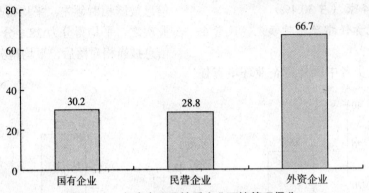

图1-87　起步者不同性质企业环境管理得分

（三）节约资源/能源

在环境责任板块下的三个二级指标中，起步者的节约资源/能源信息披露得分居中，平均为29.0分，远远落后于追赶者节约资源/能源平均得分（48.4分）。其中，9家企业（占11.4%）得分超过60分，节约资源/能源信息披露较为充分；32家企业（占40.1%）在20分以下，相关信息披露十分欠缺。

在中国100强系列企业社会责任起步者中，国有企业与外资企业的节约资源/能源信息披露表现较为领先，分别为32.9分和30.8分；民营企业节约资源/能源信息披露相对落后，平均得分为24.3分。

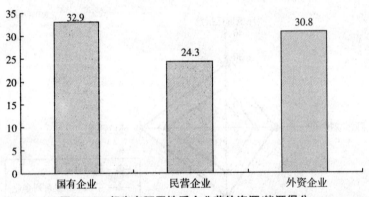

图1-88　起步者不同性质企业节约资源/能源得分

（四）降污减排

在环境责任板块下的三个二级指标中，起步者的降污减排信息披露表现最为落后，平均得分为21.0分，比追赶者降污减排平均得分（30.5分）落后9.5分。只有16家企业（占20.3%）降污减排得分在40分以上（含40分）；42家（占53.2%）不足20分，其中21家企业未披露降污减排的任何实质性信息。

外资企业的起步者降污减排信息披露相对较好，平均得分为24.6分；国有企业次之，平均得分为21.9分；民营企业降污减排信息披露处于旁观阶段，不足20分。

（五）调整项

（1）在79家企业社会责任起步者中，共有27家企业在评价期获得环境责任相关奖项荣誉，占起步者总体的34.2%。国有企业和民营企业获环境责任奖项的比率相对较高，分别有11家企业获奖，获奖比率均为35.5%；有29.4%（5家）的外

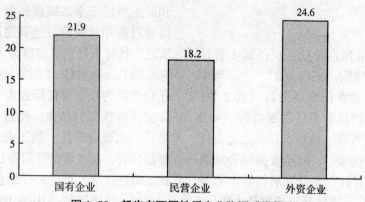

图 1-89 起步者不同性质企业降污减排得分

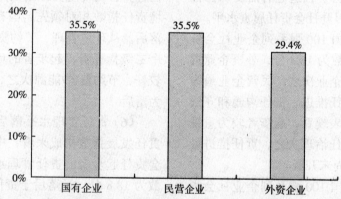

图 1-90 起步者中不同性质企业获环境责任奖占比

资企业获得环境责任相关奖项。

（2）共有 8 家企业在评价期发生环境责任缺失，占起步者总体的 10.3%，其中包括 4 家国有企业，3 家民营企业和 1 家外资企业，发生环境责任缺失的比率分别为 12.9%、9.7%和 6.3%。

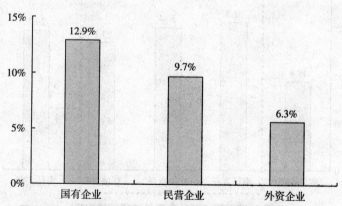

图 1-91 起步者中不同性质企业发生社会责任负面信息占比

六、小结

（1）中国100强系列企业社会责任起步者社会责任发展指数相对较低，平均为27.9分，与中国100强系列企业社会责任发展指数（20.2分）水平相当，比追赶者的社会责任发展指数（49.9分）低22分。在责任管理、市场责任、社会责任和环境责任四大责任领域中，起步者的得分均高于中国100强系列企业社会责任发展指数。起步者的市场责任得分最高，责任管理指数最为落后。中国100强系列企业社会责任追赶者需要加强社会责任管理体系建设，提升社会责任履责水平。

（2）责任管理。中国100强系列企业社会责任起步者的责任管理指数为18.8分，外资企业责任管理指数最高，国有企业次之，民营企业最为落后。从责任治理、责任推进、责任沟通和守法合规等四个二级指标的表现看，起步者较为重视守法合规信息披露，责任治理次之，责任推进最为落后，责任推进工作尚未开展。

（3）市场责任。中国100强系列企业社会责任起步者的市场责任指数为31.5分，国有企业和民营企业市场责任信息披露相对领先，外资企业市场责任信息披露落后。从客户责任、伙伴责任和股东责任三个二级指标看，起步者的股东责任信息披露相对较好，达到追赶者水平；客户责任次之，伙伴责任信息披露最为落后。

（4）社会责任。中国100强系列企业社会责任起步者的社会责任指数为30.4分，外资企业社会责任指数相对领先，民营企业次之，国有企业落后。从政府责任、员工责任和社区责任三个二级指标看，起步者的政府责任信息披露相对较好，社区责任次之，员工责任信息披露最为落后。

（5）环境责任。中国100强系列企业社会责任起步者的环境责任指数为27.1分，外资企业环境责任指数相对领先，国有企业次之，民营企业落后。从环境管理、节约资源/能源和降污减排三个二级指标看，起步者的环境管理信息披露相对较好，节约资源/能源次之，降污减排信息披露最为落后。

（6）责任管理水平落后于责任实践。从社会责任发展指数构成来看，中国100强系列企业社会责任起步者的责任管理水平较低，责任管理指数为18.8分，远落后于责任实践水平（29.7分）。中国100强系列企业社会责任起步者需要加强社会责任体系建设，提升社会责任管理水平。

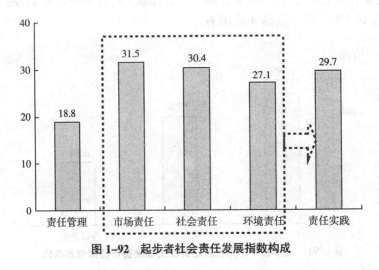

图1-92 起步者社会责任发展指数构成

（7）社会责任和市场责任获奖率较高。从四大责任板块看，中国100强系列企业社会责任起步者在社会责任和市场责任板块获奖率较高，在评价期分别有69.6%的企业获社会责任奖项，

64.6%的企业获市场责任奖项。起步者在市场责任方面发生责任缺失的比率较高，评价期共有

26.6%的起步者发生市场责任缺失。

第六节 旁观者（179家）

一、概论

在中国100强系列企业中，共有179家企业为社会责任旁观者，占总体样本的59.7%。中国100强系列企业社会责任旁观者的社会责任发展指数为8.4分，比中国100强系列企业社会责任发展指数（20.2分）低11.8分，比起步者的社会

责任发展指数（27.9）低19.5分。

（一）旁观者中外资企业占比最高

在179家社会责任旁观者中，外资企业占比最高，为79家，占旁观者总体的44.1%；民营企业为62家，占旁观者总体的34.6%；国有企业占比最低，为38家，占旁观者总体的21.2%。

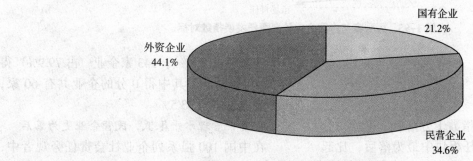

图1-93 旁观者中不同性质企业占比

（二）各性质企业社会责任发展指数均不足10分，外资企业更为落后

中国100强系列企业社会责任旁观者中，各

性质企业的社会责任发展指数都不足10分，其中外资企业更为落后，社会责任发展指数为7.4分。

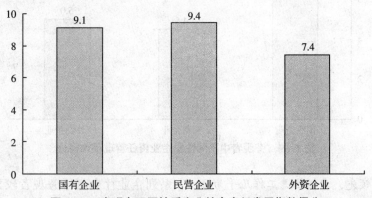

图1-94 旁观者不同性质企业社会责任发展指数得分

（三）市场责任信息披露水平相对较好，责任管理落后

在责任管理、市场责任、社会责任和环境责任四大责任板块中，中国100强系列企业社会责任旁观者得分均显著落后于100强系列企业平均水平。其中，市场责任和社会责任披露水平相对较高，超过10分；而责任管理最为落后，平均得分为5.2分。

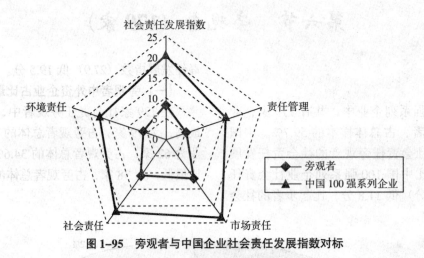

图1-95　旁观者与中国企业社会责任发展指数对标

二、责任管理

（一）概论

旁观者的责任管理指数十分落后，平均得分仅为5.2分，在四大责任板块中最为落后，比起步者的责任管理指数（18.8分）低13.6分。其中，责任管理得分在20分以上（含20分）的企业为5家（占2.8%）；143家企业（占79.9%）得分在10分以下，其中得0分的企业共有60家，占旁观者总体的33.5%。

1. 责任管理水平很低，民营企业更为落后

在中国100强系列企业社会责任旁观者中，国有企业、民营企业、外资企业的责任管理都不足10分，十分落后，民营企业甚至不足5分。

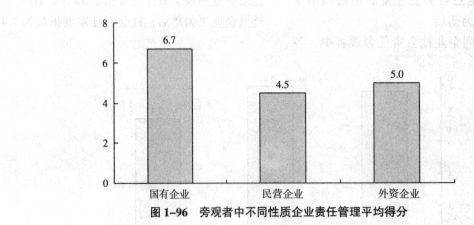

图1-96　旁观者中不同性质企业责任管理平均得分

2. 责任治理相对领先，责任推进工作几乎为0

责任管理板块下的责任治理、责任推进、责任沟通和守法合规四个二级指标中，中国100强系列企业社会责任旁观者较为重视责任治理，平均得分为11.1分；守法合规次之，平均得分为10.6分；责任推进平均得分仅为0.8分。

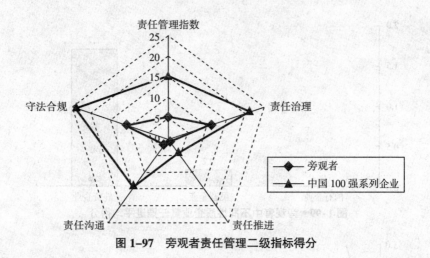

图1-97　旁观者责任管理二级指标得分

（二）责任治理

在责任管理板块下的四个二级指标中，旁观者的责任治理表现相对较好，平均得分为11.1分，比起步者责任治理平均得分（23.9分）落后12.8分。有34家企业（占19.0%）得分在20分以上（含20分）；责任治理得分为0分的企业为84家，占旁观者总体的46.9%。

外资企业旁观者的责任治理平均得分相对领先，为14.3分；国有企业和民营企业责任治理更加落后，平均得分分别为7.9分和8.9分。

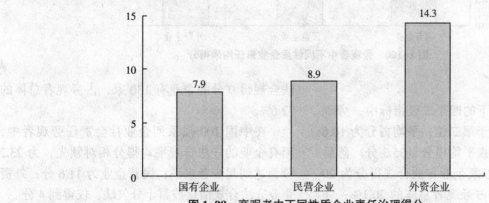

图1-98　旁观者中不同性质企业责任治理得分

（三）责任推进

在责任管理板块下的四个二级指标中，旁观者的责任推进表现最为落后，平均得分为0.8分，比起步者责任推进平均得分（3.8分）落后3分。其中，仅有2家企业责任推进得分为20分以上（含20分），占旁观者总体的1.1%；170家企业（占95.0%）得分为0分。

在中国100强系列企业旁观者中，国有企业、民营企业和外资企业的责任推进平均得分都不足2分，责任推进工作几乎为0。

（四）责任沟通

在责任管理板块下的四个二级指标中，旁观者的责任沟通相对落后，平均得分为1.8分，比起步者责任沟通平均得分（16.4分）落后14.6分。其中，仅有1家企业责任沟通得分为20分以上（含20分）；147家企业（占82.1%）责任沟通得分为0分。

三类性质企业的责任沟通平均得分都不足3分，民营企业低至0.9分。

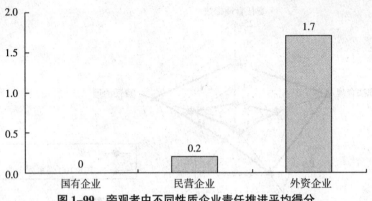

图 1-99　旁观者中不同性质企业责任推进平均得分

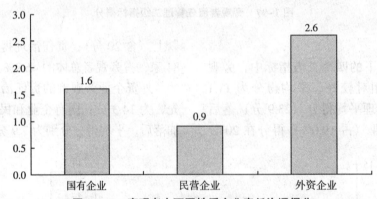

图 1-100　旁观者中不同性质企业责任沟通得分

（五）守法合规

在责任管理板块下的四个二级指标中，旁观者的责任推进表现居于第二位，平均得分为 10.6 分，比起步者守法合规平均得分（35.3 分）落后 24.7 分。其中，有 36 家企业守法合规得分为 20 分以上（含 20 分），占旁观者总体的 20.1%；守法合规得 0 分的企业有 130 家，占旁观者总体的 72.6%。

在中国 100 强系列企业社会责任旁观者中，国有企业的守法合规平均得分相对领先，为 23.2 分，达到起步者水平；民营企业为 11.6 分；外资企业守法合规信息披露十分欠缺，仅得到 4 分。

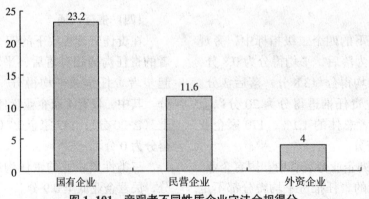

图 1-101　旁观者不同性质企业守法合规得分

（六）调整项

（1）在中国 100 强系列企业社会责任旁观者中，共有 25 家企业在评价期获得社会责任综合奖项，占旁观者总体的 14.0%。民营企业获社会责任综合奖的比率较高，共有 12 家民营企业获奖，获奖比率为 19.4%；国有企业旁观者获奖率较低。

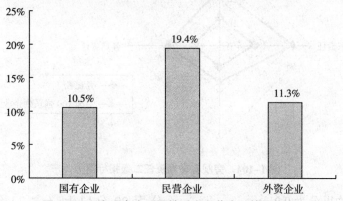

图 1-102　旁观者中不同性质企业获责任管理奖占比

（2）旁观者中共有 2 家企业在评价期发生责任管理负面信息，均为民营企业。

（3）179 家旁观者没有一家企业进行责任管理创新实践。

三、市场责任

（一）概论

与其他三个责任领域（责任管理、社会责任和环境责任）相比，旁观者的市场责任指数最为领先，平均得分为 11.9 分，落后于起步者的市场责任指数（31.5 分）19.6 分。其中，市场责任得分在 20 分以上（含 20 分）的企业为 44 家，占旁观者总体的 24.6%；47 家企业（占 26.3%）市场责任得分为 0 分。

1. 国有企业和民营企业市场责任信息披露相对较好

中国 100 强系列企业社会责任旁观者中，国有企业和民营企业市场责任信息披露相对领先，平均得分分别为 16.6 分和 15.7 分；外资企业市场责任信息披露相对落后，平均得分为 6.6 分。

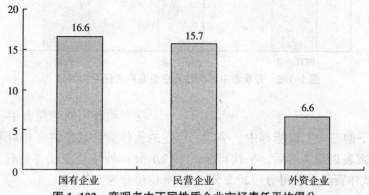

图 1-103　旁观者中不同性质企业市场责任平均得分

2. 股东责任信息披露相对领先，伙伴责任信息披露落后

从客户责任、伙伴责任和股东责任三个二级指标看，中国 100 强系列企业社会责任旁观者的股东责任信息披露相对较好，平均得分为 15.3 分；客户责任次之，平均得分为 11 分；伙伴责任

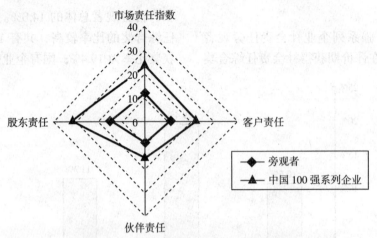

图1-104　旁观者市场责任二级指标得分

信息披露最为落后，平均得分为9.2分。

（二）客户责任

在市场责任板块下的三个二级指标中，旁观者的客户责任信息披露表现相对落后，平均得分为11分，比起步者客户责任平均得分（29.8分）落后18.8分。45家企业（占25.1%）客户责任得分为20分以上（含20分）；87家企业（占48.9%）客户责任得分为0分。

在三类性质的旁观者中，民营企业的客户责任信息披露相对较好，平均得分为13.7分；国有企业次之，平均得分为11.1分；外资企业客户责任信息披露最为落后，平均得分为8.8分。

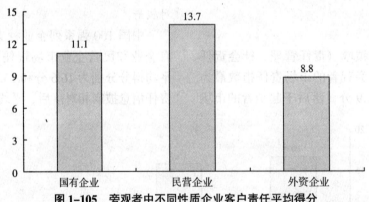

图1-105　旁观者中不同性质企业客户责任平均得分

（三）伙伴责任

在市场责任板块下的三个二级指标中，旁观者的伙伴责任信息披露表现最为落后，平均得分为9.2分，比起步者伙伴责任平均得分（20.2分）落后11分。其中，有28家企业伙伴责任得分为20分以上（含20分），占旁观者总体的15.6%；伙伴责任得分0分的企业为104家，占旁观者总体的58.1%。

在三类性质的旁观者中，国有企业和民营企业的伙伴责任信息披露相对领先，平均得分均为12.1分；外资企业伙伴责任信息披露最为落后，平均得分为5.7分。

（四）股东责任

在市场责任板块下的三个二级指标中，旁观者的股东责任信息披露最为领先，平均得分为15.3分，比起步者股东责任平均得分（44.9分）

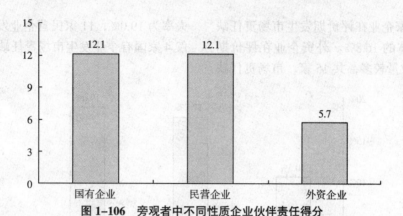

图 1-106 旁观者中不同性质企业伙伴责任得分

落后 29.6 分。其中，10 家企业（占 5.6%）股东责任信息披露超过 60 分，达到领先水平；54 家企业（占 30.2%）得分为 20~60 分；100 家企业（占 55.9%）股东责任得分为 0 分。

国有企业旁观者的股东责任信息披露最为领先，平均得分为 27.2 分；民营企业次之，平均得分为 21.5 分；外资企业股东责任信息披露仅为 5.0 分。

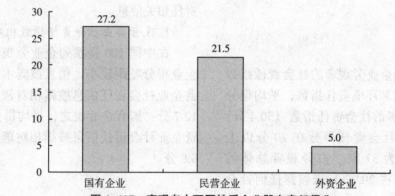

图 1-107 旁观者中不同性质企业股东责任得分

（五）调整项

（1）在中国 100 强系列企业旁观者中，共有 67 家企业在评价期获得市场责任相关奖项荣誉，占旁观者总体的 37.4%。其中，有 31 家民营企业在评价期获市场责任奖项，获奖率为 50.0%；17 家国有企业获奖，获奖率为 44.7%；外资企业获奖率最低，为 24.1%（19 家获奖）。

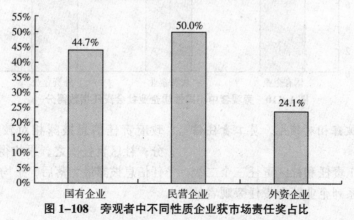

图 1-108 旁观者中不同性质企业获市场责任奖占比

（2）共有 30 家企业在评价期发生市场责任缺失，占旁观者总体的 16.8%。外资企业在评价期市场责任缺失的数量较多，共 15 家，市场责任缺失率为 19.0%；11 家民营企业发生市场责任缺失；仅 4 家国有企业发生市场责任缺失。

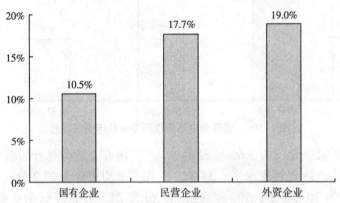

图 1-109　旁观者不同性质企业市场责任缺失发生率

四、社会责任

（一）概论

中国 100 强系列企业旁观者的社会责任指数领先于责任管理指数和环境责任指数，平均得分为 11 分，但比起步者的社会责任指数（30.4 分）低 19.4 分。其中，社会责任得分在 20 分以上（含 20 分）的企业为 37 家，占旁观者总体的 20.7%；37 家企业（占 20.7%）未披露任何社会责任相关信息。

1. 民营企业社会责任指数相对领先

在中国 100 强系列企业旁观者中，三类性质企业得分差距较小，信息披露水平接近。其中民营企业社会责任信息披露相对领先，平均得分为 12.7；国有企业次之，平均得分为 10.8 分；外资企业社会责任信息披露相对落后，平均得分为 9.8 分。

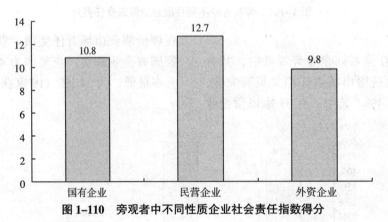

图 1-110　旁观者中不同性质企业社会责任指数得分

2. 政府责任信息披露相对领先，员工责任信息披露落后

从政府责任、员工责任和社区责任三个二级指标看，中国 100 强系列企业社会责任旁观者的政府责任信息披露相对较好，平均得分为 20.4 分；社区责任次之，平均得分为 17.6 分；员工责任信息披露最为落后，平均得分为 5.4 分。

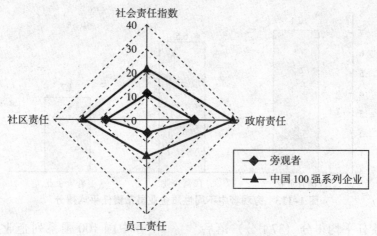

图 1-111　旁观者社会责任二级指标得分

（二）政府责任

在社会责任板块下的三个二级指标中，旁观者的政府责任信息披露表现最为领先，平均得分为 20.4 分，比起步者政府责任平均得分（51.1 分）落后 30.7 分。其中，有 81 家企业政府责任得分为 20 分以上（含 20 分），占旁观者总体的 45.3%；政府责任得 0 分的企业有 98 家，占旁观者总体的 54.7%。

在中国 100 强系列企业社会责任旁观者中，民营企业的政府责任信息披露相对领先，平均得分为 24.9 分；国有企业次之，平均得分为 22.2 分；外资企业政府责任信息披露最为落后，平均得分为 16.0 分。

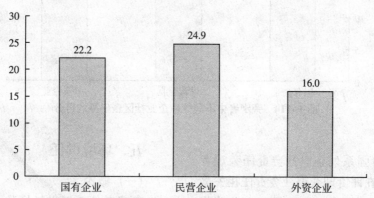

图 1-112　旁观者中不同性质企业政府责任得分

（三）员工责任

在社会责任板块下的三个二级指标中，旁观者的员工责任信息披露表现最为落后，平均得分为 5.4 分，比起步者员工责任平均得分（21.6 分）落后 16.2 分。其中，有 6 家企业员工责任得分为 20 分以上（含 20 分），占旁观者总体的 3.4%；员工责任得 0 分的企业有 91 家，占旁观者总体的 50.8%。

国有企业、民营企业和外资企业旁观者的员工责任信息披露都十分落后，平均得分均不足 8 分，外资企业甚至不足 4 分。

（四）社区责任

在社会责任板块的三个二级指标中，旁观者的社区责任信息披露表现居中，平均得分为 17.6

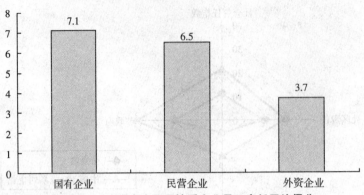

图1-113　旁观者中不同性质企业员工责任平均得分

分，比起步者社区责任平均得分（37.1分）落后19.5分。其中，有74家企业社区责任得分为20分以上（含20分），占旁观者总体的41.3%；社区责任得0分的企业有53家，占旁观者总体的29.6%。

在中国100强系列企业社会责任旁观者中，民营企业的社区责任信息披露最为领先，平均得分为19.7分；外资企业次之，平均得分为18分；国有企业社区责任信息披露相对落后，平均得分为13.3分。

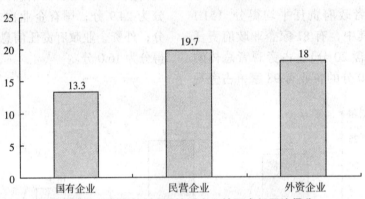

图1-114　旁观者中不同性质企业社区责任平均得分

（五）调整项

（1）在中国100强系列企业社会责任旁观者中，共有64家企业在评价期获得社会责任相关奖项荣誉，占旁观者总体的35.8%。民营企业获奖率最高，评价期有29家民营企业获社会责任相关奖项，获奖率为46.8%；国有企业次之，获奖率为44.7%；外资企业获奖率最低。

（2）旁观者中14家企业（占7.8%）在评价期发生社会责任缺失，其中包括7家民营企业，5家国有企业和2家外资企业。国有企业旁观者社会责任缺失发生率最高，为13.2%。

五、环境责任

（一）概论

旁观者的环境责任指数落后于市场责任和社会责任，平均得分为6分，比起步者的环境责任指数（27.1分）低21.1分。仅有15家企业（占8.4%）环境责任得分在20分以上（含20分）；82家企业（占45.8%）得分为0。

1. 外资企业环境责任得分很低，国有企业更为落后

在中国100强系列企业社会责任旁观者中，国有企业、民营企业和外资企业的环境责任信息

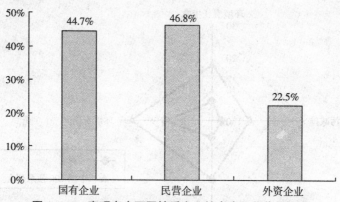

图1-115　旁观者中不同性质企业社会责任奖获奖比率

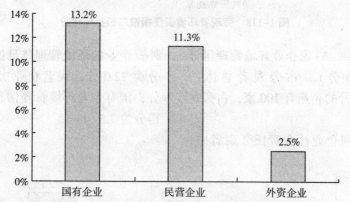

图1-116　旁观者中不同性质企业社会责任缺失发生率

披露都较差，平均得分均不足8分，国有企业环　　境责任信息披露仅为3.0分。

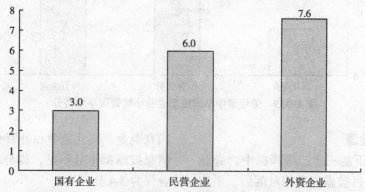

图1-117　旁观者不同性质企业环境责任指数得分

2. 环境管理信息披露领先，降污减排落后

从环境管理、节约资源/能源和降污减排三个二级指标看，中国100强系列企业社会责任旁观者的环境管理信息披露相对较好，平均得分为15.6分；节约资源/能源次之，平均得分为5.2分；

降污减排信息披露最为落后，平均得分为3.1分。

（二）环境管理

在环境责任板块下的三个二级指标中，旁观者的环境管理信息披露表现最为领先，平均得分为15.6分，比起步者环境管理平均得分（37.1

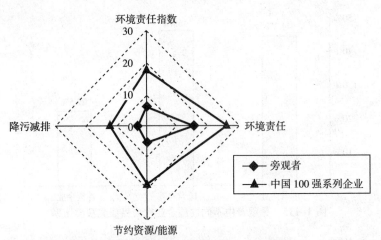

图1-118 旁观者环境责任指数二级指标得分

分）落后21.5分。其中，53家企业环境管理得分为20分以上（含20分），占旁观者总体的29.6%；环境管理得0分的企业有100家，占旁观者总体的55.9%。

在中国100强系列企业社会责任旁观者中，外资企业的环境管理信息披露最为领先，平均得分为22.0分；民营企业次之，平均得分为12.4分；国有企业环境管理信息披露相对落后，平均得分为7.3分。

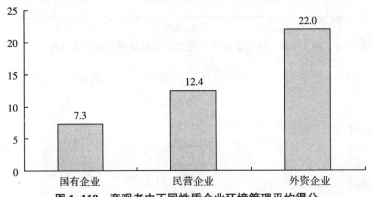

图1-119 旁观者中不同性质企业环境管理平均得分

（三）节约资源/能源

在环境责任板块下的三个二级指标中，旁观者的节约资源/能源信息披露表现相对落后，平均得分为5.2分，比起步者节约资源/能源平均得分（29.0分）落后23.8分。其中，17家企业节约资源/能源得分为20分以上（含20分），占旁观者总体的9.5%；节约资源/能源得0分的企业有128家，占旁观者总体的71.5%。

在中国100强系列企业社会责任旁观者中，国有企业、民营企业和外资企业的节约资源/能源信息披露都十分不足，得分均不足6分，国有企业仅为3.4分。

（四）降污减排

在环境责任板块下的三个二级指标中，旁观者的降污减排信息披露表现最为落后，平均得分为3.1分，比起步者降污减排平均得分（21.0分）落后17.9分。其中，9家企业降污减排得分为20分以上（含20分），占旁观者总体的5.0%；降污

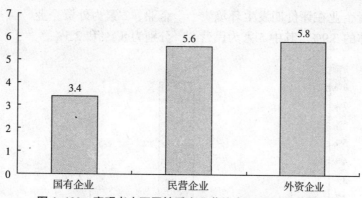

图 1-120　旁观者中不同性质企业节约资源/能源平均得分

减排得 0 分的企业有 136 家，占旁观者总体的 76.0%。

　　三类企业性质旁观者的降污减排信息披露都

十分缺乏，得分最高的外资企业也仅有 4.2 分，而国有企业降污减排不足 2 分。

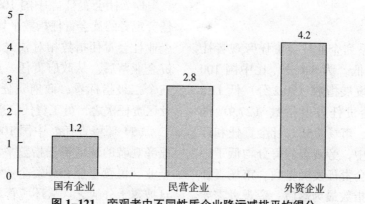

图 1-121　旁观者中不同性质企业降污减排平均得分

（五）调整项

　　（1）在中国 100 强系列企业社会责任旁观者中，共有 35 家企业在评价期获得环境责任相关奖项荣誉，占旁观者总体的 19.6%。民营企业和外

资企业获奖率相对较高，有 17 家民营企业和 16 家外资企业获奖，获奖率分别为 27.4% 和 20.3%；仅有 2 家国有企业获得环境责任相关奖项。

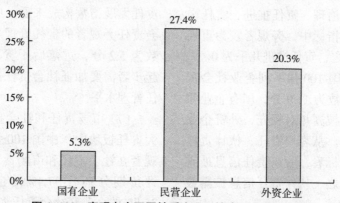

图 1-122　旁观者中不同性质企业环境责任奖获奖比率

（2）有 7 家旁观者企业在评价期发生环境责任缺失，占旁观者总体的 3.9%。其中 5 家为民营企业，2 家为外资企业，其环境责任缺失发生率分别为 8.1% 和 2.5%。

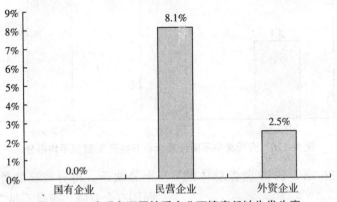

图 1-123　旁观者不同性质企业环境责任缺失发生率

六、小结

（1）中国 100 强系列企业社会责任旁观者社会责任发展指数非常低，为 8.4 分，比中国 100 强系列企业社会责任发展指数（20.2 分）低 11.8 分，比起步者的社会责任发展指数（27.9）低 19.5 分。在责任管理、市场责任、社会责任和环境责任四大责任领域中，旁观者的得分均低于中国 100 强系列企业社会责任发展指数。市场责任得分最高，责任管理指数最为落后。旁观者需要切实重视社会责任，加强社会责任管理体系建设，提升社会责任履责水平。

（2）责任管理。中国 100 强系列企业社会责任旁观者的责任管理指数平均为 5.2 分，其中国有企业责任管理指数最高，外资企业次之，民营企业最为落后。在责任治理、责任推进、责任沟通和守法合规四个二级指标中，旁观者较为重视责任治理，守法合规次之，责任推进几乎为 0。

（3）市场责任。中国 100 强系列企业社会责任旁观者的市场责任指数为 11.9 分，国有企业和民营企业市场责任信息披露相对领先，外资企业市场责任信息披露落后。从客户责任、伙伴责任和股东责任三个二级指标看，股东责任信息披露相对较好，客户责任次之，伙伴责任信息披露最为不足。

（4）社会责任。中国 100 强系列企业社会责任旁观者的社会责任指数平均为 11 分，其中民营企业社会责任指数相对领先，国有企业次之，外资企业落后。从政府责任、员工责任和社区责任三个二级指标看，政府责任信息披露相对较好，社区责任次之，员工责任信息披露最为缺乏。

（5）环境责任。中国 100 强系列企业社会责任旁观者的环境责任指数平均为 6 分，其中国有企业、民营企业和外资企业都不足 8 分，相关信息披露十分缺乏。从环境管理、节约资源/能源和降污减排三个二级指标看，中国 100 强系列企业社会责任旁观者的环境管理信息披露相对较好，平均得分为 15.6 分；节约资源/能源和降污减排信息披露分别为 5.2 分和 3.1 分。

（6）责任管理水平落后于责任实践。从社会责任发展指数构成来看，中国 100 强系列企业社会责任旁观者的责任管理水平较低，责任管理指数为 5.2 分，远落后于责任实践水平（9.6 分）。起步者需要加强社会责任体系建设，提升社会责任管理水平。

（7）市场责任和社会责任获奖率较高。在四大责任板块中，中国 100 强系列企业社会责任旁观者在社会责任和市场责任板块获奖率较高，在评价期分别有 37.4% 的企业获市场责任奖项，35.8% 的企业获社会责任奖项。旁观者在市场责任

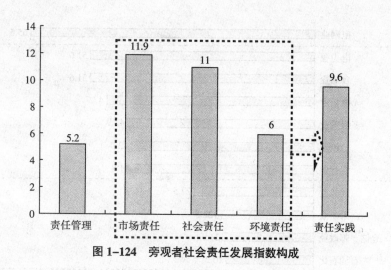

图1-124　旁观者社会责任发展指数构成

方面发生责任缺失的比率较高，评价期共有　16.8%的旁观者发生市场责任缺失。

第七节　中国100强系列企业社会责任发展阶段性特征

（一）中国100强系列企业社会责任发展整体从旁观阶段走向起步阶段，企业间差距显著

中国100强系列企业社会责任发展指数平均为20.2分，这一得分是起步者与旁观者的临界点，中国100强系列企业社会责任发展正在从旁观阶段走向起步阶段。中国企业社会责任运动从2006年开始进入快速发展时期，一批走在前列的中国企业积极探索社会责任发展路径，开展社会责任沟通，构建企业社会责任管理体系。然而，三年的短暂发展中，先驱者毕竟是少数，许多中国企业尚无履行社会责任的意识，另一些企业即便有了履责意识，也不清楚如何推进责任管理，如何推动企业更好地履行社会责任。因此，中国100强系列企业社会责任发展从旁观走向起步的判断是与中国企业社会责任发展现状相适应的，与国外企业社会责任运动30余年的发展相比，中国企业的社会责任之路才刚刚开始。

从中国100强系列企业的表现看，企业社会责任发展水平差距显著。179家企业（占60%）

社会责任发展指数不足20分，处于旁观阶段，这其中还有33家企业得分为0或者负分；而14家领先者的企业社会责任发展指数得分超过60分，最高达84.5分，领先者的社会责任管理水平与社会责任信息披露水平已经较高。

（二）电网行业处于领先者阶段，6个行业处于追赶者阶段，4个行业处于起步者阶段，超过半数行业处于旁观者阶段

中国100强系列企业来自于24个行业，行业间的社会责任发展指数差异明显。其中，电网行业的平均得分达到65.5分，显著高于其他行业，处于领先地位；电力业、食品业、电信业、保险业、造纸业、银行业等6个行业的平均得分在40~60分，处于追赶地位；建筑业、采矿业、交通运输仓储邮政业、石油石化业等4个行业的平均得分在20~40分，处于起步阶段；而零售业、电气机械及器材制造业、房地产业、金属制造业、医药制造业、贸易业等13个行业的平均得分在20分以下，仍处于旁观阶段。

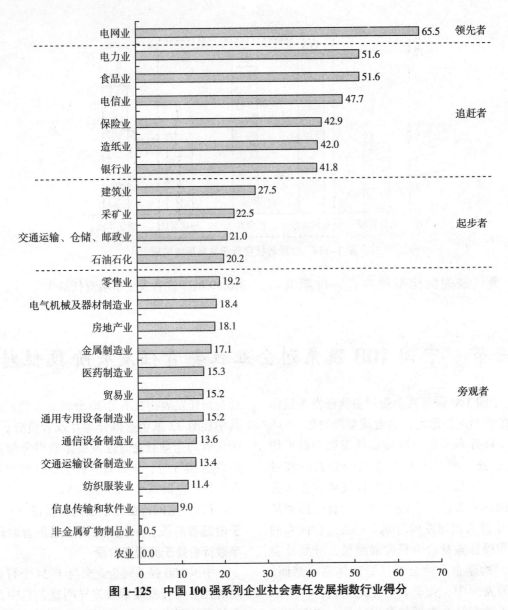

图1-125　中国100强系列企业社会责任发展指数行业得分

（三）国有企业100强社会责任整体处于起步阶段，民营企业100强和外资企业100强整体处于旁观阶段

中国国有企业100强社会责任发展水平高于民营企业100强和外资企业100强。国有企业100强社会责任发展指数平均得分为30.6分，达到起步者阶段；而中国民营企业100强和外资企业100强的社会责任发展整体仍处于旁观水平，社会责任发展指数分别为17.9分和12.1分。

（四）社会责任领先者和追赶者集中于国有企业，起步者中国有企业和民营企业各约占2/5，旁观者中外资企业占比最大

中国100强系列企业的14家领先企业中，有12家（占领先者总数的85.7%）是国有企业，其余2家为民营企业，没有一家外资企业的社会责任发展进入领先阶段；28家追赶者由19家（占追赶者总数的67.9%）国有企业，5家民营企业和4家外资企业组成；可见中国企业社会责任发展的领先者和追赶者主要集中于国有企业中。79家

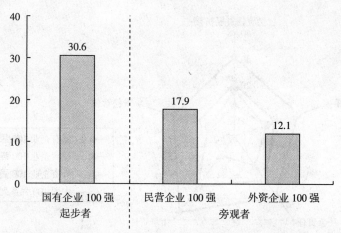

图 1-126　中国 100 强系列企业社会责任发展指数各性质企业得分

起步者中，国有企业和民营企业各 31 家（各占起步者总数的 39.2%），外资企业仅 17 家（占起步者总数的 21.5%）；而在 179 家处于旁观阶段的中国 100 强系列企业中，国有企业仅占旁观者总数的约 1/5（38 家），民营企业占 1/3 强（62 家），而外资企业占到了 2/5 强（79 家）。

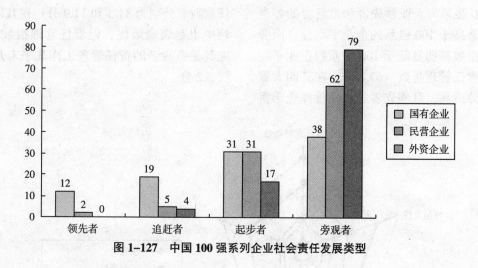

图 1-127　中国 100 强系列企业社会责任发展类型

（五）国有企业 100 强各责任板块均显著领先于 100 强系列企业平均水平，民营企业社会责任与市场责任接近于平均水平，外资企业各责任板块均落后于平均水平

从各性质企业四大责任板块（责任管理、市场责任、社会责任和环境责任）的表现看，国有企业四大责任板块的表现都显著好于 100 强系列企业平均水平，其中以市场责任指数得分最高（36.8 分），超过 100 强系列企业市场责任平均得分（23.6 分）13.2 分。民营企业 100 强的市场责任发展指数（24.7 分）与社会责任发展指数（21.5 分）接近于 100 强系列企业平均水平，而责任管理指数（10.7 分）与环境责任指数（13.0 分）落后于 100 强系列企业平均水平。外资企业 100 强的各责任板块得分都低于 100 强系列企业平均水平，其中又以市场责任指数（9.4 分）落后最多，与 100 强系列企业平均水平的差距为 14.2 分；外资企业的社会责任指数（14.6 分）和环境

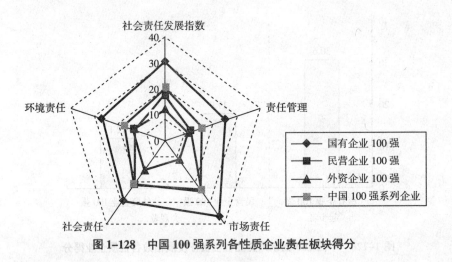

图 1-128　中国 100 强系列各性质企业责任板块得分

责任指数（13.2 分）表现相对较好。

（六）领先者强于责任管理，追赶者环境责任披露表现较差，起步者与旁观者市场责任信息披露最优，责任管理最为落后

中国 100 强系列企业领先者和追赶者的各责任指数都显著高于 100 强系列企业平均分，而旁观者各责任指数都明显低于 100 强系列企业平均分。领先者责任管理指数（67.7 分）在其四大责任板块中得分最高，且领先者是责任管理优于责任实践的唯一类型的企业，可见其责任管理优势显著。追赶者的市场责任指数（56.1 分）在其四大责任板块中得分最高，而环境责任信息披露表现相对较差（38.1 分）。起步者和旁观者的市场责任指数（分别为 31.5 和 11.9 分）在其四大责任板块中也是表现最优，但责任管理指数分数最低，尤其是旁观者的责任管理工作几乎未开展，得分仅 5.2 分。

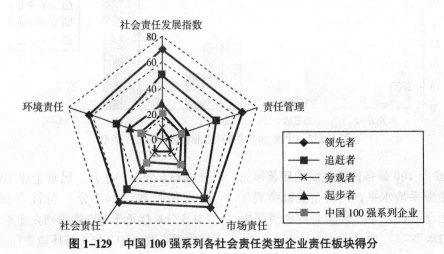

图 1-129　中国 100 强系列各社会责任类型企业责任板块得分

（七）责任管理落后于责任实践，责任实践中市场责任和社会责任领先于责任管理和环境责任

中国 100 强系列企业社会责任指数由责任管理和市场、社会、环境三个方面的实践构成，将实践层面的分值平均以后得到责任实践这一新的指数。经过比较可以发现，责任管理指数（15.3 分）低于责任实践指数（21.0 分），可见中国 100 强系列企业社会责任实践领先于责任管理。其原因在于服务客户、关爱员工、注重环保、回馈社会等具体的责任实践是企业与生俱来的责任，企业有着长期持续的实践基础，而企业社会责任管理是近年来兴起的理念，企业尚未将其落实到管理体系中去。

从责任实践来看，市场责任指数（23.6分）领先于社会责任指数（21.7分）和环境责任指数

（17.7分）。原因在于市场责任是企业的基本责任，是企业生存发展的基础，因此，企业对市场责任的管理和信息披露做得较为充分。相对而言，环境责任的分值最低，除了企业重视不够，信息披露不足以外，环境责任的内涵增长很快，很多新的责任要求和环境指标不断涌现，也加大了企业环境管理的难度。

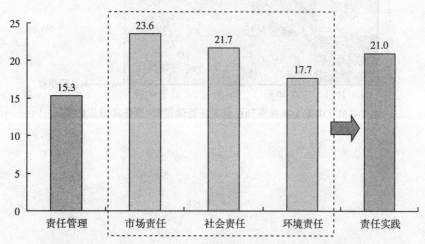

图 1-130　中国 100 强系列企业社会责任发展指数的结构特征

（八）7 家企业属于责任管理与责任实践"双优企业"，164 家企业属于"双差企业"

从单个企业来看，许多中国 100 强系列企业的责任管理与责任实践也是不平衡的。下图的横轴代表市场责任指数、社会责任指数和环境责任指数三个责任实践的平均分，而纵轴是责任管理指数得分。通过对 100 强系列企业各责任板块指

数的分析，可以得出：17 家企业责任管理领先于责任实践，208 家企业责任管理与责任实践水平相当，67 家企业责任管理落后于责任实践；7 家企业责任管理与责任实践都处于领先水平，是"双优企业"，这 7 家企业均是国有企业；而 164 家企业责任管理与责任实践都处于旁观水平，是"双差企业"，各方面责任工作都亟待提升。

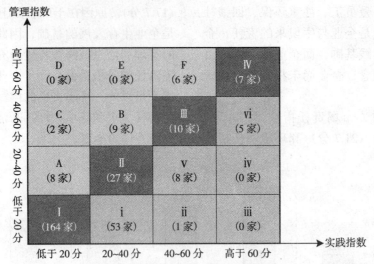

图 1-131 中国 100 强系列企业责任管理指数-责任实践指数情况

第二章　中国国有企业100强社会责任发展指数（2009）

国有经济是社会主义市场经济中的重要主体，国有企业在关系国计民生的基础设施、公用设施、重要资源和能源的开发等领域占据着主导地位，同时大型国有企业还承担着提高国家经济竞争能力、促进国家工业化进程、创造新兴产业等职能。占有大量资源、吸收大量劳动力、对经济社会有强大影响力的国有企业在发展中是否积极履行社会责任，对于构建和谐社会具有极其重要的作用。评价大型国有企业履行社会责任的现状，督促国有企业切实履责具有重大意义。本研究在"中国100强系列企业社会责任发展指数"研究框架的基础上，对中国国有企业100强的社会责任管理与社会责任信息披露现状进行了全方位的评价。

研究首先根据"三重底线"（Triple Bottom Line）和利益相关方理论（Stakeholders Theory）等经典的社会责任理论构建出一个责任管理、经济责任、社会责任、环境责任"四位一体"的理论模型；再通过对标分析国际社会责任指数、国内社会责任倡议文件和世界500强企业社会责任报告构建出分行业的社会责任评价指标体系；然后从企业社会责任报告、企业年报、企业官方网站[1] 收集中国100强国有企业2008年度的社会责任信息；[2] 最后对企业的社会责任信息进行内容分析和定量评价，得出企业社会责任发展指数初始得分，并通过责任奖项、责任缺失和创新责任管理等项目对初始得分进行调整，得到企业社会责任发展指数最终得分与国有企业100强排名。

第一节　样本特征

国有企业100强的样本选取以中国中有企业联合会、中国国有企业企业家协会联合发布的"2008年中国国有企业500强"榜单为基础，在进入500强的国有企业中按照排名先后依次选取。由于军工企业的行业特殊性，在样本中予以剔除；[3]

个别企业的运营仍依靠财政拨款和政策性银行融资，经营较为特殊，也在样本中予以剔除；[4] 此外，对因重组导致原企业已不存在的样本也不做评价。[5] 最终挑选出100家国有企业构成研究样本，样本具有规模大、行业分布广的特点。

---

[1] 企业负面信息的来源包括人民网、新华网等权威媒体和相关政府网站。
[2] 本研究收集信息的区间是2008年1月1日到2009年6月30日。
[3] 剔除的军工企业包括：珠海振荣国内公司、中国兵器工业集团公司、中国兵器装备集团公司、中国航天科工集团公司、中国航空工业第一集团公司、中国船舶重工集团公司等六家企业。
[4] 剔除的依靠财政拨款的企业是：沈阳铁路局、北京铁路局。
[5] 中国对外贸易运输（集团）总公司与中国长江航运（集团）总公司在2009年3月进行重组，成立新的公司——中国外运长航集团有限公司，中国对外贸易运输（集团）总公司已不存在，故予以剔除。

一、国有企业 100 强规模巨大

根据"2008 中国国有企业 500 强"公布的企业 2007 年营业收入，国有企业 100 强 2007 年的平均营业收入为 1300 亿元人民币，其中，有 3 家企业的营业收入超过 1 万亿元；34 家企业的营业收入在 1000 亿~5000 亿元；32 家营业收入超过 500 亿元但不足 1000 亿元（如图 2-1 所示）。2007 年，中国 GDP 为 257306 亿元，国有企业 100 强的营业收入之和相当于 GDP 的 50.5%，可见其强大的经济影响力。研究、评价国有企业 100 强的社会责任发展水平，推动其履行社会责任对整个中国国有企业社会责任运动的发展极为重要。

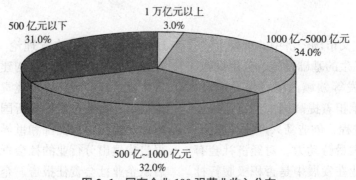

图 2-1　国有企业 100 强营业收入分布

二、国有企业 100 强行业分布广泛

中国国有企业 100 强广泛分布于 19 个行业。其中，金属制造业的企业最多，达到 22 家；其他行业的企业数量都少于 10 家，而通用专用设备制造业、非金属制品业、食品业以及农业的企业都只有 1 家。

三、国有企业 100 强中央企业与其他国有企业比重最大

将企业性质按照中央企业、国有金融企业和其他国有企业进一步细分，国有企业 100 强中，中央企业共有 44 家，国有金融企业共 9 家，其他国有企业共 47 家。中央企业与其他国有企业在国有企业 100 强中所占比重较大。

四、国有企业 100 强以北京地区最多

国有企业 100 强中，总部位于北京地区的企业最多，达到 44 家；其次是位于上海的企业，共 11 家；再次是位于广东的企业，总计 9 家。而位于河北、黑龙江、湖南、吉林、江苏、陕西以及四川的企业分别只有 1 家。

第二节　评价结果

根据责任管理、市场责任、社会责任和环境责任四维一体的责任评价体系，得出国有企业 100 强的社会责任发展指数。

一、排名与分类

我国国有企业 100 强企业的社会责任整体水平仍然较低，社会责任发展指数平均分为 30.6 分。国有企业 100 强排名与各企业得分如表 2-1 所示。

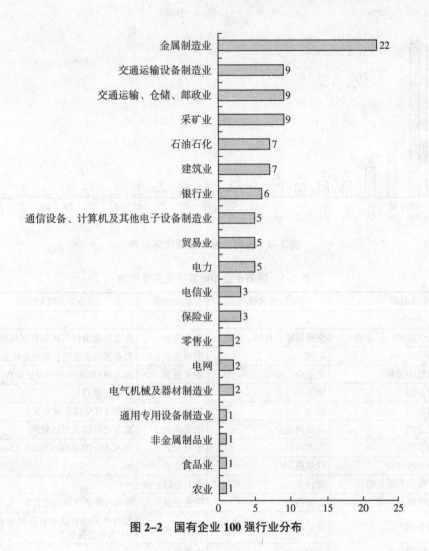

图 2-2 国有企业 100 强行业分布

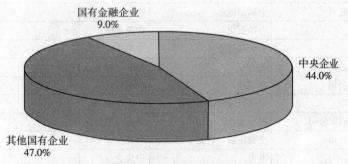

图 2-3 国有企业 100 强企业性质分布

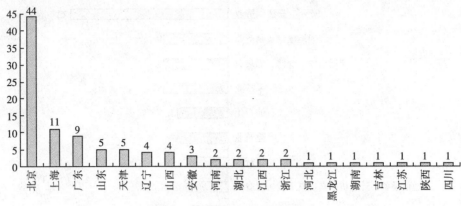

图 2-4　国有企业 100 强地区分布

表 2-1　国有企业 100 强社会责任指数

排名	企业名称	行业名称	企业性质	领先实践	得分
领先者（12 家）					
1	中国远洋运输（集团）总公司	交通运输、仓储、邮政业	中央企业	企业社会责任与风险管理相融合	84.5
2	国家电网公司	电网	中央企业	发布《国家电网公司企业社会责任指南》	77.0
3	中国移动通信集团公司	电信业	中央企业	加入道·琼斯可持续发展指数	74.5
4	中国大唐集团公司	电力	中央企业	企业开放日	73.5
5	中国华能集团公司	电力	中央企业	发布《可持续发展宣言》	73.0
6	宝钢集团有限公司	金属制造业	中央企业	建立可持续发展研究所	71.5
7	中国海洋石油总公司	石油石化	中央企业	加入 3C（Combat Climate Change）组织	69.0
8	中国中铁股份有限公司	建筑业	中央企业	—	64.5
9	中国工商银行股份有限公司	银行业	国有金融企业	—	62.5
10	中国石油天然气集团公司	石油石化	中央企业	发布《哈萨克斯坦报告》	62.0
10	中国中钢集团公司	采矿业	中央企业	发布中国国有企业首份社会责任国别报告《中钢非洲报告》	62.0
12	中国石油化工集团公司	石油石化	中央企业	—	60.3
追赶者（19 家）					
13	武汉钢铁（集团）公司	金属制造业	中央企业	—	59.5
14	中国中化集团公司	石油石化	中央企业	—	58.5
15	鞍山钢铁集团公司	金属制造业	中央企业	—	57.5
15	交通银行股份有限公司	银行业	国有金融企业	—	57.5
17	中国铁建股份有限公司	建筑业	中央企业	—	56.0
17	东风汽车公司	交通运输设备制造业	中央企业	—	56.0
19	中国建设银行股份有限公司	银行业	国有金融企业	—	55.0
19	中国南方航空集团公司	交通运输、仓储、邮政业	中央企业	—	55.0
21	中国华电集团公司	电力	中央企业	—	54.5
22	中国南方电网有限责任公司	电网	中央企业	—	54.0
23	中国国电集团公司	电力	中央企业	—	52.0
24	华润（集团）有限公司	零售业	中央企业	发布《2007 年华润企业公民建设白皮书》	51.5
25	中国银行	银行业	国有金融企业	—	51.0

续表

排名	企业名称	行业名称	企业性质	领先实践	得分
26	中国人寿保险（集团）公司	保险业	国有金融企业	—	48.5
26	首钢总公司	金属制造业	其他国有企业	—	48.5
28	中国国际海运集装箱（集团）股份有限公司	交通运输、仓储、邮政业	其他国有企业	—	45.5
29	中国农业银行	银行业	国有金融企业		43.5
30	中国交通建设集团有限公司	建筑业	中央企业		43.0
31	TCL 集团	电气机械及器材制造业	其他国有企业	—	41.5
起步者（31 家）					
32	中粮集团有限公司	贸易业	中央企业	中粮控股加入富时环境机会指数	38.5
32	安阳钢铁集团有限责任公司	金属制造业	其他国有企业	—	38.5
32	神华集团有限责任公司	采矿业	中央企业	—	38.5
35	中国人民保险集团公司	保险业	国有金融企业	—	38.0
36	中国五矿集团公司	采矿业	中央企业	—	36.5
36	兖矿集团有限公司	采矿业	其他国有企业	—	36.5
38	中国第一汽车集团公司	交通运输设备制造业	中央企业	—	35.5
39	中国电信集团公司	电信业	中央企业	—	35.0
40	太原钢铁（集团）有限公司	金属制造业	其他国有企业	—	34.5
41	中国联合通信有限公司	电信业	中央企业	—	33.5
41	广东省粤电集团公司	电力	其他国有企业	—	33.5
43	上海汽车工业（集团）总公司	交通运输设备制造业	其他国有企业	—	32.5
44	杭州钢铁	金属制造业	其他国有企业	—	30.0
45	中国铝业公司	金属制造业	中央企业	—	29.0
45	攀枝花钢铁（集团）公司	金属制造业	中央企业	—	29.0
47	陕西延长石油（集团）有限责任公司	石油石化	其他国有企业	—	28.3
48	铜陵有色金属集团控股有限公司	金属制造业	其他国有企业	—	27.0
49	中国重型汽车集团有限公司	交通运输设备制造业	其他国有企业	—	26.0
49	中国中煤能源集团公司	采矿业	中央企业	—	26.0
51	浙江省物产集团公司	贸易业	其他国有企业	—	24.5
52	上海华谊（集团）公司	石油石化	其他国有企业	—	24.0
52	中国水利水电建设集团公司	建筑业	中央企业	—	24.0
54	莱芜钢铁集团有限公司	金属制造业	其他国有企业	—	23.5
55	中国建筑股份有限公司	建筑业	中央企业	—	23.0
56	中国航空集团公司	交通运输、仓储、邮政业	中央企业	—	22.0
56	中国东方航空股份有限公司	交通运输、仓储、邮政业	中央企业	—	22.0
58	本溪钢铁（集团）有限责任公司	金属制造业	其他国有企业	—	21.5
59	中国太平洋保险（集团）股份有限公司	保险业	国有金融企业	—	21.0
60	济钢集团有限公司	金属制造业	其他国有企业	—	20.5
61	中国化工集团公司	石油石化	中央企业	—	20.0
61	大同煤矿集团	采矿业	其他国有企业	—	20.0

续表

排名	企业名称	行业名称	企业性质	领先实践	得分
		旁观者（38家）			
63	天津市物资集团总公司	贸易业	其他国有企业	—	19.5
64	广东物资集团公司	贸易业	其他国有企业	—	19.0
65	百联集团有限公司	零售业	其他国有企业	—	18.5
66	中国海运（集团）总公司	交通运输、仓储、邮政业	中央企业	—	18.0
66	中国机械工业集团公司	通用专用设备制造业	中央企业	—	18.0
66	上海建工（集团）总公司	建筑业	其他国有企业	—	18.0
69	中国冶金科工集团公司	金属制造业	中央企业	—	17.5
70	光明食品（集团）有限公司	食品业	其他国有企业	—	16.0
71	北大方正集团有限公司	通信设备、计算机及其他电子设备制造业	其他国有企业	—	15.0
72	京东方科技集团股份有限公司	通信设备、计算机及其他电子设备制造业	其他国有企业	—	14.0
73	中国化学工程集团公司	建筑业	中央企业	—	13.5
74	中国中信集团公司	银行业	国有金融企业	—	12.5
74	中国铁路物资总公司	交通运输、仓储、邮政业	中央企业	—	12.5
74	广东省广新外贸集团有限公司	贸易业	其他国有企业	—	12.5
77	中国电子信息产业集团公司	通信设备、计算机及其他电子设备制造业	中央企业	—	12.0
77	江苏悦达集团有限公司	交通运输设备制造业	其他国有企业	—	12.0
79	中国航空油料集团公司	交通运输、仓储、邮政业	中央企业	—	11.5
79	江西铜业集团公司	金属制造业	其他国有企业	—	11.5
79	山西焦煤集团	采矿业	其他国有企业	—	11.5
82	中国邮政集团公司	交通运输、仓储、邮政业	中央企业	—	11.0
83	北台钢铁（集团）有限责任公司	金属制造业	其他国有企业	—	9.0
84	天津市中环电子信息集团有限公司	通信设备、计算机及其他电子设备制造业	其他国有企业	—	7.5
85	湖南华菱钢铁集团有限责任公司	金属制造业	其他国有企业	—	7.0
86	山西煤炭运销集团有限公司	采矿业	其他国有企业	—	6.5
87	海信集团有限公司	通信设备、计算机及其他电子设备制造业	其他国有企业	—	5.5
88	天津钢管集团股份有限公司	金属制造业	其他国有企业	—	4.5
89	广州汽车工业集团有限公司	交通运输设备制造业	其他国有企业	—	4.0
90	天津冶金集团有限公司	金属制造业	其他国有企业	—	3.5
91	北京汽车工业控股有限责任公司	交通运输设备制造业	其他国有企业	—	2.0
92	江西省冶金集团公司	金属制造业	其他国有企业	—	1.5
93	上海电气（集团）总公司	电气机械及器材制造业	其他国有企业	—	0.0
93	唐山钢铁集团有限责任公司	金属制造业	其他国有企业	—	0.0
93	天津汽车工业（集团）有限公司	交通运输设备制造业	其他国有企业	—	0.0
93	黑龙江北大荒农垦集团总公司	农业	其他国有企业	—	0.0
93	华晨汽车集团控股有限公司	交通运输设备制造业	其他国有企业	—	0.0
93	永城煤电控股集团	采矿业	其他国有企业	—	0.0
93	安徽海螺集团有限责任公司	非金属矿物制品业	其他国有企业	—	0.0
100	马钢（集团）控股有限公司	金属制造业	其他国有企业	—	−1.0

　　为了直观地反映出企业的社会责任管理现状和信息披露水平，我们将国有企业100强企业分为四类：领先者、追赶者、起步者和旁观者（参见表2-2）。

表2-2　企业社会责任发展类型

责任类型	得分区间	企业特性
1. 领先者	60分以上	企业具有较完善的社会责任管理体系，社会责任信息披露较为完整，是我国社会责任的先驱企业。
2. 追赶者	40分~60分	企业逐步建立社会责任管理体系，社会责任信息披露基本完善，是领先企业的追赶者。
3. 起步者	20分~40分	企业社会责任工作刚刚"起步"，尚未建立系统的社会责任管理体系，社会责任信息披露也较为零散、片面，与领先者和追赶者有着较大的差距。
4. 旁观者	20分以下	企业社会责任信息披露严重不足。

　　我国国有企业100强企业的社会责任整体水平仍然较低，整体处于"起步"阶段。其中，居领先地位的企业，仅有12家，19家企业居于"追赶者"地位，约1/3的企业处于"起步"地位，接近2/5的企业仍在"旁观"（见图2-5）。

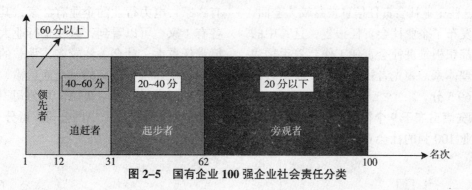

图2-5　国有企业100强企业社会责任分类

二、责任板块与二级指标平均得分

　　从国有企业100强的责任管理、市场责任、社会责任以及环境责任四大板块平均得分看，以市场责任得分最高，责任管理得分最低。从二级指标的表现来看，政府责任与守法合规的披露情况最好，责任推进最为落后（见表2-3）。

表2-3　国有企业100强责任板块与二级指标得分

责任板块	平均得分	二级指标	平均得分
责任管理	25.3	责任治理	29.1
		责任推进	7.0
		责任沟通	25.3
		守法合规	44.2
市场责任	36.8	客户责任	33.8
		伙伴责任	22.6
		股东责任	51.3
社会责任	29.2	政府责任	49.6
		员工责任	25.9
		社区责任	28.8

续表

责任板块	平均得分	二级指标	平均得分
环境责任	27.0	环境管理	28.8
		节约资源/能源	29.6
		降污减排	19.1

第三节　领先者（12家）

一、概论

国有企业100强中，共有12家企业处于领先者的地位，这些企业社会责任信息披露较为全面，所有企业均发布了企业社会责任报告，且其中的大部分企业都积极推进社会责任工作，着手构建社会责任管理体系。领先者社会责任发展指数的平均得分为69.5分。

（一）领先者分布于9个行业

国有企业100强的社会责任领先者分布于9个行业中：石油石化、电力、采矿业、电网、电信业、建筑业、交通运输仓储邮政业、金属制造业以及银行业。其中，属于石油石化行业的企业有3家，电力行业的企业有2家，其他7个行业各有1家。可以看到，这9个行业大部分属于环境责任重大，社会关注较多，承载的社会压力较大的行业。得分最高的是交通运输、仓储、邮政业的中国远洋运输（集团）总公司，84.5分；其次是电网行业的国家电网公司，得分77.0分。

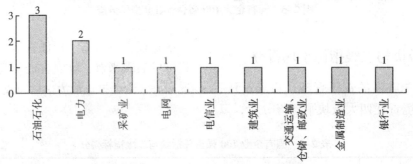

图2-6　国有企业100强领先者行业分布

（二）领先者集中于中央企业

国有企业100强的社会责任领先者集中于中央企业，12家领先企业中，有11家为中央企业，另有1家国有金融企业——中国工商银行股份有限公司。中央企业致力于推进责任管理，披露社会责任信息，与国务院国资委积极推动中央企业履行社会责任，出台中央企业社会责任指导意见有密切的关系。

（三）交通运输、仓储、邮政业领先者社会责任发展指数表现最优

就各行业的情况来看，国有企业100强领先者中，社会责任发展指数得分最高的是交通运输、仓储、邮政业，高达84.5分；电网行业紧随其后，为77.0分。电信、电力和金属制造业的社会责任发展指数也在70分以上；而建筑业、石油石化、银行业、采矿业等4个行业得分相对较低，

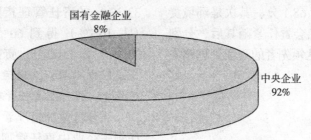

图 2-7　国有企业 100 强领先者企业性质构成

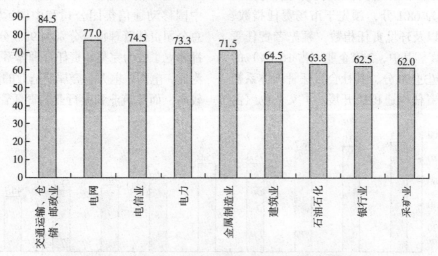

图 2-8　各行业国有企业 100 强领先者社会责任发展指数得分

为 60~65 分。

（四）领先者各责任板块表现平均，责任管理略领先于责任实践

在责任管理、市场责任、社会责任与环境责任四大责任板块中，国有企业 100 强领先者的得分较为平均，为 60~70 分，均显著高于国有企业 100 强的平均分，且责任管理指数与国有企业 100 强的差距最为明显（如图 2-9 所示）。领先者的责

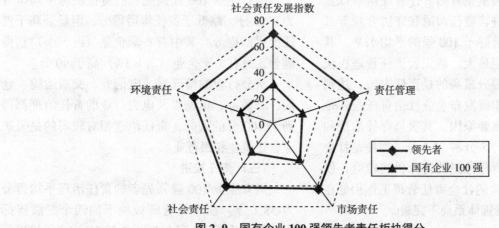

图 2-9　国有企业 100 强领先者责任板块得分

任管理指数得分最高，为 68.1 分；其次是环境责任 66.0 分；市场责任和社会责任紧随其后，分别为 63.4 分和 61.2 分。可见领先者的责任管理领先于责任实践。

二、责任管理

（一）概论

国有企业 100 强社会责任发展领先者的责任管理指数平均为 68.1 分，领先于市场责任指数、社会责任指数以及环境责任指数，领先者责任管理水平整体较高。其中，2 家企业（占 16.7%）的责任管理指数超过 90 分，其社会责任管理体系初步建立、社会责任沟通积极开展；4 家企业（占

33.3%）的责任管理指数在 70~90 分；2 家企业（占 16.7%）得到 60 分；另有 4 家企业（占 33.3%）低于 60 分，责任管理未达到领先水平。

1. 电信业，交通运输、仓储、邮政业责任管理领先，银行业责任管理相对落后

从分行业的情况看，国有企业 100 强社会责任领先企业中责任管理指数得分最高的是电信业和交通运输、仓储、邮政业，属于这两个行业的中国移动通信集团公司和中国远洋运输（集团）总公司责任管理得分分别为 93.3 分和 90 分，它们都建立了较为完整的责任管理体系，积极开展责任沟通。电网、电力、金属制造业的责任管理得分也较高，而建筑业和银行业的责任管理相对落后。

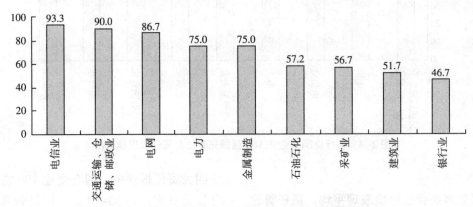

图 2-10   各行业国有企业 100 强领先者责任管理指数得分

2. 责任沟通最为领先，责任推进仍需加强

国有企业 100 强领先者的责任管理指数以及责任治理、责任推进、责任沟通和守法合规等二级指标的表现都显著好于 100 强的平均水平，其中又以责任沟通差距最大。领先者责任管理板块下的二级指标中，得分最高的是责任沟通，达到 80.7 分，领先企业积极发布企业社会责任报告是责任沟通得分高的重要原因。其次是责任治理和守法合规，分别为 77.8 分和 72.2 分。即使是社会责任的领先企业，责任推进的得分仍然较低，仅为 38.7 分，许多企业的社会责任管理工作仍处在探索期，社会责任管理体系尚不完善。

（二）责任治理

国有企业 100 强领先者的责任治理平均得分为 77.8 分，略低于责任沟通得分，但显著高于责任推进的得分。其中有 6 家企业（占 50%）获得满分，另有 1 家企业（占 8.3%）高于 90 分。

从分行业的情况看，电信业，交通运输、仓储、邮政业，电网以及电力行业的责任治理都得到了 100 分的满分，责任治理相对较弱的是采矿业、建筑业和银行业。

（三）责任推进

国有企业 100 强领先者的责任治理平均得分为 38.7 分，在责任管理板块下的四个二级指标中，得分最低，7 家企业（占 58.3%）责任推进低

于30分（其中有2家得分为0），领先者责任推
进亟待加强。

电信业责任推进得分最高，属于该行业的中
国移动通信集团公司得到了满分，交通运输、仓

储、邮政业和电网行业的责任推进也较为领先，
而石油石化、采矿业和银行业都基本尚未开展各
项责任推进活动，也未建立相关责任体系。

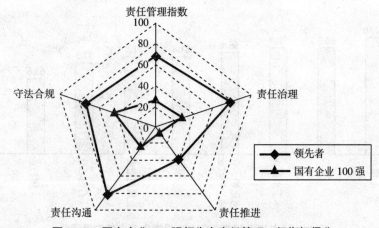

图2-11　国有企业100强领先者责任管理二级指标得分

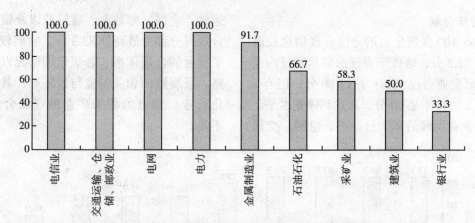

图2-12　各行业国有企业100强领先者责任治理得分

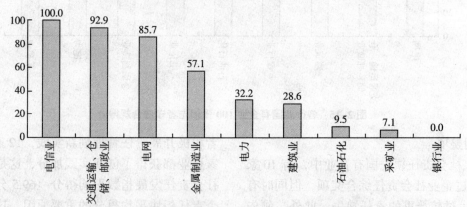

图2-13　各行业国有企业100强领先者责任推进得分

（四）责任沟通

国有企业100强领先者的责任沟通平均得分为80.7分，在责任管理板块下的四个二级指标中，得分最高，其中9家企业（占66.7%）得分在80分以上。

就各行业得分来看，电信业得分最高，其次是电力和采矿业，这些行业的企业都积极发布社会责任报告，与利益相关方开展沟通活动，而银行业和建筑业责任沟通还需加强。

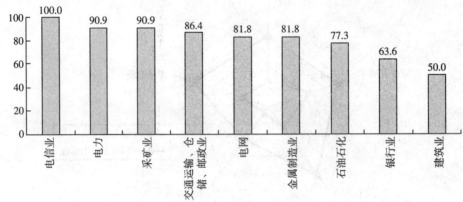

图2-14 各行业国有企业100强领先者责任沟通得分

（五）守法合规

国有企业100强领先者的守法合规信息披露水平平均为72.2分，略低于责任治理和责任沟通的分值。6家企业（占50%）超过80分；但有3家企业（占25%）不足60分，未达到领先水平。

在领先企业所属的9个行业中，电网，交通

运输、仓储、邮政业，建筑业以及银行业的守法合规得分都为最高分83.3分，它们较完整地披露了企业的合规体系、合规培训情况以及反商业贿赂、反腐败的相关制度与措施等；其次是石油石化行业，而电力和采矿业的守法合规披露相对不足。

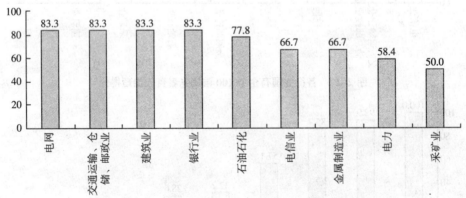

图2-15 各行业国有企业100强领先者守法合规得分

（六）调整项

在12家社会责任领先国有企业中，有10家企业都获得过企业社会责任综合奖项，但同时有3家企业发生过较严重的责任缺失。此外，领先

者积极开展责任管理创新实践，12家企业中有9家企业都获得了创新实践加分，这是领先者企业社会责任发展指数平均得分（69.5分）高于每一个责任板块平均得分的重要原因。这些责任管理

创新实践包括企业社会责任与风险管理相融合、发布《国家电网公司企业社会责任指南》、加入道·琼斯可持续发展指数、发布社会责任国别报告等（详见表 2-4）。

表 2-4　国有企业 100 强社会责任管理的领先实践

排　名	企　　业	行　　业	企业性质	领先实践	得分
1	中国远洋运输（集团）总公司	交通运输、仓储、邮政业	中央企业	企业社会责任与风险管理相融合	84.5
2	国家电网公司	电网	中央企业	发布《国家电网公司企业社会责任指南》	77.0
3	中国移动通信集团公司	电信业	中央企业	加入道·琼斯可持续发展指数	74.5
4	中国大唐集团公司	电力	中央企业	企业开放日	73.5
5	中国华能集团公司	电力	中央企业	发布《可持续发展宣言》	73.0
6	宝钢集团有限公司	金属制造业	中央企业	建立可持续发展研究所	71.5
7	中国海洋石油总公司	石油石化	中央企业	加入 3C（Combat Climate Change）组织	69.0
10	中国石油天然气集团公司	石油石化	中央企业	发布《哈萨克斯坦报告》	62.0
11	中国中钢集团公司	采矿业	中央企业	发布中国国有企业首份国别社会责任报告《中钢非洲报告》	62.0

三、市场责任

（一）概论

国有企业 100 强社会责任发展领先者的市场责任指数平均为 63.4 分，略低于责任管理指数和环境责任指数。其中，4 家企业（占 33.3%）市场责任指数超过 70 分，5 家企业（占 41.7%）为 60~70 分，3 家企业（占 25%）不足 60 分。

1. 多数行业市场责任信息披露充分，建筑业披露最为领先

国有企业 100 强社会责任领先企业的市场责任指数行业间差距较小。建筑业市场责任指数得分最高，中国中铁股份有限公司得到 80.0 分；其次，是银行业，交通运输、仓储、邮政业以及采矿业，得分均不低于 70.0 分。而电力和石油石化业得分在 60 分以下，市场责任信息披露稍显不足。

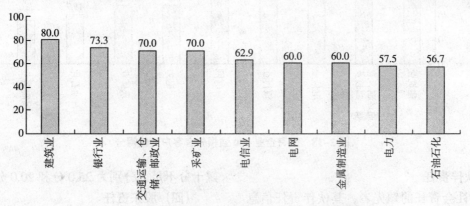

图 2-16　各行业国有企业 100 强领先者市场责任指数得分

2. 股东责任信息披露最好，伙伴责任信息披露不足

国有企业 100 强社会责任领先者市场责任指数以及客户责任、伙伴责任和股东责任的信息披露得分都显著高于 100 强的平均得分，股东责任尤为领先。而从各二级指标的表现来看，股东责任的信息披露最高，得分高达 84.7 分；其次是客户责任，得分为 58.8 分；而伙伴责任的信息披露不足，仅为 39.5 分。

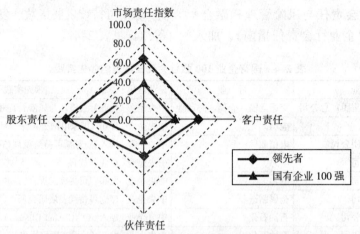

图 2-17　国有企业 100 强领先者市场责任二级指标得分

（二）客户责任

国有企业 100 强社会责任领先企业的客户责任平均得分为 58.8 分，在市场责任板块下的三个二级指标中水平居中。5 家企业（占 41.7%）客户责任超过 60 分；其余 7 家企业客户责任信息披露得分在 20~50 分，有待提升。

各行业该指标的表现情况是，建筑业披露最优，获得满分，该行业的中国中铁股份有限公司全面披露了企业在产品质量管理、优质服务、客户关系管理等方面的措施和绩效；紧随其后的是交通运输、仓储、邮政业。石油石化和金属制造业客户责任信息披露相对不足，得分在 40 分左右。

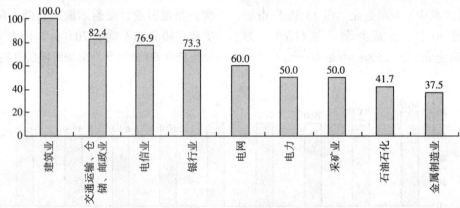

图 2-18　国有企业 100 强领先者客户责任得分

（三）伙伴责任

即使是社会责任的领先者，其伙伴责任信息披露仍较为缺乏，国有企业 100 强领先者的伙伴责任得分为 39.5 分，显著低于客户责任和股东责任得分。10 家企业（占 83.3%）伙伴责任低于 60 分，该二级指标的信息披露未达到领先水平。

电网行业的伙伴责任信息披露相对较好，达到 71.4 分，而电信业和银行业的伙伴责任信息披露十分不足，分别为 25.0 分和 20.0 分。

（四）股东责任

国有企业 100 强领先者的股东责任信息披露十分出色，注重企业成长性、盈利性以及安全性等财务指标的披露，平均得分高达 84.7 分，不仅高于市场责任下其他两个二级指标的得分，也高于领先者的所有其他二级指标的得分。8 家企业（占 66.7%）获得满分，披露了所有指标。

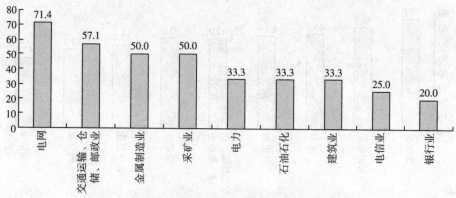

图 2-19　各行业国有企业 100 强领先者伙伴责任得分

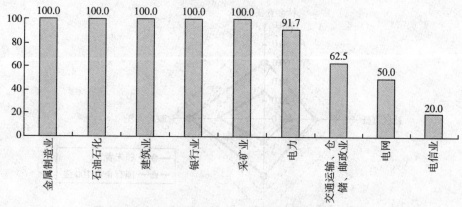

图 2-20　各行业国有企业 100 强领先者股东责任得分

从图 2-20 可以看到，金属制造业、石油石化、建筑业、银行业和采矿业的股东责任信息披露都得到了满分，只有电信业的股东责任信息披露严重缺乏。

（五）调整项

国有企业 100 强社会责任领先企业的市场责任获奖丰厚，12 家领先者中 11 家都曾获得相关奖项；同时，市场责任缺失的现象也时有发生，有 4 家企业曾被权威媒体或政府相关部门报道过责任缺失问题，包括泄露客户信息、较大亏损等。

四、社会责任

（一）概论

国有企业 100 强领先者社会责任指数平均为 61.2 分，在四大责任板块中得分最低。其中，2 家企业（占 16.7%）社会责任指数超过 70 分，信息披露较为充分；6 家企业（占 50.0%）社会

责任指数为 60~70 分；4 家企业（占 33.3%）不足 60 分。

1. 建筑业社会责任信息披露领先，电信业社会责任信息披露相对不足

国有企业 100 强领先者的社会责任指数在行业间差距较小，最高分是建筑业的 75 分，其次为金属制造业，得分为 70.0 分；虽然电信业社会责任信息披露相对不足，但也得到了 47.5 分。

2. 政府责任信息披露最优，社区责任信息披露仍需加强

国有企业 100 强领先者的社会责任指数以及政府责任、员工责任和社区责任等二级指标得分都显著高于国有企业 100 强的平均得分，其中又以员工责任差距最大。领先者的二级指标中，政府责任的披露最好，得分为 80.6 分，其次是员工责任 60.5 分，再次是社区责任 54.7 分。

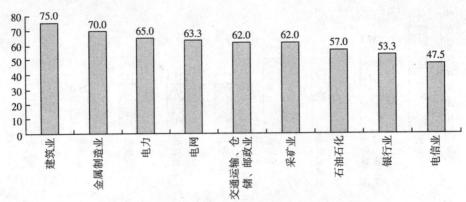

图 2-21　各行业国有企业 100 强领先者社会责任指数得分

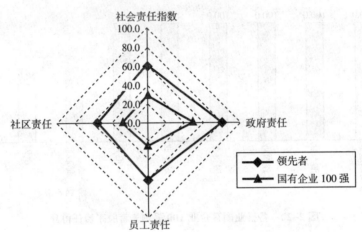

图 2-22　国有企业 100 强领先者社会责任二级指标得分

（二）政府责任

国有企业 100 强领先者的政府责任平均得分为 80.6 分，在社会责任板块下的三个二级指标中表现最优，绝大部分领先企业都积极披露响应宏观政策、缴纳税收等方面的措施和绩效。其中 6

家企业（占 50%）披露了所有指标，得到满分。

电网，交通运输、仓储、邮政业，建筑业以及银行业的政府责任信息披露都得到满分，仅采矿业企业较少披露履行政府责任的情况。

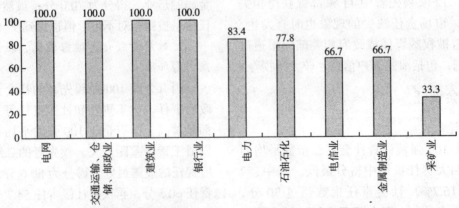

图 2-23　各行业国有企业 100 强领先者政府责任得分

（三）员工责任

国有企业100强领先者的员工责任平均得分为60.5分，员工责任信息披露整体较好，但与政府责任的披露情况仍有一定差距。7家企业（占58.3%）员工责任得分不足60分，该项指标的信息披露距离领先水平尚有一定差距。

领先者所属的9个行业中，员工责任披露较好的是建筑业、电力以及金属制造业，得分都在70分以上，这些行业肩负着重大的安全生产责任，注重披露保障员工安全健康等方面的信息；此外，员工权益保护和员工发展等方面的情况这些行业也披露得较好。

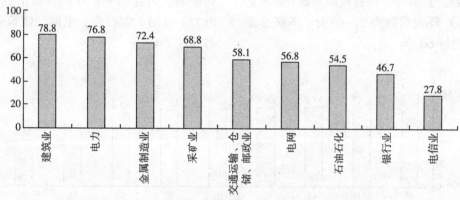

图2-24　各行业国有企业100强领先者员工责任得分

（四）社区责任

国有企业100强领先者社区责任平均得分为54.7分，在社会责任板块下的三个二级指标中得分最低。虽然所有企业都披露了慈善公益活动的情况，但许多企业没有就捐赠方针、捐赠总额等予以说明；此外，企业在披露运营对社区的影响方面也存在不足。7家企业（占58.3%）员工责任得分不足60分，该项指标的信息披露未达到领先水平。

社区责任披露较好的是金属制造业、电网以及电信业，得分在60分以上；银行业和电力行业的社区责任披露最为缺乏。

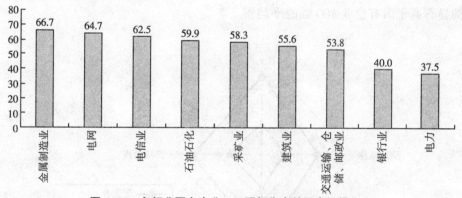

图2-25　各行业国有企业100强领先者社区责任得分

（五）调整项

所有国有企业100强的领先者都曾获得过社会责任相关奖项。社会责任缺失方面，1家企业发生了较严重的安全事故，1家企业大范围裁员。

五、环境责任

（一）概论

国有企业 100 强社会责任发展领先者的环境责任指数平均为 66.0 分，高于市场责任指数和社会责任指数，环境责任信息披露整体较好。1 家企业环境指数超过 90 分，信息披露全面；2 家企业（占 16.7%）环境指数为 70~90 分；7 家企业（占 58.3%）超过 60 分。

1. 多数企业环境责任信息披露充分，金属制造业与采矿业环境责任信息披露仍需加强

国有企业 100 强领先者的环境责任信息披露水平整体较高，其中又以石油石化行业和交通运输、仓储、邮政业披露最为完整，环境责任指数得分分别为 78.7 分和 76.0 分。其余 7 个行业中，除金属制造业和采矿业的环境信息披露不足外，电力、电信、银行业、电网、建筑业的环境指数都超过了 60 分。

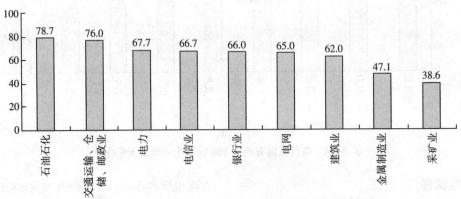

图 2-26　各行业国有企业 100 强领先者环境责任指数得分

2. 节约资源/能源信息披露最优，降污减排较为欠缺

国有企业 100 强领先者的环境指数得分以及环境管理、节约资源能源、降污减排等三个二级指标的得分都显著高于国有企业 100 强的平均得分，且以节约资源能源的差距最大。领先者的三个二级指标得分中，节约资源能源最高，为 74.2 分；环境管理和降污减排分别为 59.8 分和 47.1 分，可见降污减排的相关信息披露还很不充分。

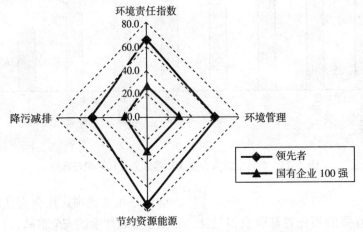

图 2-27　国有企业 100 强领先者环境责任二级指标得分

（二）环境管理

国有企业 100 强社会责任领先企业的环境管理平均得分为 59.8 分，低于节约资源能源得分，但高于降污减排得分。其中，5 家企业（占 41.7%）环境管理高于 70 分；4 家企业（占 33.3%）不足

60 分，该项指标的披露未达到领先水平。

环境管理披露最好的是金属制造业，其次是银行业、电信业和石油石化行业，分值都在 70 分以上，采矿业、电力和电网行业的责任管理披露相对不足。

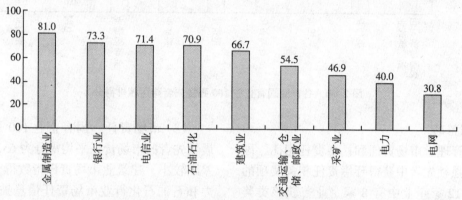

图 2-28　各行业国有企业 100 强领先者环境管理得分

（三）节约资源能源

国有企业 100 强领先者的节约资源能源信息披露平均得分为 74.2 分，在环境责任板块下的二级指标中表现最优，领先者积极披露企业在节能降耗、发展循环经济等方面的制度、措施与绩效。领先者中 8 家企业（占 66.7%）节约资源能源披

露超过 70 分，但余下的 4 家企业（占 33.3%）却不足 60 分，行业间差距较大。

从各行业的表现来看，交通运输、仓储、邮政业的披露最为完整，得到满分；电网行业其次，为 91.7 分。采矿业和金属制造业的该二级指标披露还需加强，得分均在 40 分左右。

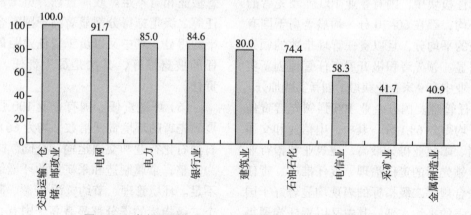

图 2-29　各行业国有企业 100 强领先者节约资源能源得分

（四）降污减排

国有企业 100 强领先者在降污减排信息披露上的表现差于环境管理和节约资源/能源的披露情况，平均得分为 47.1 分，领先者虽然披露了降污

减排的措施，但对减排数据的披露不足。

各行业企业在降污减排方面的披露差距较大，电网和银行业没有披露任何实质性的内容，而交通运输、仓储、邮政业却披露了绝大部分的指标。

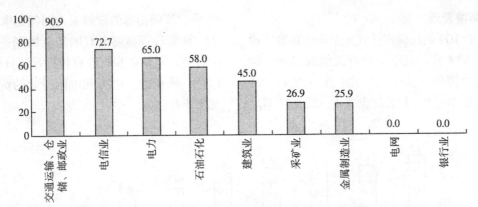

图 2-30   各行业国有企业 100 强领先者降污减排得分

（五）调整项

与责任管理、市场责任和社会责任相比，国有企业 100 强领先者中获得环境责任相关奖项的企业较少，12 家企业中有 8 家企业曾获该类奖项。此外，有 2 家企业因出现破坏环境的责任缺失事件被权威媒体或政府相关部门曝光。

六、小结

（1）国有企业 100 强领先者分布于 9 个行业，就企业性质和所在地区来看，集中于中央企业和北京。在责任管理、市场责任、社会责任与环境责任四大责任板块中，国有企业 100 强领先者的得分较为平均，都在 60~70 分，均显著高于国有企业 100 强的平均分，且以责任管理指数的领先优势最为明显。领先者积极开展责任管理创新实践，12 家企业中有 9 家企业获得了创新实践加分。

（2）责任管理。国有企业 100 强领先者责任管理指数平均得分 68.1 分，其中，电信业和交通运输、仓储、邮政业得分最高，建筑业和银行业相对落后。领先者的责任治理、责任推进、责任沟通和守法合规等二级指标的表现均显著好于国有企业 100 强的平均水平，其中又以责任沟通得分最高，责任推进得分较低，社会责任管理体系尚不完善。

（3）市场责任。国有企业 100 强社会责任发展领先者的市场责任平均得分为 63.4 分，行业间差距较小，建筑业市场责任指数得分最高，而电力和石油石化行业市场责任信息披露稍显不足。客户责任、伙伴责任和股东责任的信息披露得分都显著高于国有企业 100 强的平均得分，股东责任尤为领先，高于领先者所有其他二级指标的得分，而伙伴责任的信息披露不足。

（4）社会责任。国有企业 100 强领先者社会责任指数的平均得分为 61.2 分，行业间差距较小，最高分为建筑业的 75 分，电信业社会责任信息披露相对不足。政府责任、员工责任和社区责任等二级指标得分都显著高于国有企业 100 强的平均得分，其中又以员工责任差距最大。政府责任的披露最好，其次是员工责任，再次是社区责任。

（5）环境责任。国有企业 100 强社会责任发展领先者的环境责任指数平均为 66.0 分，其中以石油石化行业和交通运输、仓储、邮政业披露最为完整，金属制造和采矿业的环境信息披露相对不足。环境管理、节约资源/能源、降污减排等三个二级指标的得分都显著高于国有企业 100 强的平均得分，且以节约资源/能源的差距最大，得分最高，降污减排的相关信息披露还有所欠缺。

第四节 追赶者（19家）

一、概论

国有企业100强中，共有19家企业处于追赶者的地位，这些企业较为积极地披露社会责任信息，但披露的全面性和实质性有所欠缺，且在推进社会责任工作、构建社会责任管理体系方面还较为落后。追赶者社会责任发展指数的平均得分为52.0分，其中13家企业（占68.4%）高于50分，另外6家企业（占31.6%）低于50分。

（一）追赶者行业分布广泛

国有企业100强追赶者分布于11个行业中，其中银行业的企业数量最多，共4家；其次是金属制造业企业3家；属于电力，建筑业和交通运输、仓储、邮政业的追赶者分别有2家；而保险业、电气机械及器材制造业、电网、交通运输设备制造业、零售业和石油石化等6个行业的追赶者只有1家。

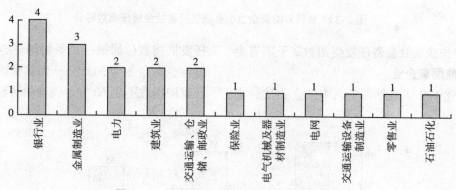

图2-31 国有企业100强追赶者行业分布

（二）追赶者中央企业比重最大

国有企业100强的19家追赶者中，中央企业共11家，占58%；国有金融企业5家，占追赶者的26%，这5家国有金融企业占到国有企业100强金融企业总数的55.5%；其他国有企业3家，占追赶者的16%。

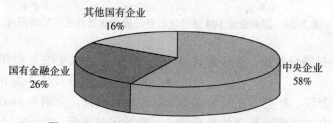

图2-32 国有企业100强追赶者企业性质构成

（三）石油石化行业追赶者社会责任发展指数领先

从分行业的情况看，国有企业100强追赶者中，石油石化行业社会责任发展指数得分最高，为58.5分；交通运输设备制造业紧随其后，社会责任发展指数为 56.0 分。金属制造业、电网、电力、银行业、零售业等 6 个行业的社会责任发展指数也在 50 分以上，仅建筑业、保险业和电气机械及器材制造业这 3 个行业不足 50 分。

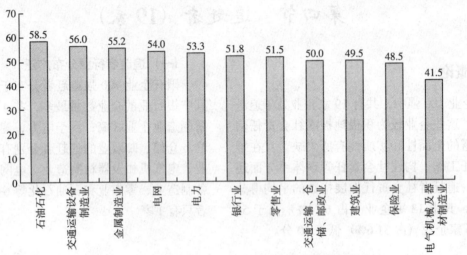

图 2-33　各行业国有企业 100 强追赶者社会责任指数得分

（四）中央企业社会责任发展指数高于国有金融企业和其他国有企业

国有企业 100 强追赶者中，中央企业社会责任发展指数位居第一，平均得分 54.3 分；其次是国有金融企业为 51.1 分；而其他国有企业社会责任发展指数不足 50 分，表现相对较差。

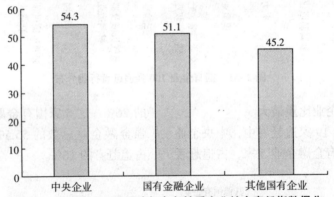

图 2-34　国有企业 100 强追赶者各性质企业社会责任指数得分

（五）追赶者市场责任得分最高，责任管理落后于责任实践

在责任管理、市场责任、社会责任与环境责任四大责任板块中，国有 100 强追赶者的得分均高于国有企业 100 强的平均分，市场责任指数的领先优势最为明显，而社会责任指数与国有企业 100 强平均水平的差距相对较小。追赶者的市场责任指数得分最高，为 63.5 分；其次是环境责任和社会责任，分别为 48.0 分和 47.8 分；责任管理指数相对落后，为 45.7 分。不同于领先者，追赶者的责任管理落后于责任实践。

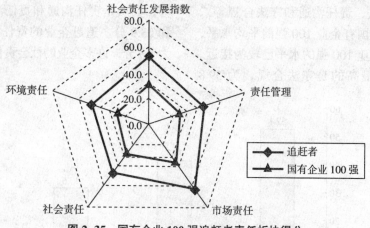

图 2-35 国有企业 100 强追赶者责任板块得分

二、责任管理

（一）概论

国有企业 100 强追赶者责任管理指数为 45.7 分，显著低于领先者责任管理指数的 68.1 分，追赶者责任管理仍需大大改进。其中 4 家企业（占 21.1%）责任管理指数超过 60 分，达到领先者水平；9 家企业（占 47.4%）责任管理指数在 40~60

分；其余 6 家企业（占 31.6%）低于 40 分，责任管理未达到追赶者水平。

1. 石油石化行业责任管理领先，电气机械及器材制造业责任管理亟待加强

国有企业 100 强追赶者的责任管理指数差距较大，责任管理最为领先的石油石化和电力行业得分超过 60 分，而电气机械及器材制造业仅为 25 分，责任管理较为落后。

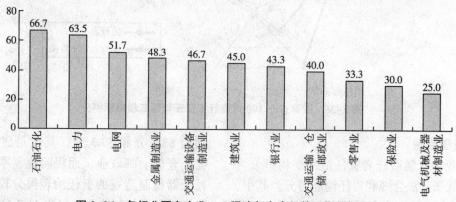

图 2-36 各行业国有企业 100 强追赶者责任管理指数得分

2. 中央企业责任管理领先，其他国有企业责任管理相对落后

从企业性质来看，国有企业 100 强追赶者中，各性质企业的责任管理指数依次相差 10 分左右。其中，责任管理最为领先的是中央企业，得分 52.1 分，这与国务院国资委对中央企业社会责任

的大力推动紧密相关；其次是国有金融企业 40.7 分；其他国有企业责任管理相对落后，责任管理指数为 30.6 分。

3. 守法合规与责任沟通较为领先，企业责任推进工作尚未开展

国有企业 100 强追赶者的责任管理指数以及

责任治理、责任推进、责任沟通和守法合规等二级指标的表现都好于国有企业 100 强的平均水平，但责任推进与国有企业 100 强的水平已较为接近。二级指标中，得分最高的是守法合规，为 59.8

分，其次是责任沟通和责任治理，分别为 57.2 分和 53.9 分。追赶企业的责任推进的得分很低，仅为 8.3 分，许多企业的社会责任管理工作尚未开展。

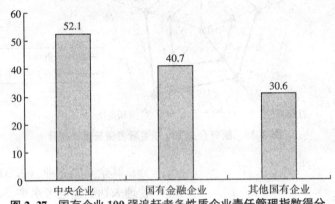

图 2-37　国有企业 100 强追赶者各性质企业责任管理指数得分

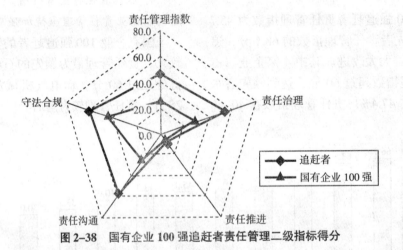

图 2-38　国有企业 100 强追赶者责任管理二级指标得分

（二）责任治理

国有企业 100 强追赶者责任治理平均得分为 53.9 分，略低于守法合规和责任沟通得分。其中，3 家企业（占 15.8%）责任治理超过 90 分，3 家企业（占 15.8%）高于 60 分但不足 90 分，它们都是责任治理的积极推动者；但有 7 家企业（占 36.8%）不足 40 分。

1. 电力与石油石化行业责任治理领先，电气机械及器材制造业责任治理落后

国有企业 100 强追赶者所属的 11 个行业中，以电力和石油石化行业的责任治理最为领先，分

别为 83.4 分和 83.3 分，其次是建筑业和交通运输、仓储、邮政业。而保险业、零售业、电气机械及器材制造业的责任治理得分较低，尤其是电气机械及器材制造业，仅为 16.7 分。

2. 中央企业责任治理领先，其他国有企业责任治理仍需加强

从企业性质来看，国有企业 100 强追赶者中，责任治理领先的是中央企业，得分为 68.2 分，许多企业明确了社会责任理念，甚至建立了社会责任领导机构。其次是国有金融企业 40.0 分，而其他国有企业的责任治理得分较低，仅 25.0 分。

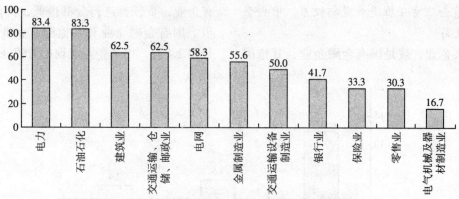

图 2-39 各行业国有企业 100 强追赶者责任治理得分

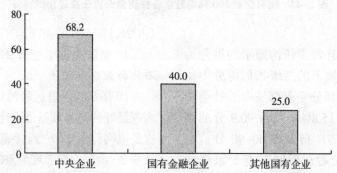

图 2-40 国有企业 100 强追赶者各性质企业责任治理指数得分

（三）责任推进

国有企业 100 强追赶者责任推进平均得分为 8.3 分，在责任管理下的二级指标中得分最低，追赶者尚未开展社会责任推进工作，未建立社会责任管理体系。除 1 家企业——鞍山钢铁集团的责任推进获得 50 分以外，其他企业都不超过 25 分，且有 10 家企业（占 52.6%）得分为 0。

1. 电网与交通运输设备制造业责任推进相对较好，4 个行业责任推进得分为 0

国有企业 100 强追赶者责任推进普遍得分低，得分相对较高的电网与交通运输设备制造业也仅有 21.4 分，其他行业得分均在 20 分以下，保险业、电气机械及器材制造业、建筑业和零售业的责任推进均为 0 分。

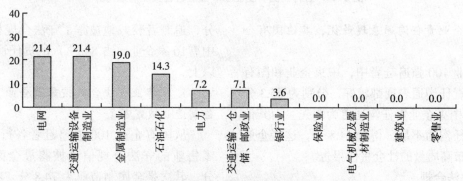

图 2-41 各行业国有企业 100 强追赶者责任推进得分

2. 各性质企业责任推进表现都较差，中央企业得分相对较高

无论中央企业，或是国有金融企业、其他国有企业，责任推进得分都很低，责任推进尚未起步。国有金融企业和其他国有企业分别只有 3.6 分和 2.4 分，中央企业表现相对较好。

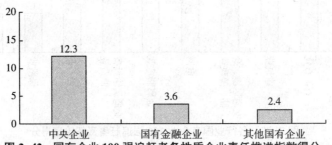

图 2-42　国有企业 100 强追赶者各性质企业责任推进指数得分

（四）责任沟通

国有企业 100 强追赶者责任沟通平均得分为 57.2 分，在责任管理板块下的二级指标得分中位于第二位，追赶者中大部分企业都发布了社会责任报告。3 家企业（占 15.8%）获得 90.9 分的高分，6 家企业（占 31.6%）得分在 60~90 分，它们都是责任沟通的领先者；但同时有 5 家企业（占 26.3%）不足 40 分。

1. 责任沟通水平行业间差距大，电力与石油石化行业得分最高

国有 100 强追赶者的责任沟通表现差距很大，表现最好的电力和石油石化行业得分为 90.9 分；其次是电网行业 72.7 分。保险业和电气机械及器材制造业 30 余分，而表现最差的零售业，仅为 27.2 分。

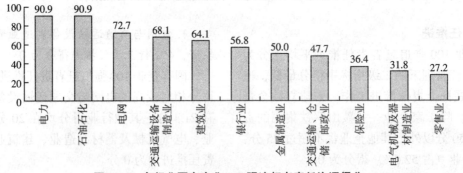

图 2-43　各行业国有企业 100 强追赶者责任沟通得分

2. 中央企业责任沟通表现最优，其他国有企业仍需加强

国有企业 100 强追赶者中，中央企业和国有金融企业的责任沟通表现都较好，分别为 65.3 分和 52.7 分，中央企业责任沟通更为领先。而其他国有企业责任沟通不足，得分 34.8 分，这些企业应当积极发布高质量的社会责任报告。

（五）守法合规

国有企业 100 强追赶者守法合规平均得分 59.8 分，高于责任管理板块下的其他二级指标得分，追赶者较好地披露了守法合规相关信息，其中有 16 家企业（占 84.2%）的责任管理都在 50 分以上。

1. 零售业守法合规披露最全面，交通运输设备制造业披露不足

从国有企业 100 强追赶者各行业的情况看，零售业的守法合规信息披露最全面，得到 83.3 分，其次是金属制造业为 74.8 分。有两个行业的守法合规信息披露低于 50 分，其中交通运输设备制造业的披露最为不足。

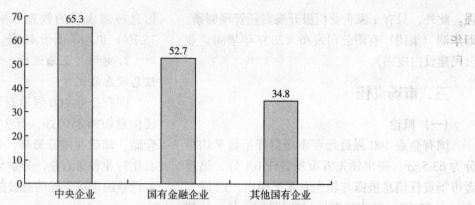

图 2-44　国有企业 100 强追赶者各性质企业责任沟通得分

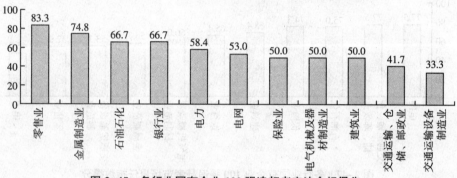

图 2-45　各行业国有企业 100 强追赶者守法合规得分

2. 国有金融企业守法合规信息披露最充分

中央企业、国有金融企业和其他国有企业的守法合规得分较为接近，表现最好的是国有金融企业，为 63.3 分，这与金融企业注重风险管理有一定关系。中央企业和其他国有企业分别为 59.4 分和 55.6 分，守法合规信息披露也较好。

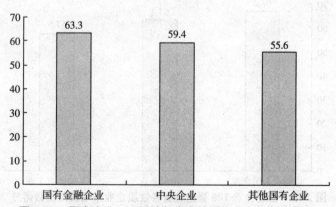

图 2-46　国有企业 100 强追赶者各性质企业守法合规得分

（六）调整项

国有企业 100 强追赶者中，有 8 家企业（占 42.1%）曾获得企业社会责任综合奖项，其中有 4 家是银行业。虽然守法合规信息披露较好，但仍有 7 家企业（占 36.8%）因违规经营被权威媒体或政府相关部门曝光，守法合规体系建设仍需加强。此外，只有 1 家企业积极开展责任管理创新，即华润（集团）有限公司发布《2007 年华润企业公民建设白皮书》。

三、市场责任

（一）概论

国有企业 100 强追赶者市场责任指数平均得分为 63.5 分，高出领先者市场责任 0.1 分，追赶者市场责任信息披露与领先者水平相当。12 家企业（占 63.2%）的市场责任指数超过 60 分，达到

信息披露水平的领先水平；其余 7 家企业（占 36.7%）也均不低于 40 分。

1. 电网与交通运输、仓储、邮政业市场责任信息披露最优

国有企业 100 强追赶者中，各行业的市场责任信息披露都较好，其中又以电网与交通运输、仓储、邮政业得分最高，为 77.5 分；其次是石油石化行业和保险业，分别为 75.0 分和 74.3 分。电力行业的市场责任信息披露相对不足。

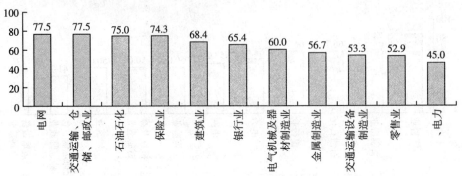

图 2-47　各行业国有企业 100 强追赶者市场责任指数得分

2. 国有金融企业市场责任信息披露领先

按企业性质划分，国有企业 100 强追赶者中市场责任信息披露最为充分的是国有金融企业，

平均为 67.2 分；中央企业和其他国有企业的表现也较好，分别为 63.4 分和 57.5 分。

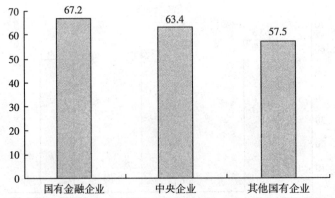

图 2-48　国有企业 100 强追赶者各性质企业市场责任指数得分

3. 股东责任披露最优，伙伴责任披露欠缺

国有企业 100 强社会责任追赶者的市场责任指数以及客户责任、伙伴责任和股东责任的信息披露得分都显著高于国有企业 100 强的平均得分，

且股东责任和客户责任领先较多。从各二级指标的表现来看，股东责任的信息披露最优，高达 83.8 分；其次是客户责任，得分 64.7 分；而伙伴责任的信息披露不足，仅为 35.0 分。

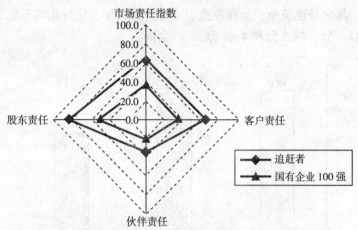

图 2-49 国有企业 100 强追赶者市场责任二级指标得分

（二）客户责任

国有企业 100 强追赶者客户责任平均得分为 64.7 分，比领先者客户责任的平均得分高 6.2 分，在领先者、追赶者、起步者和旁观者四类企业中，追赶者的市场责任信息披露最优。其中，11 家企业（占 57.9%）客户责任信息披露表现高于 60 分，仅 1 家企业低于 40 分。

1. 多数行业客户责任信息披露较充分

国有企业 100 强追赶者中，石油石化行业得到客户责任信息披露的满分，信息披露完整。电网业行业紧随其后，得分 92.0 分。电力、电气机械及器材制造业、交通运输设备制造业以及零售业客户责任信息披露表现相对较差。

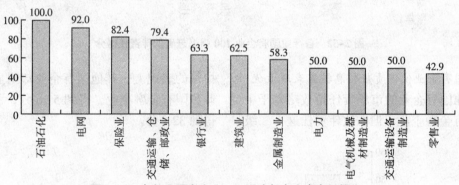

图 2-50 各行业国有企业 100 强追赶者客户责任得分

2. 中央企业与国有金融企业客户责任信息披露领先于其他国有企业

从各性质企业的客户责任信息披露情况来看，中央企业和国有金融企业得分相近，分别为 68.0 分和 67.1 分；其他国有企业社会责任信息披露还需加强，落后中央企业和国有金融企业约 20 分。

（三）伙伴责任

国有企业 100 强追赶者伙伴责任平均得分为

35.0 分，仅比领先者客户责任的平均得分低 0.5 分，追赶者的伙伴责任信息披露表现与领先者相近。11 家企业（占 57.9%）伙伴责任不足 40 分，相关信息披露仍需加强。

1. 半数行业伙伴责任信息披露不足，电力与石油石化行业尤为缺乏

国有企业 100 强追赶者中，各行业的伙伴责任信息披露都有所欠缺，得分最高的交通运输、仓储、邮政业为 50 分；其次是建筑业、金属制造业和保险业，分别为 44.5 分、44.5 分和 44.4 分。

电力和石油石化行业均不足 20 分，信息披露很不全面。

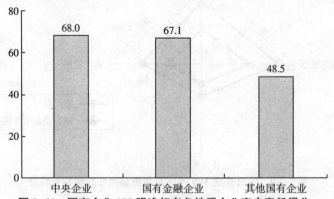

图 2-51　国有企业 100 强追赶者各性质企业客户责任得分

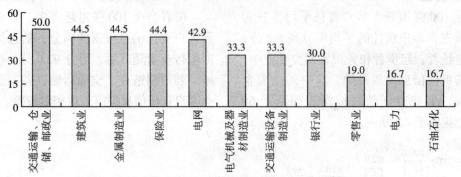

图 2-52　各行业国有企业 100 强追赶者伙伴责任得分

2. 其他国有企业伙伴责任信息披露表现最优

虽然其他国有企业的市场责任指数略差于中央企业和国有金融企业，但在伙伴责任这一二级

指标的表现上，其他国有企业却明显好于中央企业和国有金融企业，得到 51.6 分，而后两者都只得到 32.9 分。

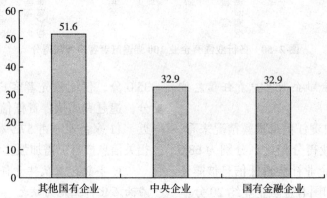

图 2-53　国有企业 100 强追赶者各性质企业伙伴责任得分

（四）股东责任

国有企业 100 强追赶者股东责任平均得分为 83.8 分，在市场责任下的二级指标中得分最高，只比领先者股东责任平均得分低 0.9 分，股东责任信息披露较为全面。其中有 9 家企业（47.4%）披露了股东责任下的所有指标，得到满分，仅 1 家企业不足 50 分。

1. 多数行业股东责任信息披露充分

从各行业情况来看，国有企业 100 强追赶者的股东责任信息披露都较为充分，电气机械及器材制造业、建筑业、零售业以及石油石化行业的股东责任都获得了满分，银行业得分也接近满分，只有电力行业股东责任信息披露得分低于 60 分。

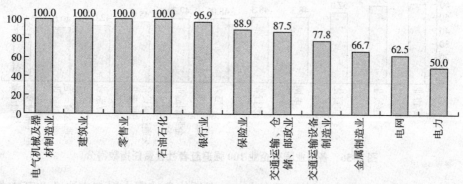

图 2-54　各行业国有企业 100 强追赶者股东责任得分

2. 国有金融企业股东责任信息披露接近满分，其他国有企业相对落后

各类性质的国有企业 100 强追赶者在股东责任信息披露上表现都较好，其中，国有金融企业披露最为领先，得分高达 95.3 分；中央企业其次，为 80.9 分；其他国有企业的股东责任信息披露相对落后，获得 75.0 分。

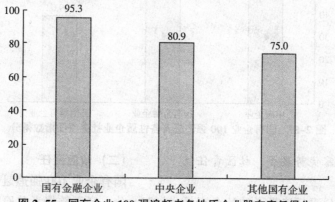

图 2-55　国有企业 100 强追赶者各性质企业股东责任得分

（五）调整项

国有企业 100 强追赶者在市场责任方面获奖较多，17 家企业（占 89.5%）都获得了相关奖项，这些奖项主要集中在客户责任和股东责任方面；而发生过市场责任缺失的企业共有 6 家（占 31.6%）。

四、社会责任

（一）概论

国有企业 100 强追赶者社会责任指数平均得分为 47.8 分，低于领先者 13.4 分，追赶者社会责任信息披露水平与领先者差距较大，11家企业（占57.9%）不足50分，社会责任信息披露仍需加强。

1. 社会责任信息披露行业间差距较小，零售业社会责任指数最高

国有企业100强追赶者所属的11个行业中，大部分行业的社会责任指数得分在40~50分，社会责任信息披露尚不完整。零售业社会责任指数得分最高，为60.0分；其次为建筑业和石油石化业，分别为57.5分和52.0分；电气机械及器材制造业社会责任信息披露相对落后。

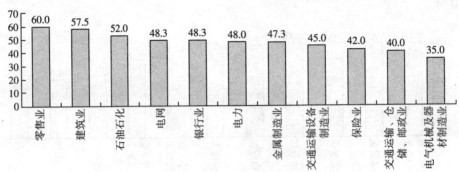

图2-56　各行业国有企业100强追赶者社会责任指数得分

2. 中央企业社会责任指数领先，其他国有企业社会责任信息披露亟待加强

国有企业100强追赶者中，中央企业社会责任指数最为领先，为50.6分；国有金融企业社会责任信息披露水平与中央企业基本相当，为47.0分；其他国有企业为39.0分，社会责任信息披露水平亟待提高。

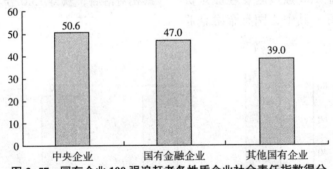

图2-57　国有企业100强追赶者各性质企业社会责任指数得分

3. 政府责任信息披露优势显著，社区责任信息披露最为不足

国有企业100强社会责任追赶者的社会责任指数以及政府责任、员工责任和社区责任的信息披露得分都高于国有企业100强的平均得分，且政府责任领先最多。各二级指标中，政府责任信息披露最优，高达88.8分；员工责任和社区责任得分与政府责任差距大，信息披露有所欠缺，分别只得到44.4分和40.5分。

（二）政府责任

国有企业100强追赶者政府责任平均得分为88.8分，高于领先者政府责任的80.6分，在领先者、追赶者、起步者和旁观者四类企业中，追赶者的政府责任信息披露最优，其中13家企业（占68.4%）取得满分，其余6家企业均不低于60分。

1. 所有行业政府责任信息披露均较充分，7个行业得到满分

国有企业100强追赶者所属的11个行业中，

有 7 个行业在政府责任信息披露上获得满分, 政府责任信息披露完整; 3 个行业政府责任得分等于或大于 80 分, 信息披露较为充分; 得分最低的保险业也获得了 66.7 分。

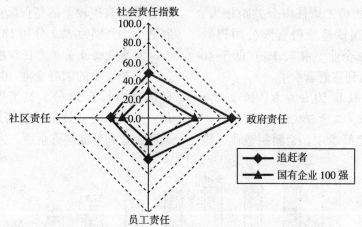

图 2-58 国有企业 100 强追赶者社会责任二级指标得分

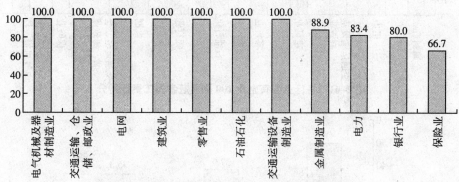

图 2-59 各行业国有企业 100 强追赶者政府责任得分

2. 中央企业政府责任信息披露领先, 国有金融企业相对落后

中央企业、国有金融企业和其他国有企业三类性质的国有企业中, 首先政府责任信息披露最为全面的是中央企业, 得分为 93.9 分; 其次是其他国有企业, 得分为 88.9 分; 最后是国有金融企业, 为 77.3 分。

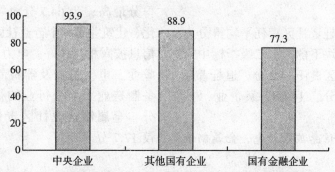

图 2-60 国有企业 100 强追赶者各性质企业政府责任得分

（三）员工责任

国有企业 100 强追赶者员工责任平均得分为 44.4 分，显著低于政府责任得分，略高于社区责任得分，且与领先者的员工责任得分差距较大。虽有 1 家企业——中国铁建股份有限公司得到 81.0 的高分，但有 8 家企业（占 42.1%）低于 40 分，员工责任披露未达到追赶者水平。

1. 6 个行业员工责任在 50 分左右，保险业与电气机械及器材制造业员工责任披露较差

国有企业 100 强追赶者中，金属制造业、电力、交通运输设备制造业等 6 个行业的员工责任得分都在 50 分左右，其中，金属制造业和电力行业得分最高，分别为 56.3 分和 55.4 分。员工责任信息披露表现较差的是保险业和电气机械及器材制造业，分别为 22.2 分和 18.2 分。

2. 中央企业员工责任信息披露相对较好

三类性质的国有企业 100 强追赶者的员工责任得分均低于 50 分，员工责任相关信息披露不足。但中央企业员工责任信息披露表现优于国有金融企业和其他国有企业，为 49.8 分。

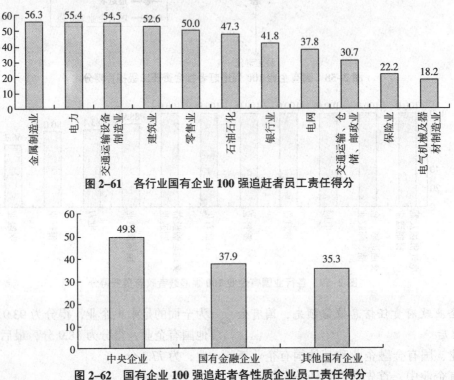

图 2-61   各行业国有企业 100 强追赶者员工责任得分

图 2-62   国有企业 100 强追赶者各性质企业员工责任得分

（四）社区责任

国有企业 100 强追赶者社区责任平均得分为 40.5 分，在社会责任板块下的三个二级指标中得分最低，低于领先者社区责任 14.2 分，追赶者社区责任信息披露不充分，且有 2 家企业（占 16.7%）不足 20 分。

1. 保险业社区责任信息披露领先，金属制造业披露最为不足

国有企业 100 强追赶者中，保险业社区责任得分最高，为 64.7 分；零售业、电网、石油石化、建筑业等 4 个行业社区责任得分在 50~60 分，信息披露相对较好。电力，交通运输、仓储、邮政业，电气机械及器材制造业以及交通运输设备制造业等 4 个行业的社区责任得分在 30~40 分，金属制造业社区责任信息披露最为不足，仅 17.7 分。

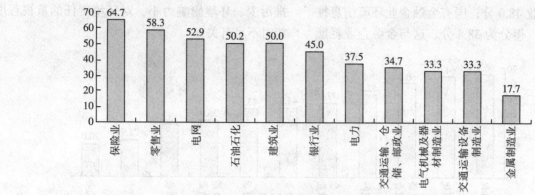

图2-63 各行业国有企业100强追赶者社区责任得分

2. 国有金融企业社区责任披露较好，其他国有企业披露最为不足

就企业性质来看，国有企业100强追赶者中，国有金融企业社区责任披露较好，但仍就很不充分，得分为48.9分；中央企业社区责任得分为41.4分；其他国有企业仅为23.2分，社区责任信息披露很不充分。

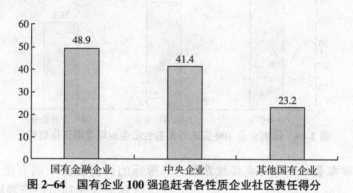

图2-64 国有企业100强追赶者各性质企业社区责任得分

（五）调整项

89.5%（共17家）的国有企业100强追赶者都曾获得社会责任相关奖项，主要集中于员工责任和社区责任；此外，有5家追赶者出现过较严重的社会责任缺失问题。

五、环境责任

（一）概论

国有企业100强社会责任发展追赶者环境责任指数平均为48.0分，在四大责任板块中居第二位，低于领先者环境指数18分。4家企业（占21.1%）环境责任信息披露水平在60分以上，而5家企业（占26.3%）不足40分，相关信息披露仍需改善。

1. 金属制造业环境责任信息披露领先，电力与保险业亟待提升

国有企业100强追赶者各行业的环境责任信息披露水平差距较大，披露最好的金属制造业得分为66.2分，其次是石油石化行业，得分为64.0分。电气机械及器材制造业、零售业只获得30余分，环境信息披露最为不足的保险行业仅为20.0分。

2. 中央企业环境责任信息披露表现最优，国有金融企业最为缺乏

三类性质的国有企业100强追赶者中，中央企业环境信息披露最优，得分为52.2分；其次是

其他国有企业 48.0 分；国有金融企业环境信息披露最为缺乏，得分为 38.8 分，这与金融企业耗能排污少、环境影响力小，对环境责任的重视程度相对不足有关。

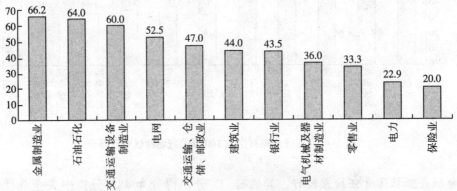

图 2-65   各行业国有企业 100 强追赶者环境责任指数得分

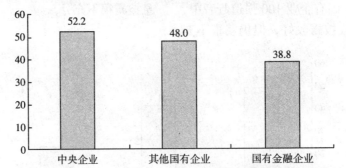

图 2-66   国有企业 100 强追赶者各性质企业环境责任指数得分

3. 环境管理信息披露最好，降污减排披露最为缺乏

国有企业 100 强追赶者的环境指数得分以及环境管理、节约资源能源、降污减排等三个二级指标的得分都高于国有企业 100 强的平均得分，且以环境管理和节约资源能源的差距较大。领先者的三个二级指标得分中，节约资源能源和环境管理得分相当，分别为 51.4 分和 51.1 分；降污减

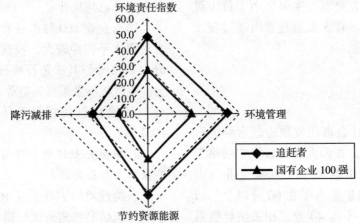

图 2-67   国有企业 100 强追赶者环境责任二级指标得分

排得分为 35.3 分，相关信息披露最为欠缺。

（二）环境管理

国有企业 100 强追赶者环境管理平均得分为 51.1 分，略低于节约资源能源得分，显著高于降污减排分值，8 家企业（占 42.1%）环境管理信息披露不低于 60 分，6 家企业（占 31.6%）得分在 40~60 分。但与领先者相比，追赶者的环境管理平均得分低 8.7 分，披露仍然不足。

1. 电气机械及器材制造业环境管理披露较好，保险业环境管理披露亟待改进

从国有企业 100 强追赶者所属的各行业情况看，环境管理得分在行业间差距较大，电气机械及器材制造业得分高达 80.0 分，相关信息披露较为完整；其次是交通运输设备制造业为 70.0 分。而金属制造等 4 个行业都在 40 余分，保险业更是低至 14.3 分，几乎未披露实质性的责任管理信息。

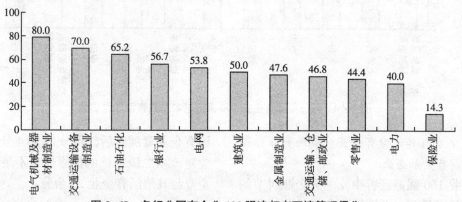

图 2-68　各行业国有企业 100 强追赶者环境管理得分

2. 其他国有企业环境管理披露优于中央企业和国有金融企业

按照企业性质划分，国有企业 100 强追赶者中，环境管理披露最好的是其他国有企业，得分为 59.0 分；中央企业其次，得分为 50.3 分；国有金融企业环境管理披露最为缺乏，分值为 48.2 分。

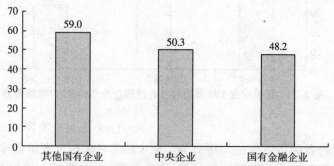

图 2-69　国有企业 100 强追赶者各性质企业环境管理得分

（三）节约资源能源

国有企业 100 强追赶者节约资源能源平均得分 51.4 分，在环境责任板块下所有二级指标中得分最高，但比国有企业 100 强领先者低 22.8 分，节约资源能源信息披露显著落后于领先者。7 家企业（占 36.8%）达到领先水平，得分高于 60

分；6 家企业（占 31.6%）得分在 40~60 分；在低于 40 分的企业中，有 1 家仅为 7.7 分，几乎没有披露任何节约资源能源信息。

1. 电气机械及器材制造业节约资源能源披露最优，银行业相对较差

从分行业的情况看，国有企业 100 强追赶者

中，节约资源能源披露最好的是电气机械及器材制造业，得分为80.0分，显著高于其他行业的披露水平；石油石化、零售业等4个行业得分在60~70分，披露也较好。而保险业、交通运输设备制造业和银行业的得分在30~40分，其中又以银行业分数最低，披露最差。

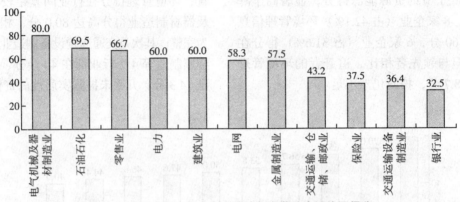

图 2-70　各行业国有企业100强追赶者节约资源能源得分

2. 中央企业与其他国有企业对节约资源能源的披露好于国有金融企业

国有企业100强追赶者中，中央企业对节约资源能源的披露最高，平均得分为58.5分；其他国有企业紧随其后，得分为55.4分；国有金融企业对该项二级指标的披露最为不足，落后于中央企业与其他国有企业20余分。

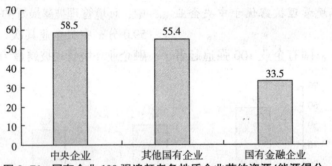

图 2-71　国有企业100强追赶者各性质企业节约资源/能源得分

（四）降污减排

国有企业100强追赶者降污减排平均得分为35.3分，显著低于环境管理和节约资源能源的得分，比国有企业100强领先者低11.8分。虽有5家企业（占26.3%）降污减排信息披露表现高于60分，但同时有6家企业（占31.6%）得分为0，追赶者对降污减排制度、措施和绩效的披露亟待加强。

1. 金属制造业降污减排得分最高，3个行业未披露任何降污减排实质信息

国有企业100强追赶者降污减排得分悬殊，得分最高的金属制造业高达87.7分，信息披露较为全面；交通运输设备制造业和交通运输、仓储、邮政业分别为71.4分和66.7分，披露情况也较好。而银行业和电气机械及器材制造业得分不足10分，保险业、电网和零售业均为0分。

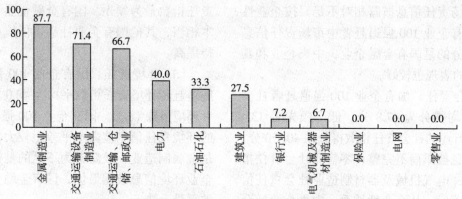

图 2-72 各行业国有企业 100 强追赶者降污减排得分

2. 其他国有企业与中央企业降污减排披露显著好于国有金融企业

国有企业 100 强追赶者中，其他国有企业和中央企业的降污减排信息披露显著好于国有金融企业。其他国有企业和中央企业的该项二级指标得分分别是 47.3 分和 45.5 分，相关信息披露仍较为欠缺；国有金融企业仅 5.7 分，几乎未披露任何实质性的降污减排信息。

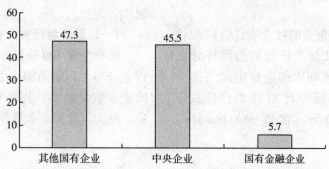

图 2-73 国有企业 100 强追赶者各性质企业降污减排得分

（五）调整项

12 家（占 63.2%）国有企业 100 强追赶者在环境责任方面获奖；同时，有 5 家企业（占 26.3%）发生了破坏环境的责任缺失事件，追赶者的环境管理仍需加强。

六、小结

（1）国有企业 100 强追赶者分布于 11 个行业，又以中央企业和北京地区企业所占比重最大。在责任管理、市场责任、社会责任与环境责任四大责任板块中，追赶者的得分均高于国有企业 100 强的平均分，市场责任指数的领先优势最为明显，而社会责任指数与国有企业 100 强平均水平的差距相对较小。追赶者的市场责任指数得分最高，责任管理指数最为落后。

（2）责任管理。国有企业 100 强追赶者责任管理指数为 45.7 分，显著低于领先者责任管理指数的 68.1 分。从行业来看，最为领先的行业是石油石化和电力行业，而电气机械及器材制造业责任管理最为落后。从企业性质来看，最为领先的是中央企业，其次是国有金融企业，其他国有企业责任管理相对落后。

（3）市场责任。国有企业 100 强追赶者市场责任指数平均得分为 63.5 分，与领先者水平相当。各行业的市场责任信息披露都较好，其中又以电网与交通运输、仓储、邮政业得分最高，电力行业的市场责任信息披露相对不足。按企业性质划分，国有企业100强追赶者中市场责任信息披露最为充分的是国有金融企业，中央企业和其他国有企业的表现也较好。

（4）社会责任。国有企业100强追赶者社会责任指数平均得分为47.8分，低于领先者13.4分。大部分行业的社会责任指数得分在40~50分，社会责任信息披露尚不完整；零售业社会责任指数得分最高，电气机械及器材制造业社会责任信息披露相对落后。从企业性质看，中央企业社会

责任指数最为领先，国有金融企业与中央企业基本相当，其他国有企业社会责任信息披露水平亟待提高。

（5）环境责任。国有企业100强社会责任发展追赶者环境责任指数平均为48.0分，低于领先者环境指数18分。国有企业100强追赶者各行业的环境责任信息披露水平差距较大，披露最好的是金属制造业，披露最为不足的是保险业。中央企业环境信息披露最优，国有金融企业环境信息披露最为缺乏。

第五节　起步者（31家）

一、概论

为了直观地反映出企业的社会责任管理现状和信息披露水平，将社会责任发展指数得分在20~40分（含20分）区间内的企业定义为起步者。我国国有企业100强中有31家的社会责任发展指数得分在20~40分（含20分）区间内，

其社会责任发展指数平均得分为28.8分，属于起步者。

（一）起步者行业分布广泛

国有企业100强起步者共涉及10个行业，在行业分布上以制造型企业居多，其中金属制造业的企业数量最多，共9家；其次是采矿业企业5家；电力行业的企业最少，只有1家。

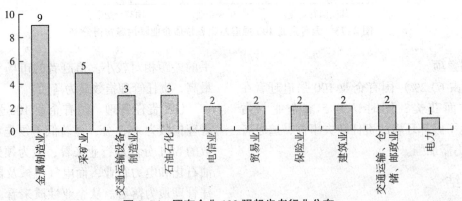

图2-74　国有企业100强起步者行业分布

（二）起步者以其他国有企业和中央企业为主

国有企业100强起步者的31家企业中，15家为其他国有企业，约占48.4%；14家为中央企业，约占45.2%；2家为国有金融企业，约占6.5%。

（三）起步者行业社会责任发展指数较平均

电信业社会责任发展指数（34.3分）相对最高，交通运输、仓储、邮政业社会责任发展指数（22.0分）相对最低；其中电信业、电力、采矿

业、贸易业、交通运输设备制造业和保险业 6 个行业社会责任发展指数均高于行业社会责任平均

发展指数（28.9 分），前 5 个行业甚至高于我国国有企业 100 强社会责任平均发展指数（30.6 分）。

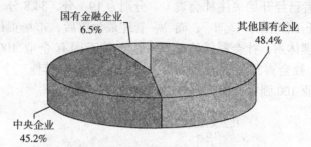

图 2-75　国有企业 100 强起步者企业性质构成

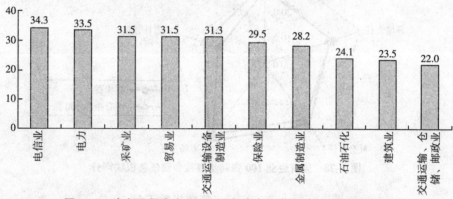

图 2-76　各行业国有企业 100 强起步者社会责任发展指数得分

（四）中央企业和国有金融企业社会责任发展指数较高

中央企业和国有金融企业对社会责任较关注，社会责任发展指数较高，均为 29.5 分；其他国有企业社会责任发展指数相对较低，为 28.1 分。另外，国有企业 100 强起步者的 31 家企业中，企业

社会责任发展指数最高为 38.5 分，最低为 20.0 分，其中 15 家企业社会责任发展指数高于国有企业 100 强起步者社会责任发展指数（28.8 分），占企业总数的 48.4%，12 家企业社会责任发展指数高于我国国有企业 100 强社会责任平均发展指数（30.6 分），占企业总数的 38.7%。

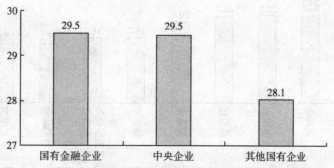

图 2-77　国有企业 100 强起步者不同性质企业社会责任发展指数

（五）起步者市场责任指数最高，责任管理相对落后

国有企业 100 强起步者已经开始关注社会责任信息披露，企业社会责任工作刚刚"起步"，尚未建立系统的社会责任管理体系，社会责任信息披露也较为零散、片面，社会责任发展指数为 28.8 分，低于我国国有企业 100 强社会责任平均发展指数（30.6 分）。国有企业 100 强起步者在责任管理、市场责任、社会责任和环境责任的得分分别为 19.1 分、34.8 分、27.9 分和 28.6 分，责任管理最为落后，市场责任披露较好。除环境责任得分高于国有企业 100 强平均环境责任指数（27.0 分）外，其他三个板块都低于国有企业 100 强平均得分。

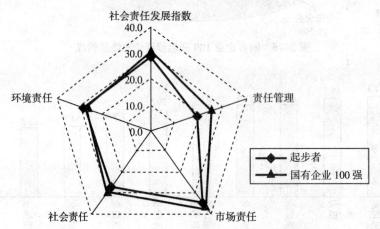

图 2-78　国有企业 100 强起步者社会责任各板块得分

二、责任管理

（一）概论

国有企业 100 强社会责任发展起步者责任管理指数平均为 19.1 分，在四大责任板块中居得分最低，且显著低于国有企业 100 强追赶者的责任管理指数（45.7 分）。17 家企业（占 54.8%）责任管理指数不足 20 分。

1. 半数行业责任管理信息披露不足

从总体上看，半数行业的责任管理信息披露低于起步者平均水平，信息披露严重不足；其余行业的责任管理信息披露也较为零散、片面；采矿业责任管理信息披露水平相对最好，高于国有企业 100 强责任管理信息披露平均水平。

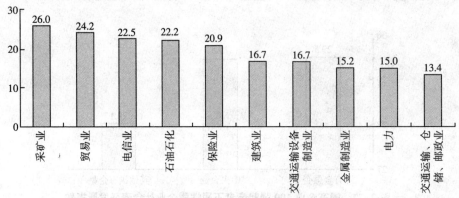

图 2-79　各行业国有企业 100 强起步者责任管理指数

2. 中央企业责任管理领先，其他国有企业责任管理相对落后

从企业性质看，国有企业 100 强起步者中责任管理最为领先的是中央企业，得分 23.1 分，其次是国有金融企业 20.9 分，其他国有企业责任管理相对落后，责任管理指数为 15.2 分。

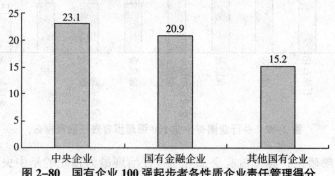

图 2-80　国有企业 100 强起步者各性质企业责任管理得分

3. 守法合规最受重视，责任推进工作尚未启动

分析结果显示，国有企业 100 强起步者在责任推进方面最为落后，平均得分仅为 2.5 分，远低于责任管理其他领域得分；守法合规信息的披露比较充分，平均得分达 49.5 分，超过了国有企业 100 强平均水平。责任治理和责任沟通也有待加强，得分分别为 19.9 分和 12.8 分。

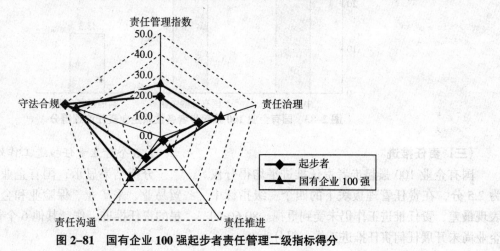

图 2-81　国有企业 100 强起步者责任管理二级指标得分

（二）责任治理

国有企业 100 强起步者已经开始关注责任治理，但相关工作仍然较为零散、片面，平均得分为 20.6 分。约 1/3 的企业责任治理得分高于 20分，其中 2 家企业责任治理信水平高于 40 分，1家企业责任治理水平高于 60 分；约 70% 的企业（21 家）责任治理达到起步水平，其中 7 家未披露任何责任治理信息。

1. 半数行业责任治理信息披露处于零星状态

分析结果显示，半数行业的责任治理信息披露低于国有企业 100 强起步者企业信息披露平均水平，信息披露处于零星状态。贸易业责任治理水平相对较高，电信业最为落后。

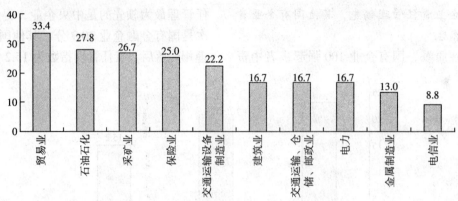

图 2-82　各行业国有企业 100 强起步者责任治理指数

2. 中央企业责任治理领先，其他国有企业责任治理仍需加强

从企业性质看，国有企业 100 强起步者中责任治理最为领先的是中央企业，得分 26.3 分，其次是国有金融企业 25.0 分，其他国有企业责任治理相对落后，责任治理指数为 13.3 分。

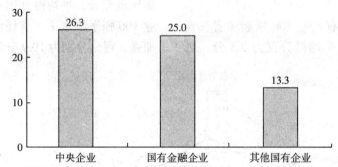

图 2-83　国有企业 100 强起步者各性质企业责任治理得分

（三）责任推进

国有企业 100 强起步者责任推进平均得分仅为 2.5 分，在责任管理板块下的四个三级指标中表现最差，责任推进工作仍未受到重视。80.6% 的企业尚未开展任何责任推进工作，得分为 0。

1. 6 个行业责任推进工作处于空白状态

分析结果显示，国有企业 100 强起步者只有贸易业、采矿业、保险业和金属制造业开展了零星的责任推进工作，其他 6 个行业尚未启动。

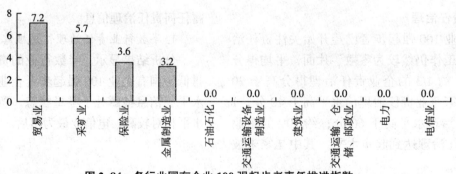

图 2-84　各行业国有企业 100 强起步者责任推进指数

2. 各性质企业责任推进表现都较差, 国有金融企业得分相对较高

无论中央企业、国有金融企业、其他国有企业, 责任推进得分都很低, 责任推进尚未起步。国有金融企业表现相对较好 (3.6 分), 优于其他国有企业 (2.9 分) 和中央企业 (2.0 分)。

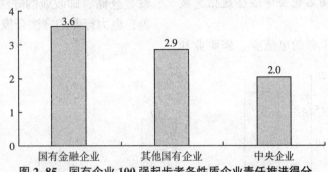

图 2-85　国有企业 100 强起步者各性质企业责任推进得分

(四) 责任沟通

国有企业 100 强起步者责任沟通平均得分仅为 13.2 分, 责任沟通信息披露不充分, 责任沟通工作仍未真正受到重视。仅有 3 家企业 (占 9.7%) 的责任沟通得分高于 40 分, 较为积极地开展责任沟通; 21 家企业 (占 67.8%) 得分在 20 分以下, 责任沟通未起步, 其中, 13 家企业 (占 41.9%) 未进行过任何责任沟通, 得分为 0。

1. 多数行业责任沟通信息披露处于零星状态

国有企业 100 强起步者只有电力和采矿业两个行业责任沟通得分高于 20 分, 其他行业得分均在 20 分以下, 责任沟通十分落后, 石油石化, 交通运输设备制造业, 建筑业和交通运输、仓储、邮政业四个行业不足 10 分。

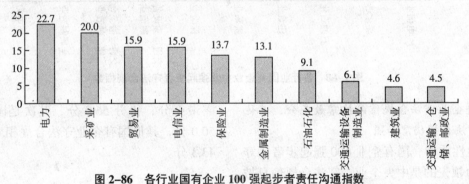

图 2-86　各行业国有企业 100 强起步者责任沟通指数

2. 中央企业责任沟通领先, 其他国有企业责任沟通仍需加强

从企业性质看, 无论中央企业、国有金融企业、其他国有企业, 责任沟通得分都很低, 责任沟通尚未起步。国有企业 100 强起步者中责任沟通最为领先的是中央企业, 得分 17.5 分, 其次是国有金融企业 13.7 分, 其他国有企业责任沟通相对落后, 责任沟通指数为 8.2 分。

(五) 守法合规

国有企业 100 强起步者守法合规信息披露较好, 在责任管理板块下的四个三级指标中得分最高, 平均为 49.5 分, 超过了国有企业 100 强平均水平。有 10 家企业 (占 32.3%) 守法合规得分高于 60 分, 信息披露充分, 其中, 3 家企业 (占 9.7%) 守法合规信息披露得分高达 83.3 分, 达到国有企业 100 强领先水平; 11 家企业 (占 35.5%)

守法合规信息披露得分在 40~60 分，达到追赶者水平；1 家企业未披露任何守法合规信息，得分为 0。

1. 电信、采矿、石油石化业守法合规信息披露领先

国有企业 100 强起步者的电信业、采矿业和

石油石化业三个行业守法合规受到充分重视，信息披露得分高于 60 分，处于领先水平；建筑业，贸易业，保险业，交通运输设备制造业和交通运输、仓储、邮政业的守法合规信息披露也较为完善；电力行业的守法合规信息披露较为零星。

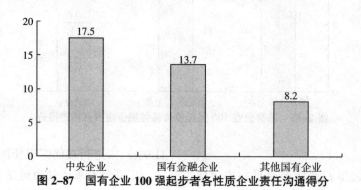

图 2-87　国有企业 100 强起步者各性质企业责任沟通得分

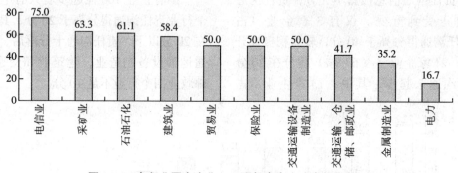

图 2-88　各行业国有企业 100 强起步者守法合规指数

2. 中央企业守法合规信息披露最充分，其他国有企业守法合规仍需加强

从企业性质看，国有企业 100 强起步者中守法合规最为领先的是中央企业，守法合规信息披

露最充分，得分 56.0 分，其次是国有金融企业 50.0 分，其他国有企业守法合规相对落后，得分 43.3 分。

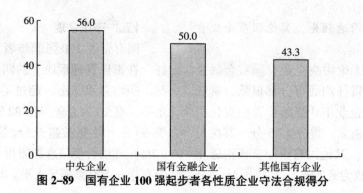

图 2-89　国有企业 100 强起步者各性质企业守法合规得分

（六）调整项

国有企业100强起步者中，仅有9家企业获得了责任管理荣誉，获奖率为29.0%，且这9家获奖企业中近半数为其他国有企业，约占44.4%。就行业来看，保险业和电力行业表现尤为突出，所有企业均获得了责任管理荣誉。责任缺失方面，仅有1家企业被报道守法合规方面的负面信息。中粮集团有限公司因中粮控股加入富时环境机会指数，获得了责任管理领先实践加分。

三、市场责任

（一）概论

国有企业100强起步者市场责任指数平均为34.8分，在四大责任板块中表现最优，但显著低于起步者市场责任指数（63.5分）。1家企业市场责任指数高于60分，信息披露达到领先水平；10家企业（占32.2%）市场责任指数得分在40~60分，信息披露较充分；18家企业（占58.1%）得分在20~40分，启动了市场责任信息披露工作；但仍有2家企业（占6.5%）市场信息披露表现低于20分。

1.所有行业市场责任披露工作已步入起步阶段

国有企业100强起步者绝大多数行业整体已具备了主动披露市场责任的主观意识，市场责任开始受到重视，九成行业平均得分高于20分，其中，电信业、贸易业、保险业和交通运输、仓储、邮政业四大行业平均得分高于40分（含40分）。

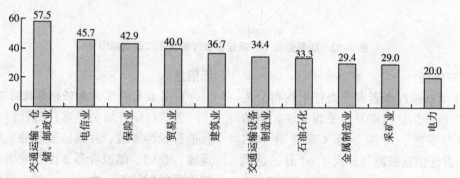

图2-90 各行业国有企业100强起步者市场责任指数

2.国有金融企业市场责任信息披露更优

从企业性质看，国有企业100强起步者中市场责任最为领先的是国有金融企业，市场责任信息披露最充分，得分42.9分，其次是中央企业40.1分，其他国有企业市场责任信息披露相对不足，得分28.7分。

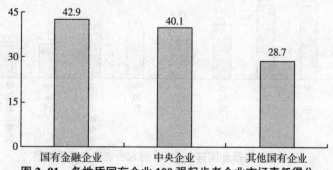

图2-91 各性质国有企业100强起步者企业市场责任得分

3. 股东责任信息披露最受重视，伙伴责任信息披露最不充分

国有企业 100 强起步者在客户责任、伙伴责任和股东责任方面的信息披露水平都与国有企业 100 强的平均水平较为接近。对股东责任信息披露最为重视，信息披露基本完善，平均得分达 48.1 分；其次是客户责任，平均得分为 32.9 分，信息披露较不充分；合作伙伴方面的责任信息披露水平最低，平均得分仅为 21.4 分。

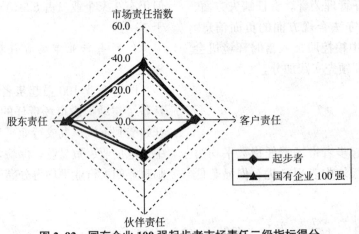

图 2-92　国有企业 100 强起步者市场责任二级指标得分

（二）客户责任

国有企业 100 强起步者客户责任平均得分为 32.9 分，客户责任信息披露开始受到关注，但信息披露仍较为零散、片面。有 4 家企业（占 12.9%）客户责任信息披露得分高于 60 分，达到领先水平；7 家企业（22.6%）得分在 40~60 分，信息披露较为充分；10 家企业（占 32.3%）客户信息披露得分在 20~40 分；另有 10 家企业（占 32.3%）不足 20 分，其中 4 家未披露任何客户责任信息。

1. 多数行业客户责任信息披露不足

多数行业开始关注客户责任信息披露，但信息披露较为零散、片面。贸易业、电信业和交通运输、仓储、邮政业等 3 个行业客户责任信息披露水平相对较好；电力行业的客户信息披露处于空白状态，这与电力行业的客户只限于国家电网和南方电网两家电网公司有关。

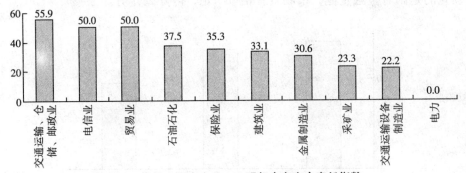

图 2-93　各行业国有企业 100 强起步者客户责任指数

2. 中央企业客户责任披露最充分，其他国有企业客户责任仍需加强

从企业性质看，国有企业 100 强起步者中，中央企业客户责任信息披露受到重视，平均得分 41.4 分，其次是国有金融企业 35.3 分。其他国有企业客户责任相对落后，客户责任指数仅为 24.6 分。

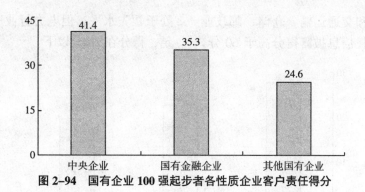

图 2-94　国有企业 100 强起步者各性质企业客户责任得分

（三）伙伴责任

国有企业 100 强起步者伙伴责任平均得分为 21.4 分，伙伴责任信息披露仍处于零散、片面状态。仅有 3 家企业（占 9.7%）伙伴责任信息披露得分高于 40 分，信息披露基本完善；11 家企业（35.5%）得分在 20~40 分，相关信息披露仍不充分；此外，有 16 家企业（占 51.6%）低于 20 分，处于旁观状态，其中 5 家未披露任何伙伴责任信息。

1. 电力行业伙伴责任信息披露较好，多数行业披露严重不足

国有企业 100 强起步者中，仅有电力行业伙伴责任信息披露得分最高，为 50 分；电信业，交通运输、仓储、邮政业，保险业，采矿业，建筑业等 5 个行业得分在 20~40 分，信息披露仍较为零散、片面；而交通运输设备制造业和贸易业不足 10 分，伙伴责任信息披露较差。

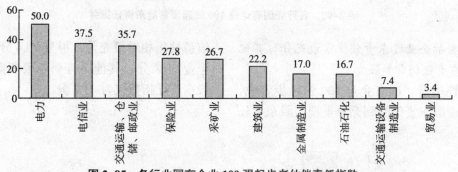

图 2-95　各行业国有企业 100 强起步者伙伴责任指数

2. 国有金融企业伙伴责任信息披露相对较好

国有企业 100 强起步者中伙伴责任最为领先的是国有金融企业，伙伴责任信息披露相对最充分，得分 27.8 分；其次是中央企业 22.4 分；其他国有企业伙伴责任信息披露还未启动，信息披露严重不足，得分 19.5 分。

（四）股东责任

国有企业 100 强起步者的股东责任信息披露较受重视，在市场责任板块下的三个二级指标中

表现最优，平均得分为 48.1 分。13 家企业（41.9%）股东责任信息披露充分，得分高于 60 分，其中，2 家企业高于 80 分，处于领先水平；8 家企业（占 25.8%）高于 40 分，但低于 60 分；7 家企业（占 22.6%）股东责任信息披露尚未起步，低于 20 分，且其中 2 家未披露任何股东责任信息。

1. 保险业股东责任信息披露领先，电力行业较为落后

国有企业 100 强起步者中，保险、交通运输

设备制造业、贸易业和交通运输、仓储、邮政业等四个行业的股东责任信息披露得分高于60分，

处于领先水平，但电力行业股东责任信息披露不足，得分在20分以下。

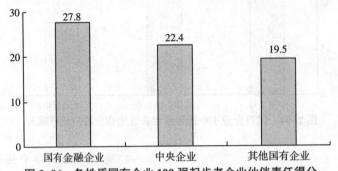

图2-96　各性质国有企业100强起步者企业伙伴责任得分

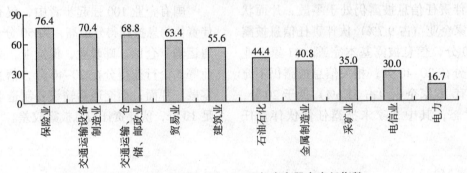

图2-97　各行业国有企业100强起步者股东责任指数

2. 国有金融企业股东责任披露最充分，其他国有企业股东责任仍需加强

从企业性质看，国有企业100强起步者中，国有金融企业股东责任受到充分重视，股东责任信息披露相对最充分，得分76.4分；其次是中央企业50.8分；其他国有企业股东责任相对落后，股东责任指数仅为41.8分。

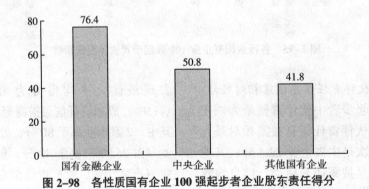

图2-98　各性质国有企业100强起步者企业股东责任得分

（五）调整项

国有企业100强起步者中，有24家企业获得市场责任荣誉，获奖率为77.4%，并且这24家获奖企业中半数为中央企业。就行业来看，所有行业均获得了市场责任荣誉，其中保险业、建筑业、电信业、交通运输设备制造业、交通运输、仓储、

邮政业和电力行业表现尤为突出。起步者中少数企业存在市场责任缺失，7 家企业被报道相关负面信息。

四、社会责任

(一) 概论

国有企业 100 强起步者社会责任指数平均为 27.9 分，低于市场责任指数和环境责任指数。9 家企业（占 29.0%）社会责任指数得分在 40~50 分，达到追赶水平；12 家企业（占 38.7%）得分在 20~40 分；仍有 10 家企业（占 32.3%）低于 20 分，对社会责任信息披露关注不足，信息披露处于零星状态。

1. 贸易、电力行业社会责任信息披露相对较好

国有企业 100 强起步者中，八成行业平均得分高于 20 分。其中，贸易和电力两大行业平均得分高于 40 分（含 40 分）；同时有 2 个行业平均得分低于 20 分，仅对社会责任信息进行了零星披露。

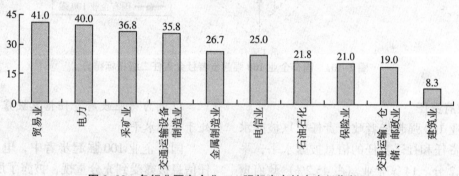

图 2-99　各行业国有企业 100 强起步者社会责任指数

2. 其他国有企业社会责任信息披露领先

从企业性质看，国有企业 100 强起步者中，社会责任最为领先的是其他国有企业，社会责任信息披露相对最充分，得分 29.5 分；其次是中央企业 27.3 分；国有金融企业社会责任相对最弱，社会责任信息披露开始受到关注，信息披露仍较为零散、片面，得分 21.0 分。

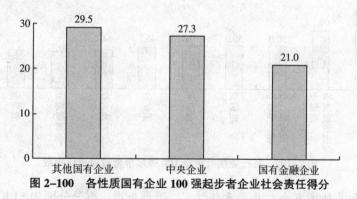

图 2-100　各性质国有企业 100 强起步者企业社会责任得分

3. 政府责任最受重视，员工责任信息披露最不充分

社会责任下包括政府责任、员工责任和社区责任三个二级指标，国有企业 100 强起步者的这些二级指标的表现与国有企业 100 强平均水平较为接近。政府责任信息披露最受重视，平均得分 46.2 分，高于国有企业 100 强政府责任平均得分；员工责任信息披露水平最低，平均得分仅为 22.9

分，但也高于 100 强员工责任平均分。社区责任信息披露也水平居中，平均得分 28.5 分，接近国有企业 100 强政府责任信息披露平均水平（28.8 分）。

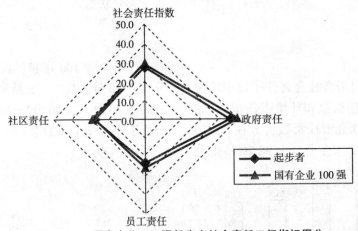

图 2-101　国有企业 100 强起步者社会责任二级指标得分

（二）政府责任

国有企业 100 强起步者政府责任信息披露水平高于员工责任和社区责任的信息披露水平，平均得分为 46.2 分。14 家企业（占 45.2%）政府责任得分高于 60 分，其中 4 家企业得到满分；1 家企业政府信息披露得分在 40~60 分，处于追赶水平；但仍有 6 家企业（19.4%）未对政府责任信息作任何披露。

1. 电力行业政府责任信息披露充分，建筑业处于旁观水平

国有企业 100 强起步者中，电力行业政府责任信息披露受到充分重视，披露了所有关键指标，得到满分；交通运输设备制造业其次，得分高于 60 分；仅建筑行业政府责任信息披露严重不足，得分在 20 分以下。

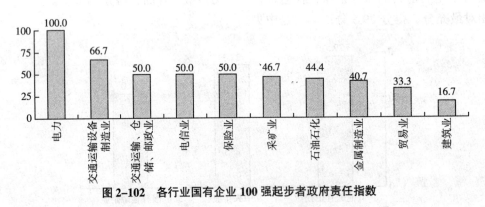

图 2-102　各行业国有企业 100 强起步者政府责任指数

2. 国有金融企业和其他国有企业政府责任信息披露相对充分

从企业性质看，国有企业 100 强起步者中，国有金融企业和其他国有企业政府责任信息披露受到重视，得分分别为 51.8 分和 50.0 分；中央企业政府责任相对落后，政府责任信息披露不足，仅为 39.7 分。

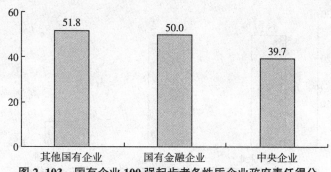

图 2-103　国有企业 100 强起步者各性质企业政府责任得分

（三）员工责任

国有企业 100 强起步者员工责任平均得分仅为 22.9 分，在社会责任板块下的三个二级指标中得分最低。有 6 家企业（占 19.4%）员工责任信息披露达到追赶者水平，得分高于 40 分；11 家企业（占 35.5%）开始关注员工责任披露，但相关信息披露仍不充分，得分在 20~40 分；近五成企业（14 家）对员工责任信息的披露处于旁观水

平，得分低于 20 分，且其中 2 家未披露任何员工责任信息。

1. 半数行业员工责任披露属旁观状态

国有企业 100 强起步者中，采矿业、交通运输设备制造业、电力、金属制造、贸易等五个行业的员工责任信息披露相对较好，但其余 5 个行业几乎未开始关注员工责任信息披露，得分低于 20 分。

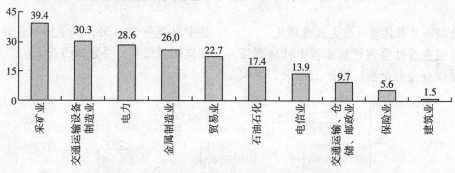

图 2-104　各行业国有企业 100 强起步者员工责任指数

2. 其他国有企业和中央企业员工责任信息披露开始受到关注

国有企业 100 强起步者中，其他国有企业和中央企业员工责任信息披露开始受到重视，政府责任信息披露工作已经启动，得分分别为 25.1 分和 23.1 分；国有金融企业政府责任相对落后，信息披露严重不足，员工责任指数仅为 5.6 分。

（四）社区责任

国有企业 100 强起步者社区责任平均得分为 28.5 分，在社会责任板块下的三个三级指标中表现居中。1 家企业社区责任信息披露处于领先水平，高于 60 分；7 家企业（占 22.6%）得分高于

40 分，但低于 60 分；15 家企业（占 48.45%）虽开始关注社区责任，但信息披露较为零散、片面，得分在 20~40 分；尚有 2 家企业未对社区责任相关信息进行任何披露。

1. 贸易业社区责任信息披露水平较高，建筑业处于旁观状态

国有企业 100 强起步者中，贸易业社区责任信息披露水平相对最好，为 50 分；大多数行业的社区责任信息披露开始起步，但信息披露仍然不足。建筑业对社区责任信息仅进行了零星的披露，社区责任披露工作尚未启动。

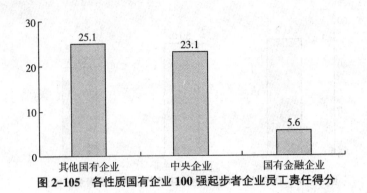

图 2-105　各性质国有企业 100 强起步者企业员工责任得分

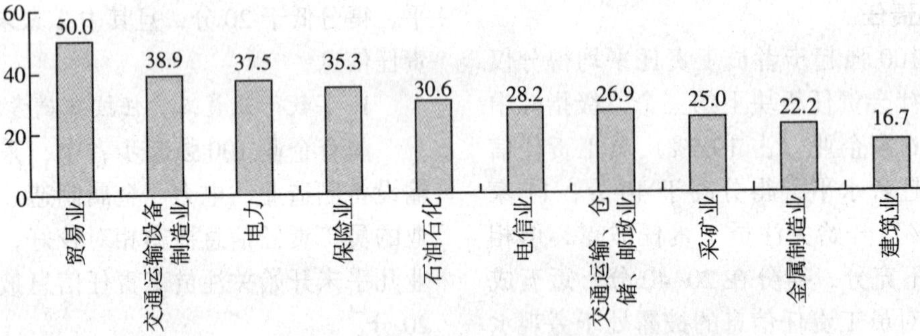

图 2-106　各行业国有企业 100 强起步者社区责任指数

2. 国有金融企业社区责任信息披露领先

国有 100 强企业社会责任起步者中社区责任最为领先的是国有金融企业，得分 35.3 分，其次是中央企业 29.3 分，其他国有企业社区责任信息披露相对最差，得分 26.9 分。

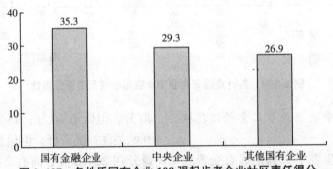

图 2-107　各性质国有企业 100 强起步者企业社区责任得分

（五）调整项

国有企业 100 强起步者中，有 24 家企业获得社会责任荣誉，获奖率为 77.4%，并且这 24 家获奖企业中半数为其他国有企业。从行业情况看，所有行业均获得了社会责任荣誉，其中保险业、建筑业、电信业、贸易业、交通运输、仓储、邮政业和电力行业表现尤为突出，这些行业的所有企业均获得了社会责任荣誉。少数企业社会责任存在严重缺失，有 5 家企业（占 16.1%）被报道相关负面信息。

五、环境责任

（一）概论

国有企业 100 强起步者环境责任指数平均为

28.6 分，高于国有企业 100 强环境指数平均得分。1 家企业环境责任指数高于 60 分，6 家企业（占 19.4%）达到追赶水平，17 家企业（占 54.8%）环境责任指数得分在 20~40 分，有 4 家未对环境责任信息作任何披露。

1. 多数行业环境责任披露工作已经启动

国有企业 100 强起步者绝大多数行业整体已具备了披露环境责任的意识，7 个行业平均得分高于 20 分，其中，建筑业和电力行业信息披露平均得分高于 40 分（含 40 分）。但仍有 3 个行业环境责任信息披露得分均低于 20 分，保险业未对环境责任信息作任何披露。

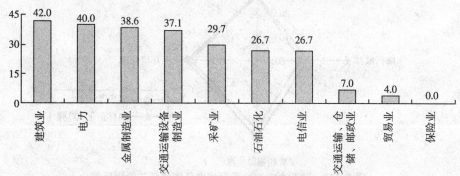

图 2-108　各行业国有企业 100 强起步者环境责任指数

2. 其他国有企业环境责任披露最好，国有金融企业环境责任最不受关注

国有企业 100 强起步者中，环境责任最为领先的是其他国有企业，得分 33.3 分；其次是中央企业 27.6 分；国有金融企业环境责任信息披露工作还未启动，未作任何披露。

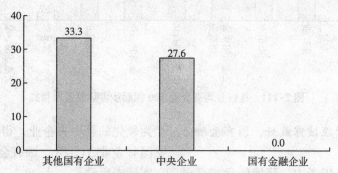

图 2-109　各性质国有企业 100 强起步者企业环境责任得分

3. 环境责任三大领域信息披露均高于平均水平

国有企业 100 强起步者开始注重环境责任信息披露，环境管理、节约资源能源和降污减排三个二级指标的得分均高于国有企业 100 强平均得分。从各二级指标的相对表现情况看，起步者节约资源能源信息披露较好，得分 32.9 分，其次是环境管理 30.2 分，降污减排披露最差，平均得分

为 21.9 分。

（二）环境管理

国有企业 100 强起步者环境管理平均得分为 30.2 分，高于国有企业 100 强平均得分。4 家企业环境管理信息披露得分高于 60 分；7 家企业（22.6%）环境管理信息披露达到追赶水平，得分在 40~60 分；14 家企业（占 45.2%）仅对环境管理信息进行了零星披露，得分在 20 分以下，其中

有 4 家企业为 0 分。

1. 电力行业环境管理披露领先，保险业无任何披露

国有企业 100 强起步者中，电力行业环境管理信息披露水平相对最好，得到 60 分；贸易，交通运输、仓储和邮政业以及保险业环境管理披露尚未启动，其中保险业未作任何披露。

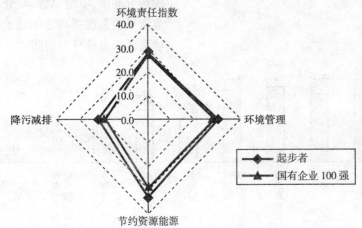

图 2-110　国有企业 100 强起步者环境责任二级指标得分

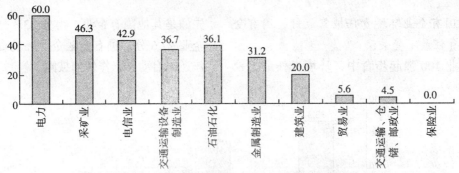

图 2-111　各行业国有企业 100 强起步者环境管理指数

2. 中央企业环境管理披露最好，国有金融企业环境管理最不受关注

国有企业 100 强起步者中，环境管理披露最为领先的是中央企业，得分 33.3 分，其次是其他国有企业 31.3 分，国有金融企业环境管理信息披露还未启动。

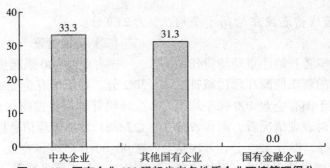

图 2-112　国有企业 100 强起步者各性质企业环境管理得分

（三）节约资源能源

国有企业 100 强起步者节约资源能源平均得分为 32.9 分，在环境责任板块下的三个二级指标中表现最优。6 家企业（占 19.4%）节约资源能源得分高于 60 分，其中 1 家高达为 80 分，位于国有企业 100 强领先水平；5 家企业（占 16.15%）得分在 40~60 分，处于追赶水平；11 家企业（占 35.5%）不足 20 分，其中有 4 家企业得分为 0。

1. 电力、建筑行业节约资源能源披露领先，三行业旁观

国有企业 100 强起步者中，电力和建筑业节约资源能源信息披露较充分，得分 60 分；交通运输设备制造业紧随其后，得分 51.5 分。贸易，交通运输、仓储、邮政业和保险业披露落后，不足 20 分。

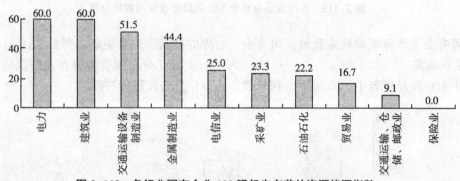

图 2-113　各行业国有企业 100 强起步者节约资源能源指数

2. 其他国有企业节约资源能源披露最好，国有金融企业节约资源能源最不受关注

国有企业 100 强起步者中，节约资源能源披露最为领先的是其他国有企业，得分 42.8 分，其次是中央企业 27.0 分，国有金融企业节约资源能源信息披露工作还未启动。

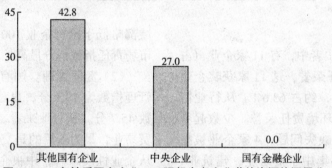

图 2-114　各性质国有企业 100 强起步者企业节约资源能源得分

（四）降污减排

国有企业 100 强起步者降污减排平均得分为 21.9 分，在环境责任板块下的三个二级指标中得分最低。2 家企业降污减排信息披露较充分，高于 60 分；7 家企业（占 22.6%）得分在 40~60 分，处于追赶水平；5 家企业（占 16.1%）信息披露仍较为零散，得分在 20~40 分；17 家企业（占 54.8%）降污减排信息披露尚未起步，不足 20 分，其中尚有 11 家得分为 0。

1. 6 个行业降污减排披露工作未受到关注

国有企业 100 强起步者中，建筑业信息披露水平相对最好，得分 45.0 分，其他行业都低于 40 分，保险业和贸易业未对降污减排信息进行任何披露。

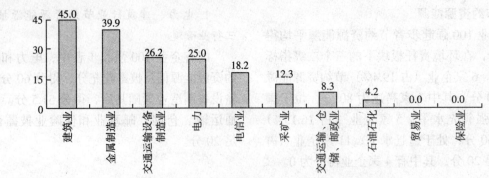

图2-115　各行业国有企业100强起步者降污减排指数

2. 其他国有企业降污减排披露最好，国有金融企业最不重视披露

国有企业100强起步者中，降污减排相对领先的是其他国有企业，得分26.0分；其次是中央企业20.7分；国有金融企业表现最差，对降污减排信息未作任何披露。

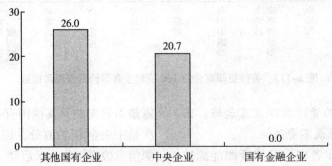

图2-116　各性质国有企业100强起步者企业降污减排得分

（五）调整项

国有企业100强起步者中，有11家企业（占35.5%）曾获得环境责任荣誉，这11家获奖企业中多数为其他国有企业，约占63.6%。从行业情况看，半数行业获得了环境责任荣誉。少数起步者企业出现过环境责任缺失问题，4家企业被报道相关负面信息，主要集中于贸易业、建筑业、石油石化和金属制造业。

六、小结

（1）国有企业100强起步者的31家企业分布于10个行业，又以其他国有企业和北京地区企业所占比重最大。在责任管理、市场责任、社会责任和环境责任四大领域中，只有环境责任领域的得分高于国有企业100强平均水平，其余三个领域都略低于国有企业100强平均水平。起步者的市场责任指数得分最高，责任管理指数最为落后。

（2）责任管理。国有企业100强起步者责任管理指数为19.1分，显著低于追赶者责任管理指数45.7分。从行业来看，最为领先的是采矿业和贸易业，最为落后的是交通运输、仓储、邮政业；从企业性质来看，中央企业表现较好，其他国有企业相对落后。

（3）市场责任。国有企业100强起步者市场责任指数为34.8分，显著低于追赶者市场责任指数63.5分。从行业来看，市场责任已经受到所有行业的关注，信息披露工作已经启动，最为领先的是交通运输、仓储、邮政业，最为落后的是电力行业；从企业性质来看，最为领先的是国有金融企业，其次是中央企业，其他国有企业相对落后。

（4）社会责任。国有企业100强起步者社会责任指数为27.9分，显著低于追赶者社会责任指数47.8分。从行业来看，最为领先的是贸易业和电力行业，最为落后的是建筑业；从企业性质来看，最为领先的是其他国有企业，其次是中央企业，国有金融企业相对落后。

（5）环境责任。国有企业100强起步者环境责任指数为28.6分，显著低于追赶者环境责任指数48.0分。从行业来看，最为领先的是建筑业和电力行业，而保险业环境责任完全还未受到关注，未对相关信息作任何披露；从企业性质来看，最为领先的是其他国有企业，其次是中央企业，而国有金融企业最为落后，尚未对环境责任信息做任何披露。

第六节　旁观者（38家）

一、概论

为了直观地反映出企业的社会责任管理现状和信息披露水平，将社会责任发展指数得分低于20分的企业定义为旁观者。我国国有企业100强中有38家的社会责任发展指数得分低于20分，社会责任发展指数仅为9.1分，属于起步者。

（一）旁观者行业分布广泛

国有企业100强旁观者共有38家企业，在行业分布上以制造型企业居多，其中金属制造业企业最多，为9家，农业、食品、银行、零售业等行业仅各有1家。

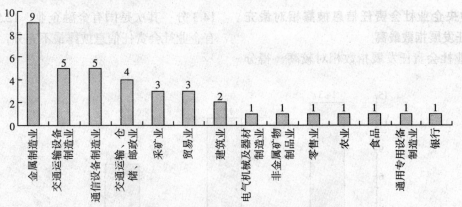

图2-117　国有企业100强旁观者行业分布

（二）旁观者以其他国有企业为主

国有企业100强旁观者的38家企业中，以其他国有企业为主，28家为其他国有企业，约占76.3%；8家为中央企业，约占21.1%；1家为国有金融企业，约占2.6%。

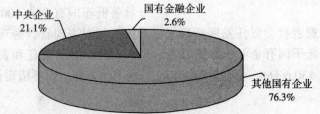

图2-118　国有企业100强旁观者企业性质构成

（三）旁观者零售业社会责任发展指数最高

国有企业 100 强旁观者共涉及 14 个行业，零售业社会责任发展指数（18.5 分）相对最高，电气机械及器材制造业、非金属矿物制品业和农业

社会责任发展指数最低，均为 0 分。零售业、通用专用设备制造业、贸易业、食品、建筑业等 8 个行业社会责任发展指数均高于旁观者社会责任发展指数平均得分（9.8 分）。

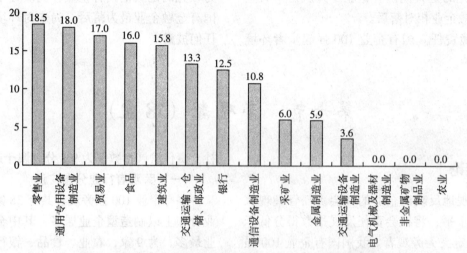

图 2-119　各行业国有企业 100 强旁观者社会责任发展指数

（四）中央企业社会责任信息披露相对最充分，社会责任发展指数最高

中央企业社会责任发展指数相对较高，得分 14.3 分；其次是国有金融企业，12.5 分；其他国有企业社会责任信息披露最不充分，仅 7.5 分。

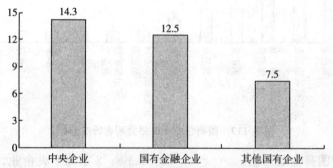

图 2-120　国有企业 100 强旁观者不同性质企业社会责任发展指数

（五）旁观者市场责任指数最高，环境责任指数相对较低

国有企业 100 强旁观者社会责任发展指数平均得分仅为 9.1 分，远低于国有企业 100 强社会责任发展指数平均得分（30.6 分），责任管理、市场责任、社会责任和环境责任四大责任板块也都显著低于国有企业 100 强的平均水平。从四大板块的相对表现看，旁观者市场责任得分最高，为 16.6 分，社会责任和责任管理其次，分别为 10.8 分和 6.7 分；而环境责任最低，仅得到 3 分。

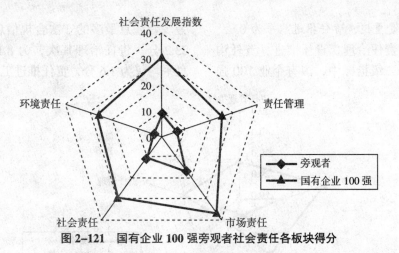

图 2-121　国有企业 100 强旁观者社会责任各板块得分

二、责任管理

（一）概论

国有企业 100 强旁观者责任管理指数平均为 6.7 分，仅 1 家企业（占 2.6%）启动了责任管理工作，得分为 20 分；其余 37 家企业（占 97.4%）责任管理工作仍尚未起步，其中 14 家企业得分为 0。

1. 所有行业责任管理都未启动

所有行业的责任管理工作都未开始受到关注，零售业和贸易业责任管理指数相对较高，电气机械及器材制造业、非金属矿物制品业和农业责任管理尚属空白。

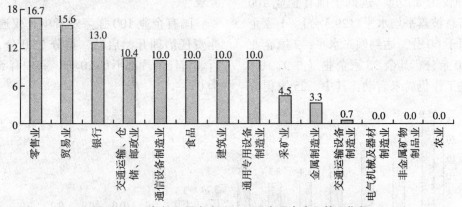

图 2-122　各行业国有企业 100 强旁观者责任管理指数

2. 国有金融企业责任管理相对较好

国有企业 100 强旁观者中责任管理稍好的是国有金融企业，得分 13.0 分，其次是中央企业 11.5 分，其他国有企业仅为 5.2 分。

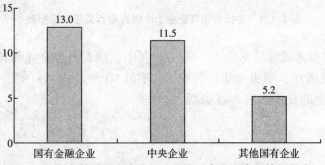

图 2-123　各性质国有企业 100 强旁观者企业责任管理得分

3. 守法合规最受重视，责任推进几乎为 0

责任管理下的责任治理、责任推进、责任沟通和守法合规四个二级指标中，国有企业 100 强旁观者注意最多的守法合规信息披露，平均得分23.2 分；责任治理其次，为 8.1 分；责任沟通信息平均仅为 1.6 分，责任推进工作处于空白。

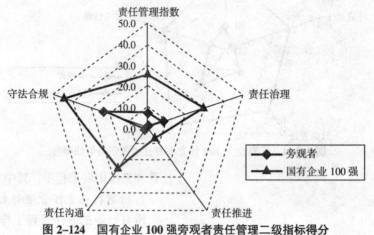

图 2-124   国有企业 100 强旁观者责任管理二级指标得分

（二）责任治理

国有企业 100 强旁观者责任治理工作尚未启动，平均得分仅为 8.1 分，远低于国有企业 100强责任治理信息披露平均水平（29.3 分）。1 家企业责任治理高于 60 分，达到领先水平，2 家企业责任治理在 30 余分；其余 35 家企业（占 92.1%）责任治理推进工作仍尚未启动，其中，25 家得分为 0。

1. 通信设备制造业责任治理起步，其他行业旁观

国有企业 100 强旁观者中，仅通信设备制造业责任治理开始启动，得分 25.0 分，其余 13 个行业责任治理都不足 20 分，其中有 5 个行业得分为 0。

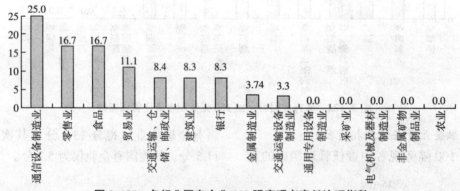

图 2-125   各行业国有企业 100 强旁观者责任治理指数

2. 中央企业责任治理信息披露领先

国有企业 100 强旁观者中，中央企业、国有金融企业和其他国有企业的责任治理都在旁观，

其中，国有金融企业和其他国有企业责任治理都不足 10 分。

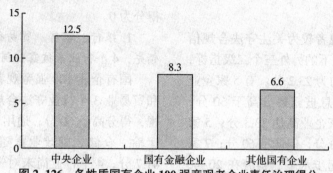

图 2-126 各性质国有企业 100 强旁观者企业责任治理得分

(三) 责任推进

国有企业 100 强旁观者责任推进工作处于空白，所有行业、所有性质企业的责任推进都为 0 分。

(四) 责任沟通

国有企业 100 强旁观者责任沟通平均得分仅为 1.6 分，几乎未开展任何沟通活动。仅有 1 家企业启动了责任沟通的建设工作，得分超过 20 分；33 家企业（占 86.8%）得分为 0。

1. 10 个行业责任沟通得分为 0

国有企业 100 强旁观者所有行业责任沟通表现都不足 10 分，其中 10 个行业未开展任何责任沟通工作。

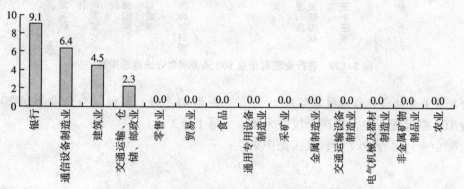

图 2-127 各行业国有企业 100 强旁观者责任推进指数

2. 各性质国有企业社会沟通工作都未启动

国有企业 100 强旁观者的责任沟通都还未受到关注，责任沟通稍显领先的是国有金融企业，得分 9.1 分，中央企业和其他国有企业更为落后，分别为 2.3 分和 1.1 分。

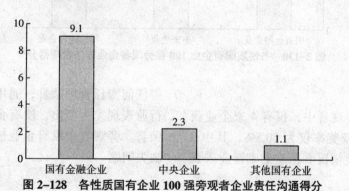

图 2-128 各性质国有企业 100 强旁观者企业责任沟通得分

（五）守法合规

国有企业100强旁观者较为关注守法合规信息披露，但较之责任管理下的另外三个二级指标，守法合规得分最高，平均为23.2分。有5家企业（占13.2%）守法合规信息披露得分高于60分，处于领先水平，其中1家企业高达83.3分；5家企业（占13.2%）高于40分，但低于60分；7家企业（占18.4%）处于起步水平，得分在20~40分；21家企业（占55.3%）旁观，且其中的18家

得分为0。

1. 银行、零售、贸易行业守法合规信息披露领先，4个行业未披露任何信息

国有企业100强旁观者中，银行业、零售业和贸易业3个行业守法合规信息披露受到充分重视，得分高于60分；通用专用设备制造业和交通运输、仓储、邮政业紧随其后，分别为50.0和41.7分；4个行业尚未对守法合规信息进行任何披露。

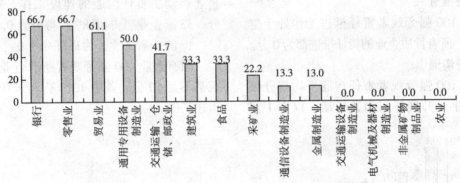

图2-129　各行业国有企业100强旁观者守法合规指数

2. 国有金融企业守法合规信息披露领先

国有企业100强旁观者中，守法合规最为领先的是国有金融企业，得分66.7分；其次是中央

企业41.7分；其他国有企业不足20分，信息披露十分欠缺。

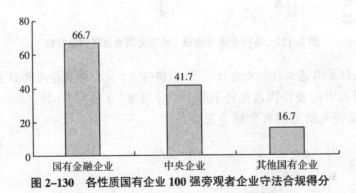

图2-130　各性质国有企业100强旁观者企业守法合规得分

（六）调整项

国有企业100强旁观者中，仅有4家企业获得了责任管理荣誉，获奖率仅为10.5%，其中2家为中央企业。从行业情况看，逾七成行业未获

得任何责任管理荣誉；通用专用设备制造业和银行业表现尤为突出，所有企业均获得了责任管理荣誉。旁观者中没有企业被报道责任管理的严重缺失问题。

三、市场责任

（一）概论

国有企业 100 强旁观者市场责任指数平均为 16.6 分，在四大板块中得分最高。6 家企业（占 15.8%）启动了市场责任信息披露工作，得分超过 20 分；其余 32 家企业（占 84.2%）信息披露处于旁观状态，其中 8 家企业未披露任何市场责任信息。

1. 建筑业市场责任信息披露较好，多数行业处于旁观状态

国有企业 100 强旁观者中，仅建筑业对市场责任信息披露较为重视，达到 48.3 分；食品，通用专用设备制造业，交通运输、仓储、邮政业，贸易业等 4 个行业得分在 20~30 分，处于起步水平；3 个行业市场责任信息披露尚属空白。

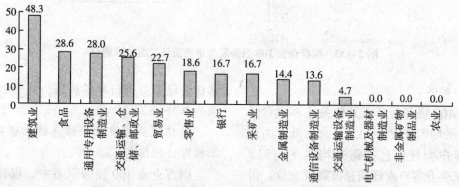

图 2-131 各行业国有企业 100 强旁观者市场责任指数

2. 中央企业市场责任披露稍好

国有企业 100 强旁观者中，中央企业市场责任信息披露相对充分，得分 25.7 分。国有金融企业和其他国有企业市场责任信息披露严重不足，市场责任指数仅为 16.7 分和 14.1 分。

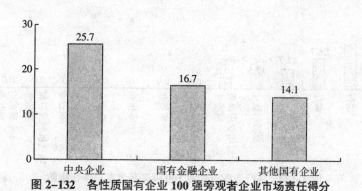

图 2-132 各性质国有企业 100 强旁观者企业市场责任得分

3. 股东责任最受重视，客户责任信息披露水平最低

在客户责任、伙伴责任和股东责任三个二级指标中，国有企业 100 强旁观者的表现都显著差于国有企业 100 强的平均水平。股东责任信息披露表现最好，为 27.2 分；客户责任和伙伴责任信息披露水平低，分别为 11.1 分和 12.1 分。

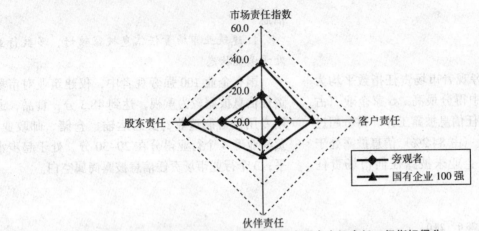

图2-133　国有企业100强旁观者市场责任二级指标得分

（二）客户责任

国有企业100强旁观者未开始关注客户责任信息的披露，平均得分仅为11.1分，远低于国有企业100强客户责任信息披露平均水平（33.8分）。仅有1家企业客户责任信息披露较充分，得分高于60分；另有1家企业处于追赶水平；13家企业（占34.2%）得分在20~40分，客户责任信息披露刚刚起步；23家企业（占60.5%）仅对

客户责任信息进行零星披露，低于20分，其中9家为0分。

1. 建筑业客户责任信息披露领先，7个行业未披露任何信息

国有企业100强旁观者中，仅建筑业客户责任受到充分重视，得分62.5分；食品和银行业客户责任信息披露处于起步水平；7个行业未对客户责任信息进行任何披露。

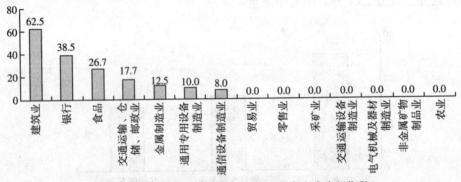

图2-134　各行业国有企业100强旁观者客户责任指数

2. 国有金融企业客户责任信息披露相对较好

从企业性质看，国有企业100强旁观者中，客户责任信息披露最为领先的是国有金融企业，平均得分38.5分。中央企业和其他国有企业客户责任仍未开始受到关注，信息披露严重不足，分别为17.9分和8.3分。

（三）伙伴责任

国有企业100强旁观者伙伴责任平均得分仅为12.1分，远低于国有企业100强客户责任信息披露平均水平（22.6分）。仅有3家企业（占7.9%）信息披露较为充分，得分在40~60分。29家企业（76.3%）伙伴责任信息披露尚未起步，得分不足20分，其中19家为0分。

1. 银行业伙伴责任披露较充分，多数行业旁观

国有企业100强旁观者中，仅银行业信息披露基本完善，达到50.0分；建筑业，通用专用设备制造业和交通运输、仓储、邮政业启动了伙伴责任信息披露机制的建设工作，得分超过30分；其余10个行业伙伴责任信息披露严重不足，其中4个行业未披露任何信息。

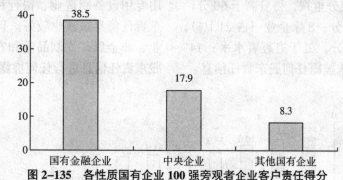

图2-135 各性质国有企业100强旁观者企业客户责任得分

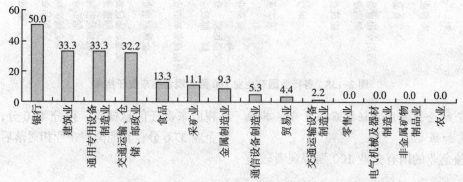

图2-136 各行业国有企业100强旁观者伙伴责任指数

2. 国有金融企业伙伴责任信息披露领先

国有企业100强旁观者中，伙伴责任最为领先的是国有金融企业，信息披露基本完善，得分50.0分；其次是中央企业25.1分；其他国有企业伙伴责任信息披露工作处于旁观状态，仅为7.2分。

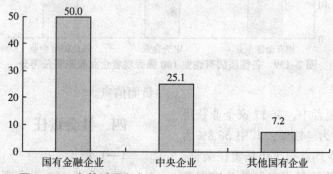

图2-137 各性质国有企业100强旁观者企业伙伴责任得分

（四）股东责任

国有企业 100 强旁观者股东责任信息披露整体已经启动，平均得分为 27.2 分，较之客户责任和伙伴责任披露最为充分。有 7 家企业（占 18.4%）股东责任受到充分重视，得分高于 60 分，其中 1 家企业高达 83.3 分；8 家企业（占 21.1%）超过 40 分，但低于 60 分，处于追赶者水平；14 家企业（占 36.8%）并未披露任何股东责任信息。

1. 零售、食品业股东责任信息披露领先，3 个行业未披露任何信息

国有企业 100 强旁观者的零售和食品业股东责任信息披露充分，分别为 61.9 分和 60.0 分；通用专用设备制造业、银行和建筑业等 3 个行业股东责任信息披露也较好。但电气机械及器材制造业、非金属矿物制品业和农业等 3 个行业尚未对股东责任信息进行任何披露。

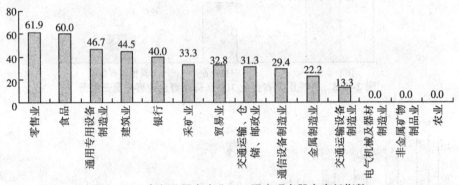

图 2-138　各行业国有企业 100 强旁观者股东责任指数

2. 国有金融企业股东责任披露较充分，其他国有企业仍需加强

国有金融企业的国有企业 100 强旁观者较重视股东责任信息披露，得分 40.0 分；其次是中央企业 37.6 分；其他国有企业相对落后，为 23.9 分。

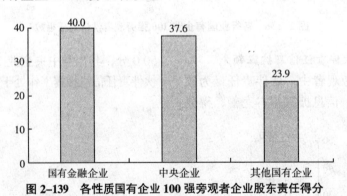

图 2-139　各性质国有企业 100 强旁观者企业股东责任得分

（五）调整项

国有企业 100 强旁观者中，有 17 家企业获得市场责任荣誉，获奖率为 44.7%，其中 58.8% 为其他国有企业。多数行业均获得了市场责任荣誉，其中银行、建筑业和通用运输设备制造业表现尤为突出，行业的所有企业均获得了市场责任荣誉。有 4 家企业被权威媒体或政府部门报道市场责任负面信息。

四、社会责任

（一）概论

国有企业 100 强旁观者社会责任指数平均为 10.8 分，在四大责任板块中居第二位。6 家企业（占 15.8%）启动了社会责任信息工作，超过 20

分；其余 32 家企业（占 84.2%）社会责任推进工作尚未起步，其中 8 家企业未披露任何社会责任信息。

1. 多数行业社会责任披露处于旁观状态

零售业、通用专用设备制造业、银行和食品业等 4 个行业开始关注社会责任信息披露，得分在 20~30 分，其余 10 个都处于旁观状态，其中 3 个行业得分为 0。

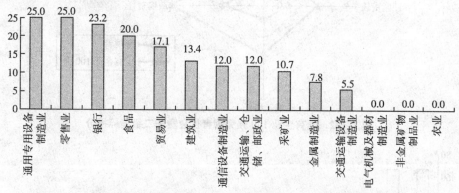

图 2-140 各行业国有企业 100 强旁观者社会责任指数

2. 国有金融企业社会责任信息披露相对较好

国有企业 100 强旁观者中，国有金融企业社会责任信息披露相对最充分，为 23.2 分，其他国有企业社会责任信息披露严重不足，不足 10 分。

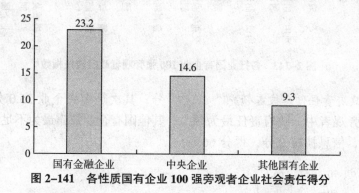

图 2-141 各性质国有企业 100 强旁观者企业社会责任得分

3. 政府责任披露较受重视，员工责任信息披露水平最低

国有企业 100 强旁观者对政府责任信息披露最为重视，平均得分 22.2 分，接近国有企业 100 强政府责任信息披露平均水平（28.8 分）；社区责任信息披露平均得分为 13.3 分，披露十分缺乏；员工责任信息披露水平最低，仅为 7.1 分。

（二）政府责任

国有企业 100 强旁观者的政府责任信息披露工作整体已经启动，平均得分为 22.2 分，显著高于员工责任和社区责任的信息披露得分。6 家企业（占 15.8%）政府责任信息披露高于 60 分，处于领先水平；1 家企业高于 40 分，但低于 60 分；19 家企业（占 50.0%）政府责任信息披露尚未起步。

1. 零售和银行业政府责任信息披露领先，4 个行业得分为 0

国有企业 100 强旁观者中，银行和零售业政府责任信息披露充分，得分高于 60 分；7 个行业的政府责任得分低于 20 分，其中 4 个行业尚未对政府责任信息进行任何披露。

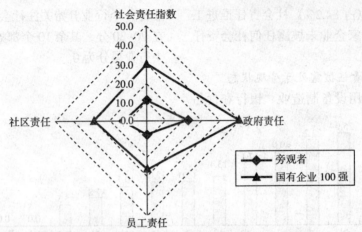

图 2-142　国有企业 100 强旁观者社会责任二级指标得分

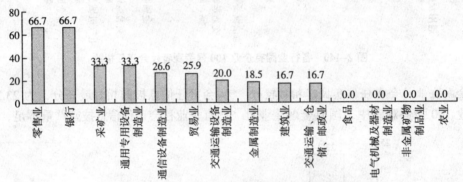

图 2-143　各行业国有企业 100 强旁观者政府责任指数

2. 国有金融企业政府责任信息披露领先

国有企业 100 强旁观者中，政府责任最为领先的是国有金融企业，信息披露充分，得分 66.7 分；其次是中央企业 25.0 分，达到起步者水平；其他国有企业披露最为不足，得分 19.9 分。

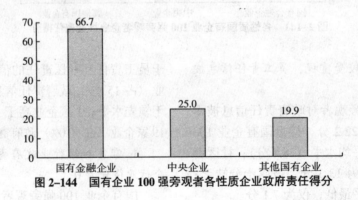

图 2-144　国有企业 100 强旁观者各性质企业政府责任得分

（三）员工责任

国有企业 100 强旁观者员工责任平均得分仅为 7.1 分，远低于国有企业 100 强员工责任信息披露平均水平（25.9 分）。36 家企业（占 94.7%）员工责任信息披露严重缺乏，低于 20 分，其中 16 家未披露任何员工责任信息。

1. 所有行业员工责任信息披露处于旁观状态

国有企业100强旁观者中，所有行业员工责任推进工作尚未起步，3个行业未披露任何员工责任信息。

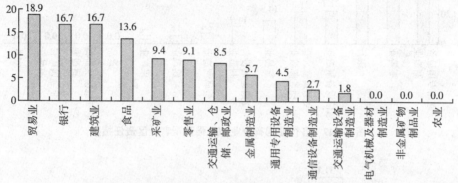

图2-145 各行业国有企业100强旁观者员工责任指数

2. 国有金融企业员工责任得分相对较高

各性质国有100强企业的员工责任信息披露都还未受到关注。国有金融企业员工责任信息披露相对充分，得分16.7分，中央企业和其他国有企业的员工责任信息披露严重不足，分别为8.4分和6.4分。

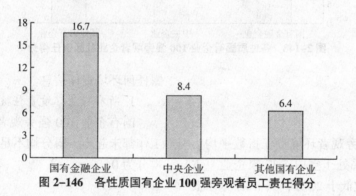

图2-146 各性质国有企业100强旁观者员工责任得分

（四）社区责任

国有企业100强旁观者社区责任平均得分为13.3分，远低于国有企业100强社区责任信息披露平均水平（28.8分）。仅2家企业社区责任信息披露基本完善，得分在40~60分；29家企业（占76.3%）社区责任信息披露不足20分，其中有14家为0分。

1. 通用专用设备制造业社区责任披露较好，多数行业尚未启动

国有企业100强旁观者中通用专用设备制造业社区责任信息披露水平相对最好，得分58.3分；9个行业社区责任信息披露尚未起步，其中4个行业未披露任何信息。

2. 国有金融企业社区责任信息披露较好

国有企业100强旁观者中，国有金融企业社区责任信息披露相对最充分，得分31.1分。其他国有企业社区责任信息披露还未启动，得分9.8分。

（五）调整项

国有企业100强旁观者中，17家企业获得社会责任荣誉，获奖率为44.7%，并且这17家获奖企业中64.7%为其他国有企业。从行业来看，11个行业获得了社会责任荣誉。有6家（占15.8%）企业被权威媒体或政府部门网站报道社会责任缺失问题。

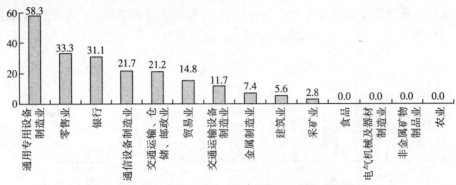

图 2-147　各行业国有企业 100 强旁观者社区责任指数

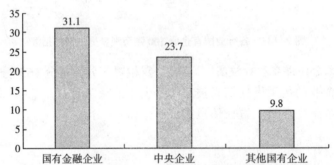

图 2-148　各性质国有企业 100 强旁观者企业社区责任得分

五、环境责任

（一）概论

国有企业 100 强旁观者环境责任指数平均为 3.0 分，信息披露几乎处于空白。37 家企业（占 97.4%）环境责任指数低于 20 分，其中 25 家未披露任何环境责任信息。

1. 所有行业环境责任披露处于旁观状态

国有企业 100 强旁观者的环境责任信息披露工作都未起步，得分均不足 10 分，其中 7 个行业得分为 0。

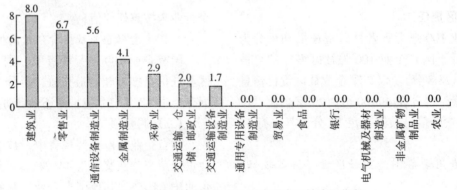

图 2-149　各行业国有企业 100 强旁观者环境责任指数

2. 各性质国有企业环境责任信息披露均严重不足

无论中央企业、国有金融企业或其他国有企业，环境责任信息披露几乎未开展。环境指数得分最高的中央企业仅为3.8分。

3. 降污减排信息披露处于空白

国有企业100强旁观者在环境管理信息的披露上得分最高，但也仅为7.3分；降污减排信息披露水平最低，平均得分仅为1.2分；节约资源/能源信息披露也很不充分，平均得分仅为3.4分。

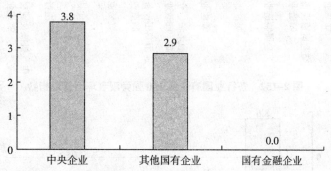

图 2-150　各性质国有企业100强旁观者企业环境责任得分

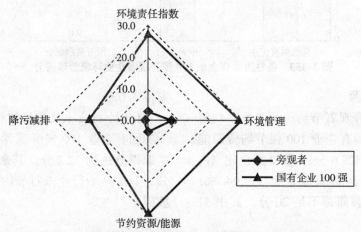

图 2-151　国有企业100强旁观者环境责任二级指标得分

（二）环境管理

国有企业100强旁观者环境管理平均得分仅为7.3分，远低于国有企业100强环境管理信息披露平均水平（28.8分）。有2家企业环境管理信息披露充分，得分高于60分；32家企业（占84.3%）未启动环境管理信息披露，得分不足20分，其中30家企业得分为0。

1. 通信设备制造业环境管理披露较好，其他行业环处于旁观状态

国有企业100强旁观者仅通信设备制造业较

注重环境管理信息披露，得分32分；其余13个行业对环境管理信息披露严重不足，其中9个行业未进行任何披露。

2. 各性质国有企业责任管理信息披露严重不足

无论中央企业、国有金融企业或其他国有企业，环境管理信息披露都还未受到关注，即使得分最高的其他国有企业，也只有8.6分。国有金融企业对环境管理信息未作任何披露。

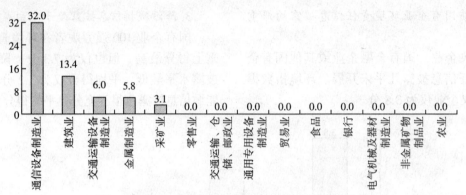

图 2-152　各行业国有企业 100 强旁观者环境管理指数

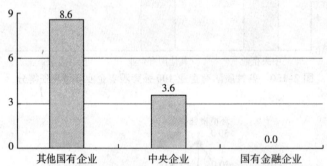

图 2-153　各性质国有企业 100 强旁观者企业环境管理得分

（三）节约资源能源

国有企业 100 强旁观者节约资源能源平均得分为 3.4 分，远低于国有企业 100 强节约资源能源信息披露平均水平（29.6 分）。仅 2 家企业（占 5.3%）得到 20 余分，其他 36 家企业（占 94.7%）对节约资源能源信息披露都不足 20 分，其中 31 家得到 0 分。

1. 9 个行业未披露任何节约资源能源信息

国有企业 100 强旁观者仅零售业的节约资源能源得分达到 22.2 分，其余 13 个行业都不足 10 分，其中 9 个行业未对节约资源能源信息作任何披露。

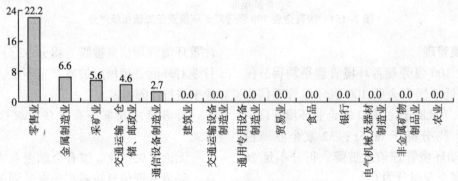

图 2-154　各行业国有企业 100 强旁观者节约资源/能源指数

2. 各性质国有企业均不关注节约资源能源信息披露

中央企业和其他国有企业的节约资源能源信息披露都不足 10 分，国有金融企业对节约资源能源信息未作任何披露。

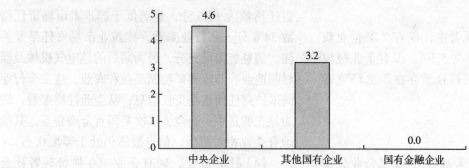

图 2-155　各性质国有企业 100 强旁观者企业节约资源 / 能源得分

（四）降污减排

国有企业 100 强旁观者降污减排平均得分为 1.2 分，相关信息信息披露几乎处于空白。37 家企业（97.4%）降污减排信息披露不足 20 分，其中有 34 家企业得分为 0。

1. 所有行业的降污减排信息披露几乎都未开展

国有企业 100 强旁观者所有行业降污减排信息披露尚未开展，10 个行业并未披露任何相关信息。

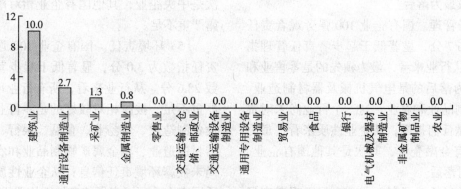

图 2-156　各行业国有企业 100 强旁观者降污减排指数

2. 所有性质企业的降污减排信息披露几乎都未开展

中央企业降污减排信息披露得分仅 2.5 分，

国有金融企业未作任何披露。

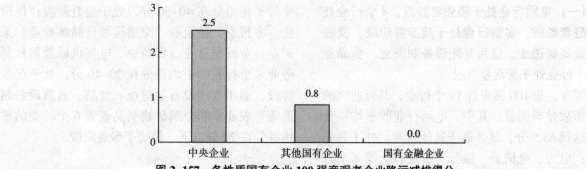

图 2-157　各性质国有企业 100 强旁观者企业降污减排得分

（五）调整项

国有企业 100 强旁观者中，仅有 2 家企业获得环境责任荣誉，获奖率为 5.3%。没有企业被权威媒体或政府相关部门网站报道存在严重环境责任缺失。

六、小结

（1）国有企业 100 强旁观者的 38 家企业分布于 14 个行业，又以其他国有企业和北京地区企业所占比重最大。在责任管理、市场责任、社会责任和环境责任四大领域中，旁观者的得分均远低于国有企业 100 强平均水平，环境责任指数与国有企业 100 强平均水平差距最大，社会责任指数差距相对最小。旁观者的市场责任指数得分最高，环境责任指数最为落后。

（2）责任管理。国有企业 100 强旁观者责任管理指数为 6.7 分，显著低于起步者责任管理指数 19.1 分。从行业来看，最为领先的是零售业和贸易业，最为落后的是电气机械及器材制造业、非金属矿物制品业和农业，这三个行业尚未对责任管理信息做任何披露；从企业性质来看，最为领先的是国有金融企业，其次是其他国有企业，中央企业相对落后。

（3）市场责任。国有企业 100 强旁观者市场责任指数为 16.6 分，显著低于起步者市场责任指数 34.8 分。从行业来看，建筑业市场责任最受关注，信息披露最充分，最为落后的是电气机械及器材制造业、非金属矿物制品业和农业，这三个行业尚未披露任何市场责任信息；从企业性质来看，最为领先的是中央企业，其次是国有金融企业，其他国有企业相对落后，信息披露仍处于零星状态。

（4）社会责任。国有企业 100 强旁观者社会责任指数为 10.8 分，显著低于起步者社会责任指数 27.9 分。从行业来看，最为领先的是零售业和通用专用设备制造业，而电气机械及器材制造业、非金属矿物制品业和农业 3 个行业社会责任完全还未受到关注，尚未披露任何社会责任信息；从企业性质来看，最为领先的是国有金融企业，其次是中央企业，其他国有企业相对落后，信息披露严重不足。

（5）环境责任。国有企业 100 强旁观者环境责任指数为 3.0 分，显著低于起步者环境责任指数 28.6 分。从行业来看，所有行业环境责任披露严重不足，披露相对较好的是零售业，通用专用设备制造业、贸易业、食品、银行、电气机械及器材制造业、非金属矿物制品业和农业 7 个行业尚未披露环境责任信息；从企业性质来看，各性质国有企业环境责任信息披露均严重不足。

第七节　国有企业社会责任发展的阶段性特征

（一）电网行业处于领先者阶段，4 个行业处于追赶者阶段，多数行业处于起步者阶段，交通运输设备制造业、通用专用设备制造业、食品业等 6 个行业处于旁观者阶段

国有企业 100 强来自 19 个行业，其行业间的责任指数差异明显。其中，电网行业的平均得分分别达到 65.5 分，显著高于其他行业，处于领先阶段；电力、电信业、银行、石油石化等 4 个行业的平均得分在 40~50 分，处于追赶阶段；保险业、零售业、建筑业、交通运输仓储邮政业、采矿业、金属制造业、贸易业、电气机械及器材制造业 8 个行业的平均得分在 20~40 分，处于起步阶段；通用专用设备制造业、食品、通信设备制造业、农业、非金属矿物制品业等 6 个行业的平均得分在 20 分以下，仍处于旁观阶段。

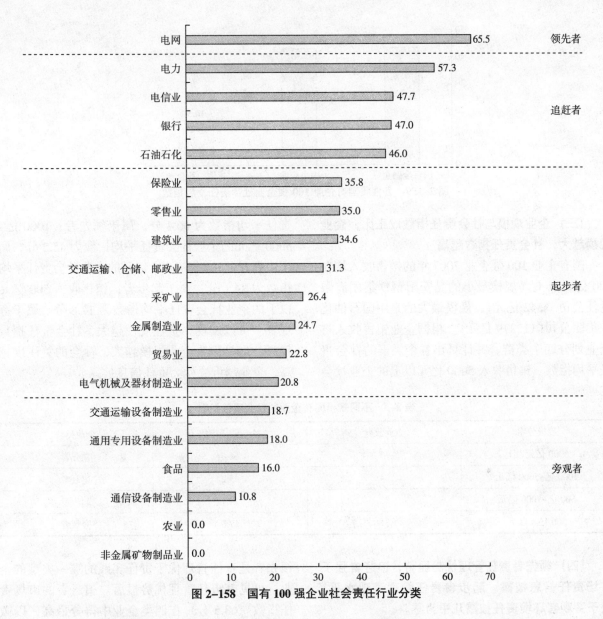

图 2-158　国有 100 强企业社会责任行业分类

（二）中央企业和国有金融企业社会责任指数远远领先于其他国有企业

国有 100 强企业由 44 家中央企业、9 家国有金融企业和 47 家其他国有企业构成。国有金融企业的平均得分为 43.3 分，高于中央企业（43.1分）和其他国有企业（16.5 分）。国有金融企业社会责任指数的高得分得益于中国银行业协会的积极推动，2009 年 1 月银行业协会发布了《中国银行业金融机构企业社会责任指引》，明确了社会责任的内容，并要求银行业金融机构建立企业社会责任披露制度，每年六月以前提交上一年度的企业社会责任报告。而中央企业的社会责任指数得分较高，除了央企的责任管理基础较好以外，与近年来国资委的推动也密不可分，2008 年国资委一号文《中央企业履行社会责任指导意见》的发布更是直接有力地推动了中央企业社会责任管理工作和责任信息披露进程。其他国有企业的社会责任指数得分偏低与此类企业缺乏统一强力的外部责任推力有关。

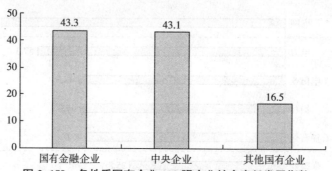

图 2-159　各性质国有企业 100 强企业社会责任发展指数

（三）企业规模与社会责任指数成正比，企业规模越大，社会责任指数越高

国有企业 100 强企业 2007 年的销售收入均在 300 亿元以上，规模最小的是安阳钢铁集团有限责任公司（342 亿元），规模最大的是中国石油化工集团公司（12279 亿元）。根据企业销售收入将企业划分四个类群，并计算出各个类群的社会责任平均指数。销售收入 5000 亿元以上的企业社会责任平均指数为 66.4 分，属于领先者；1000 亿~5000 亿元的企业社会责任平均指数为 45.2 分，属于追赶者；500 亿~1000 亿元的企业社会责任平均指数为 24.1 分，属于起步者；销售收入 500 亿元以下的企业社会责任平均指数为 17.8 分，属于旁观者。可以发现，企业规模越大，社会责任指数越高，这是因为企业规模越大，社会的关注度越高，企业越重视社会责任信息披露。

表 2-5　不同规模国有企业的社会责任指数

规模分组	企业数量	社会责任指数	企业类型
5000 亿元以上	3	66.4	领先者
1000 亿~5000 亿元	34	45.2	追赶者
500 亿~1000 亿元	32	24.1	起步者
500 亿元以下	31	17.8	旁观者

（四）领先者责任管理优势显著，追赶者强于市场责任信息披露，起步者责任管理旁观水平，处于旁观者环境责任披露几乎为零。

国有企业 100 强领先者和追赶者的各责任指数都显著高于 100 强平均分，起步者与国有企业 100 强表现相当，旁观者各责任指数都显著低于 100 强平均分。领先者责任管理指数（68.1 分）在其四大责任板块中得分最高，而追赶者、起步者的责任管理指数在其四大板块得分中均是最低。领先者是责任管理优于责任实践的唯一类型的企业，可见其责任管理优势显著。追赶者的市场责任指数（63.5 分）在四类企业中得分最高，以微弱的优势（0.1 分）超过领先者。起步者责任管理指数（19.1 分）不足 20 分，仅处于旁观水平，责任管理工作几乎未开展。而旁观者的环境责任信息披露相当落后，环境责任指数低至 3 分，环境信息披露几乎为 0。

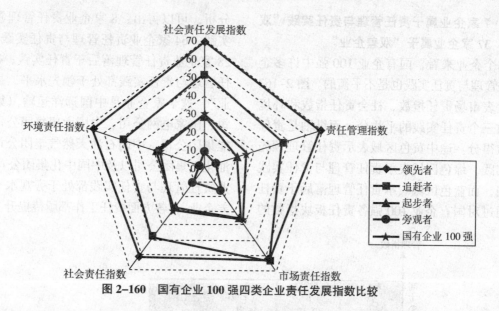

图 2-160 国有企业 100 强四类企业责任发展指数比较

（五）责任管理落后于责任实践，责任实践中市场责任领先于社会责任和环境责任

中国国有企业 100 强企业社会责任指数由责任管理和市场、社会、环境三个方面的实践构成，我们将实践层面的分值平均以后得到责任实践这一新的指数。经过比较可以发现，责任管理（25.3 分）要低于责任实践（31.0 分），说明国有企业社会责任实践领先于责任管理。其原因在于服务客户、关爱员工、注重环保、回馈社会等具体的责任实践是企业与生俱来的责任，企业有着长期持续的实践基础，而企业社会责任管理是近

年来兴起的理念，企业尚未将其落实到管理体系中去。

从责任实践来看，市场责任（36.8 分）要高于社会责任（29.2 分）和环境责任（27.0 分）。原因在于市场责任是企业的基本责任，是企业生存发展的基础，因此，企业对市场责任的管理和信息披露做得较为充分。相对而言，环境责任的分值最低，除了企业重视不够，信息披露不足以外，环境责任的内涵增长很快，很多新的责任要求和环境指标不断涌现，也加大了企业环境管理的难度。

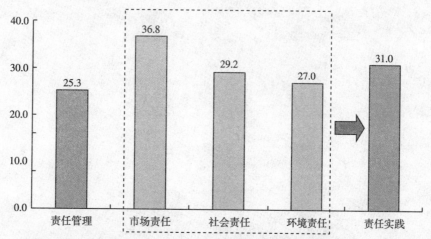

图 2-161 国有企业 100 强企业社会责任发展指数的结构特征

（六）7 家企业属于责任管理与责任实践"双优企业"，37 家企业属于"双差企业"

从单个企业来看，国有企业 100 强中许多企业的责任管理与责任实践也是不平衡的。图 2-162 的横轴代表市场责任指数、社会责任指数和环境责任指数三个责任实践的平均分，而纵轴是责任管理指数得分。途中黄色区域表示责任管理领先于责任实践，绿色区域表示责任管理与责任实践水平相当，而蓝色区域表示责任管理落后于责任实践。通过对国有企业 100 强各责任板块指数的分析，可以得出：8 家企业责任管理领先于责任实践，64 家企业责任管理与责任实践水平相当，28 家企业责任管理落后于责任实践；7 家企业责任管理与责任实践都处于领先水平，是"双优企业"，这 7 家企业是中国远洋运输（集团）总公司、国家电网公司、中国大唐集团公司、中国华能集团公司、中国石油天然气集团公司、中国石油化工集团公司以及中国中化集团公司；37 家企业责任管理与责任实践都处于旁观水平，是"双差企业"，各方面责任工作都亟待提升。

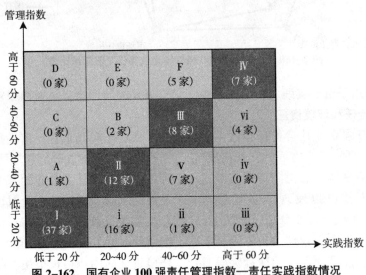

图 2-162　国有企业 100 强责任管理指数—责任实践指数情况

第三章　中国民营企业 100 强社会责任发展指数（2009）

随着改革开放的深化，民营企业规模不断扩大，数量持续增多，截至 2008 年年底，全国工商行政机关共登记民营企业 659.42 万家，约占内资企业总数的 70.91%；[①] 完成固定资产投资 11.18 万亿元，约占全国社会固定资产投资总额的 64.9%；[②] 完成税收总额 5873.68 亿元，在全部税收中的比重达到 10.2%。[③] 民营经济已经成为我国经济的重要组成部分，推进民营企业履行社会责任对我国企业社会责任的发展具有重要作用。但是，民营企业量大面广[④] 的特点也致使民营企业社会责任推进工作难度较大。由此可见，推动民营企业社会责任发展具有一定的必要性和任务艰巨性。

本研究对标分析了国际社会责任指数、国内社会责任倡议文件和世界 500 强企业社会责任报告构建出分行业的社会责任评价指标体系，再根据责任管理、市场责任、社会责任和环境责任"四位一体"模型构建出分行业的社会责任管理与信息披露评价指标体系。然后从企业社会责任报告、企业年报、企业官方网站[⑤] 收集中国民营企业 100 强 2008 年度的社会责任信息；[⑥] 最后对企业的社会责任信息进行内容分析和定量评价，得出民营企业 100 强企业社会责任发展指数。

第一节　样本特征

本研究样本选取以中国企业联合会发布的 2009 年民营企业 500 强名单为基础，以民营资本控股为原则，根据排名先后依次选取，并考虑了营业收入的规模和稳定性两个因素，最终选出中国民营企业 100 强。民营企业 100 强规模较小，行业分布较为广泛，覆盖了我国内地的所有地区，符合我国民营经济"量大面广"的特点。

一、较国企 100 强规模较小

根据中国企业联合会、中国企业家协会发布的"2009 年中国企业 500 强"榜单所提供的数据，本研究所选取的样本 2008 年营业收入均超过百亿元人民币，平均规模达 313 亿元人民币。其中，5 家企业营业收入超过千亿元；6 家企业营业

---

① 资料来源：《中国个体私营经济发展快　私营企业比重逾七成》，环球网；下载地址：http：//china.huanqiu.com/roll/2009-04/438560.html，下载时间：2009-11-15。

② 资料来源：《2008 年中国民营经济发展形势分析》，中国网，下载地址：http：//www.china.com.cn/news/zhuanti/09myjjlps/2009-09/25/content_18603550.htm，下载时间：2009-11-22。

③ 资料来源：《2008 年中国民营经济发展形势分析》，中国网，下载地址：http：//www.china.com.cn/news/zhuanti/09myjjlps/2009-09/25/content_18603550.htm，下载时间：2009-11-22。

④ 民营企业数量约占内资企业总数的 70.91%，但税收完成额仅占内资企业完成额的 17.4%。

⑤ 企业负面信息的来源包括人民网、新华网等权威媒体和相关政府网站。

⑥ 本研究收集信息的区间是 2008 年 1 月 1 日到 2009 年 6 月 30 日。

收入超过 500 亿元但不足千亿；42 家企业营业收入在 100 亿~200 亿元。民营企业 100 强作为民营企业中的大企业，从总体上看，规模远不及国有企业，这恰恰反映了我国民营企业收入规模较小的特点。

表 3-1　民营企业 100 强营业收入规模情况

按规模分组	平均销售收入	企业数（家）
1000 亿元以上	1250.7 亿元	5
500 亿~1000 亿元	632.7 亿元	6
500 亿元以下	238.9 亿元	89
400 亿~500 亿元	443.7 亿元	12
300 亿~400 亿元	335.2 亿元	7
200 亿~300 亿元	238.6 亿元	28
100 亿~200 亿元	164.6 亿元	42

二、行业分布广泛

我国 100 强民营企业行业分布较为广泛，共涉及 19 个行业。其中，金属制造业企业 21 家；纺织服装业 10 家；电气机械及器材制造业 9 家；食品和石油石化行业均为 8 家；银行业和零售业均为 6 家；采矿业 5 家。总体上看，100 强民营企业行业分布广泛，符合我国民营经济量大面广的特征。

表 3-2　民营企业 100 强行业分布情况

行　业	企业数量（家）	行　业	企业数量（家）
金属制造业	21	房地产	4
纺织服装业	10	通信设备制造业	4
电气机械及器材制造业	9	交通运输设备制造业	3
石油石化	8	贸易	2
食品	8	通用专用设备制造业	2
零售业	6	非金属矿物制品业	1
银行业	6	交通运输、仓储、邮政业	1
采矿业	5	电力	1
建筑业	4	保险业	1
医药制造业	4		

三、覆盖所有地区

从地区分布上看，民营企业 100 强覆盖了我国内地所有地区，[①]涉及 21 个省、市、自治区。其中，华东地区企业 56 家，华北地区 20 家，华南地区 10 家。总体上看，经济较为发达的地区拥有的企业数量较多，这与我国民营经济的分布特点基本相符。因此，我们认为，样本在地区分布上具有较好的代表性。

---

①我国八大地区：华东地区、华南地区、华中地区、华北地区、西北地区、西南地区、东北地区和港澳台地区。在本报告中，将港澳台资控股企业划分为外资企业，在外资企业 100 强发展指数中进行论述。

表 3-3 民营企业 100 强地区分布情况

区　域	省、市、自治区	企业数（家）	区　域	省、市、自治区	企业数（家）
东北地区	辽宁	3	华东地区	安徽	1
	吉林	1		江苏	22
华北地区	天津	3		山东	13
	河北	5		浙江	17
	内蒙古	3		上海	2
	北京	9		福建	1
华南地区	海南	1	华中地区	河南	1
	广东	9		江西	1
西北地区	新疆	1		湖北	1
	陕西	1		湖南	1
西南地区	四川	4			

第二节　评价结果

根据责任管理、市场责任、社会责任和环境责任四维一体的责任评价体系，本研究在对企业披露信息进行多重审核的基础上，得出了我国民营企业 100 强的社会责任发展指数。

一、排名与分类

我国民营企业 100 强企业的社会责任整体水平较低，社会责任发展指数平均分为 17.9 分，民营企业 100 强排名与各企业得分如表 3-4 所示。

表 3-4 民营企业 100 强社会责任排行（2009 年）

排名	企业名称	行业名称	总部所在地	创新	得分
领先者（2 家）					
1	联想控股有限公司	通信设备制造业	北京	发布《社会责任白皮书》	70.5
2	中国平安保险（集团）股份有限公司	保险业	广东		64.0
追赶者（5 家）					
3	中国民生银行股份有限公司	银行业	北京	中国银行业率先建立企业社会责任中心	59.0
4	新希望集团有限公司	食品	四川	中国光彩事业的倡导者和践行者	50.0
5	华夏银行股份有限公司	银行业	北京		46.5
6	招商银行股份有限公司	银行业	广东	发起中国企业社会责任同盟	42.5
7	华为技术有限公司	通信设备制造业	广东	发布《社会责任采购指南》	40.0
起步者（31 家）					
8	美的集团有限公司	电气机械及器材制造业	广东	发布年度 CSR 规划	39.5
9	新华联控股有限公司	采矿业	北京		36.0
10	兴业银行股份有限公司	银行业	福建	我国首家赤道银行	34.5
11	海亮集团有限公司	金属制造业	浙江		33.0
12	雅戈尔集团股份有限公司	纺织服装业	浙江		32.0
13	苏宁电器股份有限公司	零售业	江苏		31.5

续表

排名	企业名称	行业名称	总部所在地	创新	得分
14	吉林亚泰（集团）股份有限公司	房地产	吉林		31.0
15	中天钢铁集团有限公司	金属制造业	江苏		30.5
15	南京钢铁集团有限公司	金属制造业	江苏		30.5
15	内蒙古蒙牛乳业（集团）股份有限公司	食品	内蒙古		30.5
18	深圳发展银行	银行业	广东		29.5
19	陕西东岭工贸集团股份有限公司	金属制造业	陕西		29.0
20	华泰集团有限公司	食品	山东		28.5
21	万科企业股份有限公司	房地产	广东		28.0
22	中兴通讯股份有限公司	通信设备制造业	广东	建立企业社会责任推行团队	27.0
23	物美控股集团有限公司	零售业	北京		26.5
23	上海复星高科技（集团）有限公司	医药制造业	上海		25.5
23	人民电器集团有限公司	电气机械及器材制造业	浙江		25.5
23	江苏阳光集团有限公司	纺织服装业	江苏		25.5
27	江苏雨润食品产业集团有限公司	食品	江苏		24.5
27	传化集团有限公司	石油石化	浙江		24.5
29	广东格兰仕集团有限公司	电气机械及器材制造业	广东		23.5
29	华盛江泉集团有限公司	电力	山东		23.0
29	滨化集团股份有限公司	石油石化	山东		23.0
32	内蒙古伊利实业集团股份有限公司	食品	内蒙古		22.5
32	河北敬业集团	金属制造业	河北		22.5
34	山东时风（集团）有限责任公司	通用专用设备制造业	山东		22.0
35	三一集团有限公司	通用专用设备制造业	湖南		21.5
35	利群集团股份有限公司	零售业	山东		21.5
35	红豆集团有限公司	纺织服装业	江苏		21.5
38	广厦控股创业投资有限公司	建筑业	浙江		20.0
		旁观者（62家）			
39	南山集团公司	纺织服装业	山东		19.5
39	金龙精密铜管集团股份有限公司	金属制造业	河南		19.5
41	正泰集团有限公司	电气机械及器材制造业	浙江		18.5
42	天津荣程联合钢铁集团有限公司	金属制造业	天津		16.0
43	天正集团有限公司	电气机械及器材制造业	浙江		15.0
43	宁波金田投资控股有限公司	金属制造业	浙江		15.0
43	江苏省苏中建设集团股份有限公司	建筑业	江苏		15.0
43	德力西集团有限公司	电气机械及器材制造业	浙江		15.0
47	中天发展控股集团有限公司	建筑业	浙江		14.5
47	国美电器控股有限公司	零售业	北京		14.5
49	扬子江药业集团有限公司	医药制造业	江苏		14.0
50	上海人民企业（集团）有限公司	电气机械及器材制造业	上海		13.5
50	山东省农村信用社联合社	银行业	山东		13.0
50	庞大汽贸集团股份有限公司	零售业	河北		13.0

续表

排名	企业名称	行业名称	总部所在地	创新	得分
50	内蒙古伊泰集团有限公司	采矿业	内蒙古		13.0
50	百兴集团有限公司	纺织服装业	江苏		13.0
55	天津天狮集团有限公司	医药制造业	天津		12.5
55	南金兆集团有限公司	采矿业	山东		12.5
55	江苏沙钢集团有限公司	金属制造业	江苏		12.5
55	比亚迪股份有限公司	交通运输设备制造业	广东		12.5
59	浙江恒逸集团有限公司	纺织服装业	浙江		12.0
60	临沂新程金锣肉制品有限公司	食品	山东		11.5
60	海航集团有限公司	交通运输、仓储、邮政业	海南		11.5
62	奥克斯集团有限公司	电气机械及器材制造业	浙江		11.0
63	沈阳远大企业集团有限公司	建筑业	辽宁		10.5
63	杭州娃哈哈集团有限公司	食品	浙江		10.5
63	大连大商集团有限公司	零售业	辽宁		10.5
66	浙江荣盛控股集团有限公司	石油石化	浙江		10.0
66	四川宏达（集团）有限公司	石油石化	四川		10.0
66	法尔胜集团公司	金属制造业	江苏		10.0
66	桐昆集团股份有限公司	纺织服装业	浙江		10.0
70	通威集团有限公司	食品	四川		9.5
70	三胞集团有限公司	通信设备制造业	江苏		9.5
72	九州通医药集团股份有限公司	医药制造业	湖北		9.0
72	恒力集团有限公司	纺织服装业	江苏		9.0
74	北京建龙重工集团有限公司	采矿业	北京		8.5
75	新华联合冶金投资集团有限公司	采矿业	北京		8.0
75	万向集团公司	交通运输设备制造业	浙江		8.0
75	萍乡钢铁有限责任公司	金属制造业	江西		8.0
75	江苏三房巷集团有限公司	石油石化	江苏		8.0
75	华芳集团有限公司	纺织服装业	江苏		8.0
80	旭阳煤化工集团有限公司	石油石化	北京		7.5
80	江苏高力集团有限公司	房地产	江苏		7.5
82	山东大王集团有限公司	电气机械及器材制造业	山东		7.0
83	江阴澄星实业集团有限公司	石油石化	江苏		6.5
83	江苏金浦集团有限公司	石油石化	江苏		6.5
85	新疆广汇实业投资（集团）有限责任公司	房地产	新疆		6.0
86	日照钢铁控股集团有限公司	金属制造业	山东		5.5
86	奇瑞汽车股份有限公司	交通运输设备制造业	安徽		5.5
86	四川省川威集团有限公司	金属制造业	四川		5.0
86	江阴市西城钢铁有限公司	金属制造业	江苏		5.0
86	河北文丰钢铁有限公司	金属制造业	河北		5.0
91	浙江远大进出口有限公司	贸易业	浙江		4.5
92	唐山瑞丰钢铁（集团）有限公司	金属制造业	河北		4.0

续表

排名	企业名称	行业名称	总部所在地	创新	得分
93	唐山港陆钢铁有限公司	金属制造业	河北		3.5
94	浙江省兴合集团公司	贸易	浙江		3.0
94	江苏申特钢铁有限公司	金属制造业	江苏		3.0
94	天津友发钢管集团有限公司	金属制造业	天津		3.0
97	海城市西洋耐火材料有限公司	非金属矿物制品业	辽宁		1.0
98	山东魏桥创业集团有限公司	纺织服装业	山东		0.0
98	江苏新长江实业集团有限公司	金属制造业	江苏		0.0
98	江苏华西集团公司	金属制造业	江苏		0.0

　　2008年，我国百强民营企业多数仍处于旁观状态。仅2家企业得分高于60分，步入社会责任领先者行列；5家企业得分高于40分（含40分）但低于60分，处于追赶者状态；三成企业（31家）企业得分高于20分（含20分）但低于40分，社会责任工作刚刚起步；超过六成企业（62家）仍处于旁观阶段，社会责任信息披露体系仍未建成，仅披露了少量零星信息或不披露任何社会责任信息。

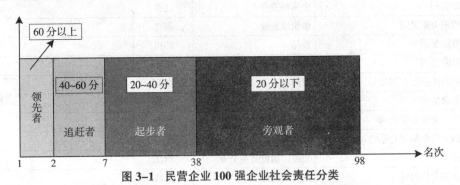

图3-1　民营企业100强企业社会责任分类

二、责任板块与二级指标得分

　　从民营企业100强的责任管理、市场责任、社会责任以及环境责任四大板块平均得分看，以市场责任得分最高，责任管理得分最低。从二级指标的表现来看，政府责任与股东责任的披露情况最好，责任推进最为落后（见表3-5）。

表3-5　民营企业100强责任板块与二级指标得分

责任板块	平均得分	二级指标	平均得分
责任管理	10.7	责任治理	14.7
		责任推进	3.0
		责任沟通	8.4
		守法合规	20.0
市场责任	24.7	客户责任	22.7
		伙伴责任	14.9
		股东责任	36.9

续表

责任板块	平均得分	二级指标	平均得分
社会责任	21.5	政府责任	40.7
		员工责任	13.1
		社区责任	28.7
环境责任	13.0	环境管理	19.1
		节约资源/能源	13.8
		降污减排	8.6

第三节　领先者（2家）

社会责任发展指数高于60分的为领先者，领先者社会责任信息披露较为完整，是我国社会责任的先驱企业。中国民营企业100强中，仅2家企业属于社会责任领先者。

一、概论

我国民营企业100强领先者社会责任发展指数平均为67.3分。具体来说，我国民营企业100强共有两家企业步入领先者阶段，建立了较为系统的责任信息披露体系。其中，联想控股有限公司长期注重社会责任披露，自觉加大责任投入，主动强化责任沟通，积极创新责任信息披露形式，发布了我国企业首份《社会责任白皮书》，成为我

国责任披露领域的探索者和创新者。

从行业分布特点上看，领先者集中于通信设备制造业、保险业两个行业；从地区分布上看，领先者的公司总部均位于经济发达的东部地区（北京和广州）。从责任领域上看，领先者市场责任信息披露最为全面，而环境责任指数相对偏低。未来我国民营企业领先者应更注重环境责任信息披露体系的完善，加大环境信息披露投入，努力消除短板，提高环境责任指数，促进企业社会责任发展。

领先者责任管理指数达65.83分，远高于责任实践指数水平（52.4分），责任管理明显优于责任实践。

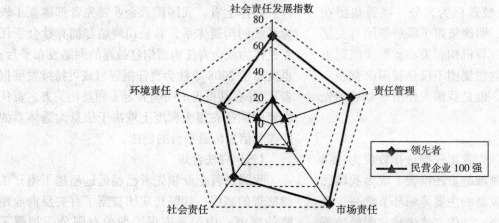

图3-2　民营企业100强领先者各责任板块得分

二、责任管理

（一）概论

总体上看，我国民营企业 100 强领先者已经建立了较为完善的责任管理信息披露体系，责任管理信息披露也较为全面，责任管理披露指数明显高于责任实践披露指数（市场责任、社会责任和环境责任的综合指数），责任管理指数水平达 65.83 分。

从责任管理的具体领域表现上看，领先者总体上已经建立了较为完善的守法合规信息披露体系、责任沟通信息披露体系和责任治理信息披露体系，这三大领域的信息披露极为充分。此外，尽管领先者已经建立了基本的责任推进信息披露体系，但是，该体系仍有待于进一步优化升级。领先者责任推进指数约为 46.4 分，低于其他三大领域。未来领先者应该更着重关注责任推进信息披露体系的完善，努力提高责任推进指数，促进社会责任的发展。

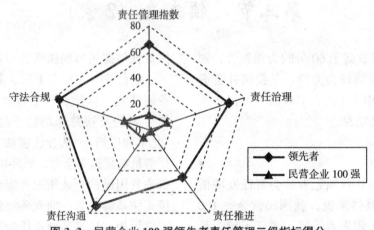

图 3–3   民营企业 100 强领先者责任管理二级指标得分

（二）责任治理

我国民营企业领先者责任治理指数达 66.7 分，高于责任推进指数，但不及守法合规指数和责任沟通指数。具体来说，联想集团责任治理得分达 91.7 分，信息披露极为充分。联想集团在其社会责任报告中，明确披露了联想集团有关建立社会责任治理和领导机构、关心世界性问题等诸多方面的信息。联想集团不仅是我国民营企业社会责任的领先者，也是我国责任治理领域的先驱者。

（三）责任推进

我国民营企业领先者责任推进指数仅为 46.4 分，低于其他三大领域的责任指数，成为我国民营企业领先者总体发展的主要薄弱环节之一。具体来说，我国民营企业领先者均未建立明确的下属机构社会责任推进机制，社会责任风险管理①基础都较为薄弱。总体上看，我国民营企业领先者的责任推进工作仍有待进一步强化。

（四）责任沟通

我国民营企业领先者责任沟通指数达 72.7 分。总体上看，我国民营企业领先者都建立了较为系统的沟通体系，其公司网站都拥有社会责任专栏作为社会责任沟通信息披露的网络发布平台；也发布了 2008 年社会责任报告（或可持续发展报告），并在其报告中明确界定了利益相关方。责任沟通的顺畅在很大程度上取决于信息沟通体系的完善和信息沟通平台的创建。

（五）守法合规

我国民营企业领先者已经远远超越了遵守法律法规的底线，如联想集团披露了有关反商业贿赂的规定；中国平安保险股份有限公司披露了"制定行为规范"方面的信息等。总体上看，我国

---

① 社会责任风险管理不同于风险管理。

民营企业领先者守法合规指数略高于责任沟通指数，高于责任治理指数，远高于责任推进指数。

（六）调整项

我国两大民营领先者都曾获得一项或一项以上的责任管理荣誉。此外，我国民营企业领先者并不存在相关责任缺失问题。联想控股有限公司因发布《社会责任白皮书》获得了责任领先实践加分。

三、市场责任

（一）概论

我国民营企业社会责任领先者披露了较为全面的市场责任信息，市场责任指数水平达 77 分。其中，股东责任最受重视，平均指数水平达 94.4 分。此外，客户责任指数位于股东责任之后，平均水平达 74.1 分，高于伙伴责任指数（61.1 分）。总体上看，领先者市场责任各领域信息的披露都较为充分，尤其是股东责任信息的披露。

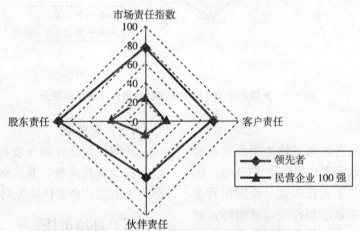

图 3-4　民营企业 100 强领先者市场责任二级指标得分

（二）客户责任

我国民营企业领先者客户责任指数水平达 74.1 分，低于股东责任，但高于伙伴责任。具体来说，我国民营企业领先者在披露了"客户关系管理"、"产品质量管理"等方面信息的基础上，还披露了"客户满意度"、"保护客户信息"等方面的信息。

（三）伙伴责任

我国民营企业领先者伙伴责任指数达 61.1 分，低于股东责任和客户责任。具体来说，我国民营企业领先者都披露了有关战略合作方面的信息。

（四）股东责任

我国民营企业领先者最重视股东责任信息的披露，股东责任指数达 94.4 分。具体来说，我国

民营企业领先者在披露了"投资者关系管理体系"相关信息的基础上，也都披露了成长性、收益性和安全性三个方面的股东责任信息。总体上看，我国民营企业领先者在股东责任领域方面信息披露充分程度高。

（五）调整项

我国民营企业领先者都曾获得过一项或一项以上市场责任荣誉，但与此同时，我国民营企业领先者也都曾被指责具有某一领域的责任缺失。

四、社会责任

（一）概论

我国民营企业社会责任领先者披露了较为全面的社会责任信息，社会责任综合指数达 52 分。社会责任板块下的政府责任、员工责任和社区责

任三个二级指标中，政府责任信息披露最受重视，指数水平达 83.3 分；社区责任指数达 52.7 分，高于员工责任指数 44.7 分。总体上看，政府责任最

受关注，社区责任次之，员工责任信息披露最不充分。

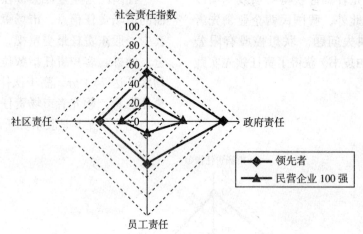

图 3-5　民营企业 100 强领先者社会责任二级指标得分

（二）政府责任

我国民营企业领先者披露了较为充分的政府责任信息，民营企业政府责任指数达 83.3 分，远高于社区责任指数和员工责任指数。我国民营企业领先者均披露了有关依法纳税的定量指标；此外，我国民营企业领先者均披露了促进就业方面的定量指标。

（三）员工责任

民营企业领先者对于员工责任信息的披露程度严重不足。分析结果显示，我国民营企业员工责任指数达 44.7 分，低于政府责任指数和社区责任指数。具体来说，民营企业领先者均未披露员工满意度等核心关键指标。我国民营企业领先者仍应继续强化员工责任信息披露。

（四）社区责任

我国民营企业领先者社区责任指数达 52.7 分，高于员工责任，但远低于政府责任指数。整体上看，我国民营企业领先者建立了较为系统的社区责任信息披露体系，披露了有关公益捐赠等多个方面的信息，信息覆盖面较为完整。

（五）调整项

我国民营企业领先者都曾获得过一项或一项以上社会责任荣誉，且未被权威媒体或政府相关部门报道过社会责任缺失问题。

五、环境责任

（一）概论

环境责任是我国民营企业领先者的薄弱环节。分析结果显示，我国民营企业领先者环境责任综合指数仅为 42 分，远低其他领域的综合指数。环境责任板块下的三个二级指标中，降污减排指数仅为 28.3 分，节约资源/能源指数仅为 45 分，环境管理指数较高，达到 54.3 分。总体上看，我国民营企业领先者环境责任最为薄弱，其中降污减排信息披露工作亟待强化。

（二）环境管理

我国民营企业环境管理指数达 54.3 分，远高于节约资源/能源指数和降污减排指数。其中，联想集团根据法律法规要求、市场要求和内部目标三个因素，成立了环境管理委员会，完善了环境管理体系，其环境管理领域信息披露较为充分。

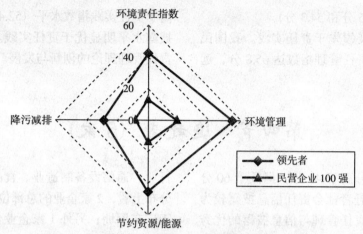

图 3-6 民营企业 100 强领先者环境责任二级指标得分

（三）节约资源/能源

我国民营企业节约资源/能源指数为 45 分，高于降污减排指数，但仍略低于环境管理指数。总体上看，我国民营企业领先者仍需进一步强化节约资源/能源信息的披露工作，许多节约资源/能源信息量化指标，如办公室节能量、节水量等诸多指标仍有待进一步披露。

（四）降污减排

我国民营企业降污减排指数仅为 28.3 分，总体上看，我国民营企业领先者仍需进一步强化降污减排信息的披露工作。

（五）调整项

我国民营企业领先者中，一家获得了环境责任荣誉，且领先者均没有环境责任重大负面信息。

六、小结

（1）两家企业跻身领先者行列。我国民营企业 100 强中，有两家企业跻身领先者行列，社会责任发展指数平均为 67.25 分，远高于民营企业 100 强社会责任发展指数（17.9 分）。总体上看，我国民营企业领先者均已建立了较为完善的责任信息披露体系，责任信息披露较为充分。

（2）责任管理。我国民营企业 100 强领先者责任管理水平平均达 65.83 分。具体领域表现上看，领先者总体上已经建立了较为完善的守法合规信息披露体系、责任沟通信息披露体系和责任

治理信息披露体系，这三大领域的信息披露极为充分，得分分别为 75 分、72.7 分和 66.7 分。此外，尽管领先者已经建立了基本的责任推进信息披露体系，但是，该体系仍有待于进一步优化升级。领先者责任推进指数约为 46.4 分，低于其他三大领域。

（3）市场责任。我国民营企业 100 强领先者披露了较为全面的市场责任信息，市场责任指数水平达 77 分。其中，股东责任最受重视，平均指数水平达 94.4 分。此外，客户责任指数位于股东责任之后，平均水平达 74.1 分，高于伙伴责任指数（61.1 分）。总体上看，领先者市场责任各领域信息的披露都较为充分，尤其是股东责任信息的披露。

（4）社会责任。我国民营企业 100 强领先者披露了较为全面的社会责任信息，社会责任综合指数达 52 分。其中，政府责任最受重视，政府责任指数水平达 83.3 分。此外，我国民营企业社区责任指数达 52.7 分，高于员工责任指数 44.7 分。总体上看，政府责任最受领先者关注，社区责任次之，员工责任信息披露最不充分。

（5）环境责任。我国民营企业领先者环境责任综合指数仅为 42 分，远低于其他领域的综合指数。总体上看，我国民营企业领先者环境责任最为薄弱，其中降污减排信息披露工作亟待强化。降污减排指数仅为 28.3 分，低于节约资源/能源指

数和环境管理指数（45分和54.3分）。

（6）责任管理发展领先于责任实践。我国民营企业100强领先者责任管理指数达65.8分，远高于责任实践指数水平（52.4分），责任管理信息披露水平明显优于责任实践。领先者引领着我国责任管理理论的创新与发展。

第四节　追赶者（5家）

社会责任指数得分高于40分，但低于60分的企业为追赶者。追赶者社会责任信息披露较为充分，也是我国社会责任管理与信息披露的优秀企业，在许多领域，追赶者已具备了领先者的水平。中国民营企业100强中，有5家企业达到追赶者水平。

一、概论

我国民营追赶者企业社会责任发展指数为47.6分。从行业分布特点上看，追赶者集中于银行业、通信设备制造业、食品三个行业。从地区分布上看，2家企业的总部位于北京；2家总部位于广东深圳；另外1家企业位于我国西部龙头城市四川成都。

从责任领域上看，追赶者较注重市场责任和社会责任，市场责任指数和社会责任指数分别为52.7分和53分，远高于责任管理指数和环境责任指数。总体上看，我国民营企业追赶者责任管理指数达37.7分，低于责任实践指数水平（45.4分）。

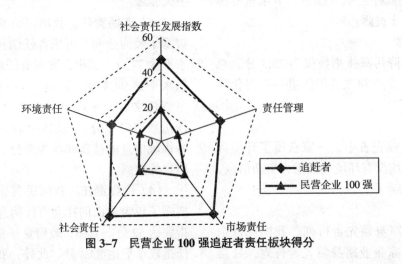

图3-7　民营企业100强追赶者责任板块得分

二、责任管理

（一）概论

我国民营企业社会责任追赶者责任管理指数仅为37.7分，低于责任实践指数（45.4分），信息披露相对不足。具体来说，我国民营企业追赶者在充分披露守法合规的基础上，较注重责任沟通信息和责任治理信息的披露，责任推进的信息披露程度严重不足，成为追赶者进阶领先者的重要障碍。分析结果显示，我国民营企业守法合规指数达53.3分，高于其他领域指数；责任沟通指数和责任治理指数次之，分别为42.7分和38.3分；责任推进信息披露程度最低，仅为15.7分。

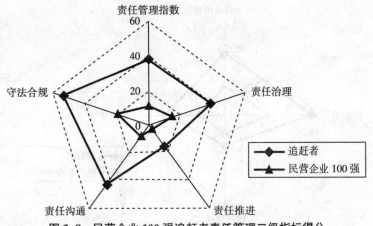

图 3-8 民营企业 100 强追赶者责任管理二级指标得分

（二）责任治理

我国民营企业领先者责任治理指数达 38.3 分，高于责任推进指数，但不及守法合规指数和责任沟通指数。其中，华为技术有限公司责任治理得分高达 67 分。我国大部分民营企业追赶者已明确提出了社会责任理念，但多数追赶者仍未建立社会责任治理机构。总体上看，我国民营企业追赶者责任治理领域仍有诸多需要完善之处。

（三）责任推进

民营企业追赶者责任推进指数仅为 15.7 分，远低于其他三大领域的指数。从具体指标的披露情况上看，民营追赶者多数企业仍未制定真正意义上的社会责任推进计划或发展规划；对于"推动下属企业履行社会责任"方面的内容也很少涉及。总体上看，责任推进是我国民营企业追赶者的薄弱环节，追赶者企业应着重强化责任推进信息披露力度。

（四）责任沟通

我国民营企业追赶者责任沟通指数仅为 42.7 分，与领先者差距甚远。总体上看，我国民营企业追赶者都建立了较为系统的沟通体系，其公司网站都拥有社会责任专栏作为社会责任沟通信息披露的网络发布平台；也发布了 2008 年社会责任报告（或可持续发展报告）作为社会责任信息综合披露媒介。

（五）守法合规

民营企业追赶者守法合规指数达 53.3 分，高于其他领域的指数。从具体指标的披露情况上看，我国民营追赶者均已制定了"员工守则"或"岗位准则"等类似公司制度。其中，民生银行制定了国内银行界第一份可操作的《合规标准》，初步实现了合规风险管理的标准化和制度化。总体上看，我国民营企业追赶者在守法合规领域信息披露较为充分，多数追赶者信息披露较为全面。

（六）调整项

80%的民营企业追赶者曾获得一项或一项以上的责任管理荣誉。追赶者中 3 家企业发生过责任管理缺失问题。5 家追赶者中有 4 家企业都因社会责任领先实践而获得了加分：中国民生银行在银行业率先建立社会责任中心，希望集团有限公司是中国光彩事业的倡导者和践行者，招商银行股份有限公司发起了中国企业社会责任同盟，华为技术有限公司发布了《社会责任采购指南》。

三、市场责任

（一）概论

我国民营企业追赶者市场责任指数达 52.7 分，从三个二级指标的表现看，股东责任指数高达 75.3 分，客户责任指数 50.9 分，伙伴责任指数仅为 25.3 分。未来我国民营企业 100 强追赶者应更多注重伙伴责任信息披露工作，努力提升伙伴

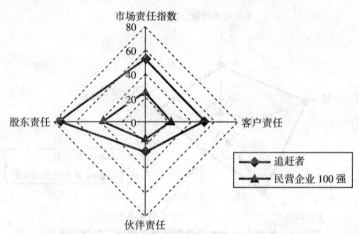

图 3-9　民营企业 100 强追赶者客户责任二级指标得分

责任得分。

（二）客户责任

我国民营企业社会责任追赶者客户责任指数水平达 50.9 分，低于股东责任，但高于伙伴责任。具体来说，我国民营企业追赶者均披露了有关"积极应对投诉"或积极采纳顾客意见方面的信息，多数企业还进行了客户满意度调查，并予以披露。

（三）伙伴责任

我国民营企业追赶者伙伴责任指数达 25.3 分，低于股东责任和客户责任。具体来说，我国民营企业追赶者仍未披露战略合作等方面的信息。

（四）股东责任

我国民营企业追赶者股东责任指数达 75.3 分。具体来说，我国民营企业追赶者对成长性和收益性信息的披露较为充分，但对安全性等方面的信息披露明显不足。

（五）调整项

我国民营企业追赶者均获得过一项或一项以上市场责任荣誉。5 家追赶者中有 2 家企业在评价期发生市场责任负面信息。

四、社会责任

（一）概论

我国民营企业社会责任追赶者社会责任综合指数达 53 分。其中，政府责任最受重视，平均指数水平达 81.3 分；社区责任指数达 70.3 分，高于员工责任指数（34 分）。总体上看，政府责任最受追赶者关注，社区责任次之，员工责任信息披露最不充分。

（二）政府责任

我国民营企业追赶者政府责任指数达 81.3 分，与领先者政府责任指数相近，远高于社区责任和员工责任。从具体披露情况上看，我国民营企业追赶者均披露了依法纳税和促进就业方面的定量指标。

（三）员工责任

我国民营企业追赶者员工责任指数达 34 分，低于政府责任指数和社区责任指数。具体来说，多数民营企业追赶者均未披露"合同签订率"和"社保覆盖率"等方面的信息，我国民营企业追赶者仍应继续强化员工责任信息披露工作。

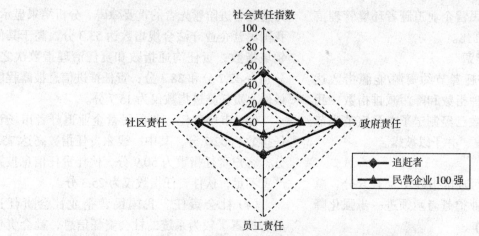

图3-10 民营企业100强追赶者社会责任二级指标得分

（四）社区责任

我国民营企业追赶者社区责任指数达70.3分，高于员工责任指数，但远低于政府责任指数。整体上看，我国民营企业追赶者建立了较为全面的社区责任信息披露体系，披露了有关"抗震救灾"等多个方面的信息，信息覆盖面较为完整。整体上看，我国民营企业追赶者社区责任信息披露程度较为充分，甚至超过了领先者的水平（52.7分）。

（五）调整项

追赶者中仅有两家企业2008年获得社会责任荣誉。此外，一家企业有社会责任负面信息。

五、环境责任

（一）概论

我国民营企业追赶者环境责任综合指数仅为30.5分，远低于其他领域的综合指数。其中，降污减排指数仅为12.6分，环境管理指数仅为27.6分，节约资源/能源指数较高，但也仅为38.7分。总体上看，我国民营企业领先者环境责任最为薄弱，其中降污减排信息披露工作亟待强化。

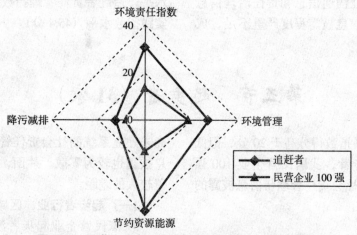

图3-11 民营企业100强追赶者环境责任二级指标得分

（二）环境管理

我国民营企业环境管理指数达27.6分，远高于降污减排指数，但低于节约资源/能源指数。从

具体指标的披露情况上看，我国民营企业多数追赶者已经制定了环境管理制度或环保促进制度，一些企业还采取环保公益举措，并予以披露。但

是，总体上看，我国民营企业追赶者环境管理信息披露工作仍应继续强化。

（三）节约资源/能源

我国民营企业追赶者节约资源/能源指数达38.7分，高于环境管理指数和降污减排指数。我国民营企业追赶者多数已经制定了办公室节水节电等绿色办公规章制度，并予以披露。

（四）降污减排

我国民营企业降污减排指数仅为12.6分，总体上看，我国民营企业追赶者亟须进一步强化降污减排信息的披露工作。

（五）调整项

追赶者中仅有两家企业2008年获得环境责任荣誉。此外，我国民营企业100强追赶者未被报道环境责任重大缺失问题。

六、小结

（1）5家企业步入追赶者阶段。我国民营企业100强共有5家企业步入追赶者行列，社会责任发展指数为47.6分。总体上看，尽管追赶者建立了较为系统的责任信息披露体系，但其社会责任发展指数仍远低于领先者。

（2）责任管理。追赶者在充分披露守法合规的基础上，较注重责任沟通信息和责任治理信息的披露，责任推进的信息披露程度严重不足，成为追赶者进阶领先者的重要障碍。分析结果显示，我国民营企业守法合规指数达53.3分，高于其他领域指数；责任沟通指数和责任治理指数次之，分别为42.7分和38.3分；责任推进信息披露程度最低，责任推进指数仅为15.7分。

（3）市场责任。我国民营企业追赶者市场责任指数达52.7分，其中，股东责任指数高达75.3分，客户责任指数为50.9分，伙伴责任信息披露严重不足，伙伴责任指数仅为25.3分。

（4）社会责任。我国民营企业社会责任追赶者披露了较为系统的社会责任信息，社会责任综合指数达53分。其中，政府责任最受重视，平均指数水平达81.3分。此外，我国民营企业社区责任指数达70.3分，高于员工责任指数（34分）。总体上看，政府责任最受追赶者关注，社区责任次之，员工责任信息披露最不充分。

（5）环境责任。我国民营企业追赶者环境责任综合指数仅为30.5分，远低于其他领域的综合指数。其中，降污减排指数仅为12.6分，环境管理指数仅为27.6分，节约资源/能源指数较高，但也仅为38.7分。总体上看，我国民营企业追赶者环境责任三大领域均较为薄弱。

（6）责任管理发展水平滞后于责任实践发展水平。追赶者责任管理指数为37.7分，低于责任实践指数水平（45.4分）。

第五节　起步者（31家）

企业社会责任发展指数得分高于20分，但低于40分的企业为起步者，我国民营企业100强中，有31家企业属于社会责任管理与信息披露的起步者。

一、概论

民营企业100强起步者社会责任发展指数平均为27.2分，企业社会责任工作刚刚"起步"，尚未建立系统的社会责任管理体系，社会责任信息披露也较为零散、片面，与领先者和追赶者有着较大的差距。

（一）起步者行业、区域与规模分布

31家民营企业起步者涉及14个行业，覆盖12个省、市、自治区。从营业收入规模来看，我国民营企业起步者中营业收入过千亿元的仅1家；500亿~1000亿元的2家，其他28家企业营业收

表 3-6　我国民营企业起步者分布情况

单位：家

行　　业	企业数	地　　区	企业数
金属制造业	5	江苏	6
食品	4	山东	5
纺织服装业	3	浙江	5
零售业	3	广东	5
电气机械及器材制造业	3	内蒙古	2
通用专用设备制造业	2	北京	2
石油石化	2	河北	1
房地产	2	上海	1
银行业	2	湖南	1
建筑业	1	陕西	1
电力	1	福建	1
医药制造业	1	吉林	1
通信设备制造业	1		
采矿业	1		

入规模均在 100 亿~500 亿元。

（二）采矿业起步者得分最高

民营企业 100 强起步者中，采矿业平均得分达 36 分；银行业位居第二，达 32 分；电气机械及器材制造业和房地产均为 29.5 分，并列第三。

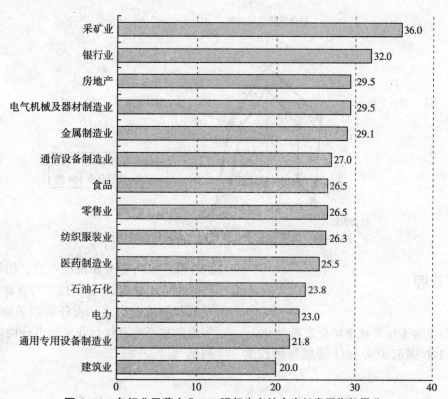

图 3-12　各行业民营企业 100 强起步者社会责任发展指数得分

（三）起步者各地区社会责任指数均衡发展

我国民营企业起步者分布于福建、北京、吉林、广东、陕西、江苏、浙江、内蒙古、上海、山东、河北和湖南12个省、市、自治区，其中，

福建民营企业100强起步者平均得分为34.5分，北京民营企业100强起步者平均得分为31.3分，吉林民营企业100强起步者平均得分为31分。

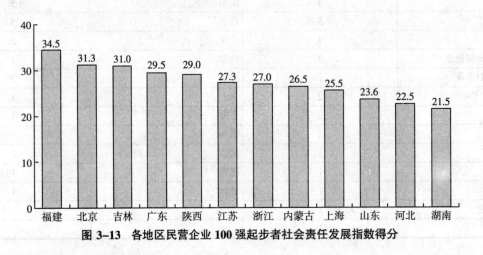

图3-13　各地区民营企业100强起步者社会责任发展指数得分

（四）起步者责任管理指数偏低

我国民营企业起步者责任管理指数偏低，仅为15.3分，远低于责任实践指数水平（29.7分）。

总体上看，起步者对于社会责任工作的启动始于责任实践领域。

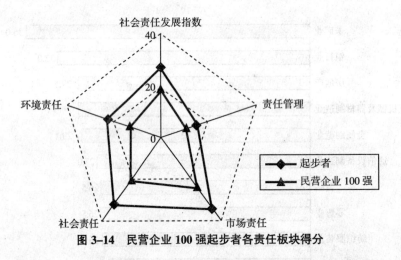

图3-14　民营企业100强起步者各责任板块得分

二、责任管理

（一）概论

1. 银行业起步者责任管理平均分最高

民营企业100强起步者责任管理指数仅为

15.3分。从行业分布情况上看，银行业起步者责任管理平均分为25分，位于行业首位；电气机械及器材制造业次之，责任管理平均分达23.9分；房地产和石油石化行业平均得分均为22.5分，并列第三。

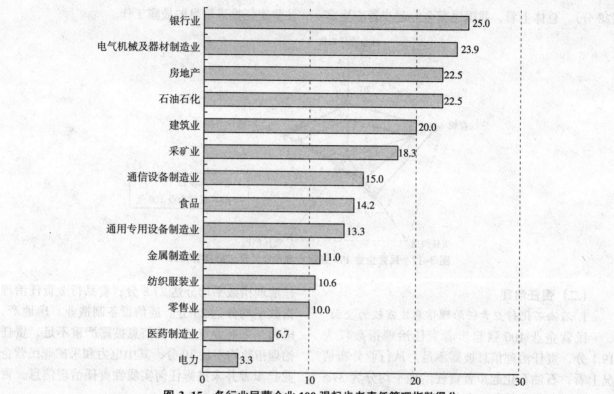

图3-15 各行业民营企业100强起步者责任管理指数得分

2. 多数地区起步者责任管理平均分偏低

我国多数地区的民营企业起步者责任平均得分偏低，其中，河北省民营企业起步者责任管理平均得分为0，此外，上海和山东两地民营企业起步者责任管理平均得分不足10分。但与此同时，福建民营企业起步者责任管理平均得分达31.7分，吉林省民营企业起步者责任管理平均得分达25分，浙江和湖南民营企业起步者责任管理平均得分分别达24.7分和23.3分。

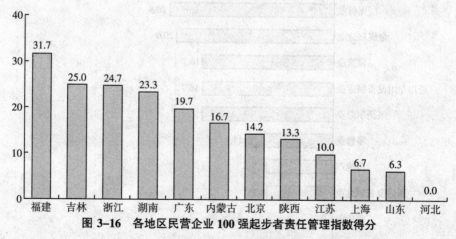

图3-16 各地区民营企业100强起步者责任管理指数得分

3. 责任推进信息披露亟待强化

我国民营企业起步者责任推进指数平均得分仅为3.7分，略高于我国民营企业100强责任推进指数平均分（3分），远低于起步者平均水平

（28分）。总体上看，我国民营企业起步者应更多　注重责任推进信息的披露工作。

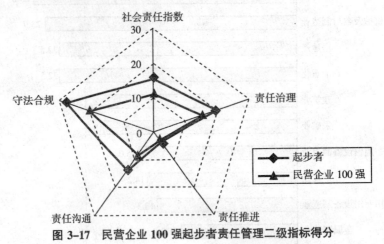

图 3-17　民营企业 100 强起步者责任管理二级指标得分

（二）责任治理

1. 石油石化行业责任治理信息披露较为全面

民营企业 100 强起步者责任治理指数仅为 19.1 分，责任治理信息披露不足。从行业分布情况上看，石油石化起步者责任治理平均分为 37.5 分，位于各行业首位；电气机械及器材制造业责任治理指数平均分达 27.8 分；食品行业责任治理指数平均分达 25 分。通信设备制造业、房地产、电力、采矿业责任治理信息披露严重不足，责任治理指数均不足 10 分，其中电力和采矿业民营企业起步者并未披露任何实质性责任治理信息，责任治理指数均为 0。

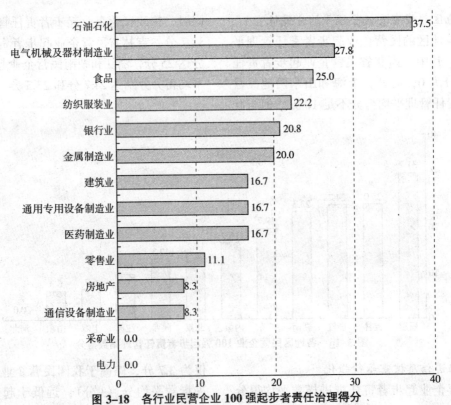

图 3-18　各行业民营企业 100 强起步者责任治理得分

2. 多数地区责任治理信息披露力度仍有待加强

福建和湖南两省民营企业起步者责任治理指数为 33.3 分，并列第一；浙江省以 30.0 分位居第

三；北京和河北两地民营企业起步者责任治理指数均为 0。总体上看，我国民营起步者应加大责任治理信息披露力度。

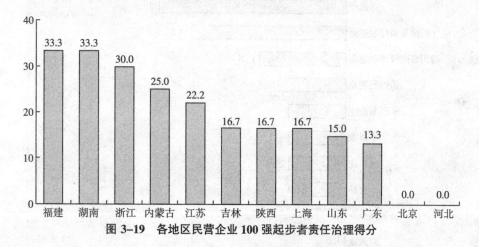

图 3-19　各地区民营企业 100 强起步者责任治理得分

（三）责任推进

多数民营企业起步者并未披露任何具有实质意义的责任推进信息。

1. 多数行业民营企业起步者未披露任何责任推进信息

我国仅有 4 个行业的民营企业起步者责任推进指数不为 0，其中，采矿业和纺织服装业民营企业起步者责任推进指数均为 21.4 分，通信设备制造业和电气机械及器材制造业民营企业起步者责任推进指数不足 20 分。除此以外，10 个行业的民营企业起步者责任推进指数均为 0。总体上看，我国各行业民营企业起步者责任推进指数明显偏低，企业亟须强化责任推进工作执行力度。

2. 多数地区民营企业起步者并未披露任何实质性信息

我国仅有 3 个地区（广东、福建和北京）的民营企业起步者责任推进指数不为 0，其中，广东省民营企业起步者责任推进指数为 15.7 分，福建民营企业起步者责任推进指数为 14.3 分，北京民营企业起步者责任推进指数为 10.7 分。其余 9 个地区的民营企业起步者责任推进指数均为 0。总体上看，我国多数地区民营企业起步者责任推进指数明显偏低。

（四）责任沟通

1. 各行业责任沟通指数水平参差不齐

我国各行业民营企业起步者责任沟通信息披露水平参差不齐。其中，石油石化行业民营企业起步者责任沟通指数高达 40.9 分，位居各行业首位；银行业和房地产民营企业起步者责任沟通指数均为 29.5 分；电气机械及器材制造业起步者责任沟通指数为 24.2 分；医药制造业、零售业、采矿业、食品、金属制造业、通信设备制造业、建筑业、电力 8 个起步者行业责任沟通指数均不足 10 分，其中通信设备制造业、建筑业、电力民营企业起步者责任沟通指数为 0。

2. 各地区民营企业起步者责任沟通呈阶梯式发展态势

福建民营企业起步者责任沟通指数高达 40.9 分，处于第一阶梯；湖南、浙江、吉林和广东民营企业起步者责任沟通指数得分均高于 20 分，处于第二阶梯；内蒙古、上海、江苏、北京、山东、河北和陕西民营企业起步者责任沟通指数均低于 10 分，处于第三阶梯，其中，河北和陕西民营企业起步者责任沟通指数均为 0。

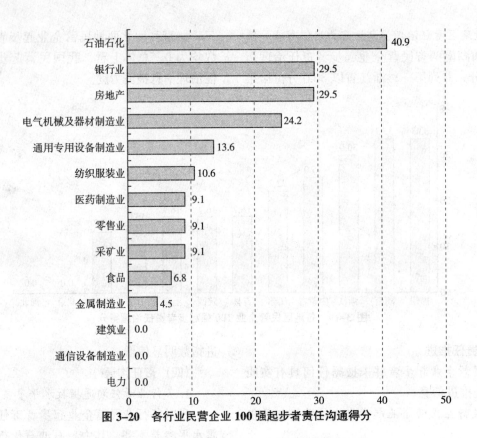

图 3-20　各行业民营企业 100 强起步者责任沟通得分

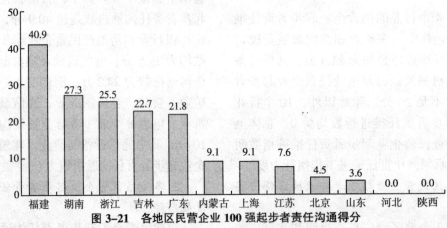

图 3-21　各地区民营企业 100 强起步者责任沟通得分

（五）守法合规

1. 多数行业守法合规信息披露较为充分

多数行业民营企业起步者守法合规指数均高于 20 分，守法合规信息披露较为充分。其中，建筑业守法合规指数高达 83.3 分；通信设备制造业、采矿业、房地产守法合规指数均达 50 分；食品、电气机械及器材制造业两个行业守法合规指数达 33.3 分；金属制造业、通用专用设备制造业、银行业、零售业守法合规得分也高于 20 分。但仍有 4 个行业守法合规指数低于 20 分，其中，医药制造业和石油石化 2 个行业民营企业起步者守法合规指数均为 0。

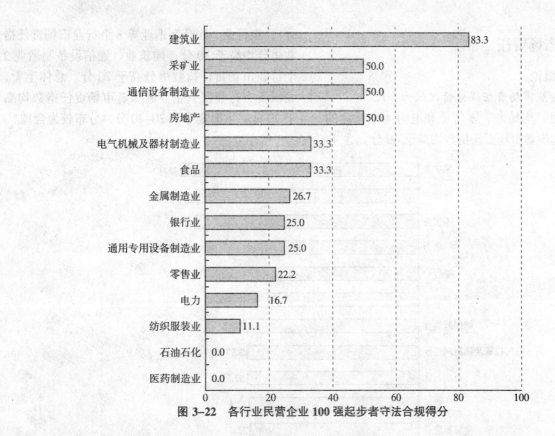

图 3-22　各行业民营企业 100 强起步者守法合规得分

2. 多数地区守法合规信息披露较为充分

吉林省民营企业起步者守法合规指数达 66.7 分，北京和陕西民营企业起步者守法合规指数均为 50 分，浙江和内蒙古两地民营企业起步者守法合规指数均高于 40 分；福建、湖南、广东三地民营企业起步者守法合规高于 20 分；河北和上海两地民营企业起步者守法合规指数均为 0。

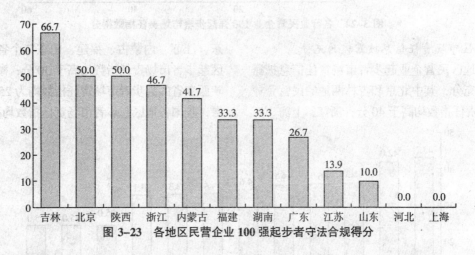

图 3-23　各地区民营企业 100 强起步者守法合规得分

（六）调整项

25.8%的起步者曾经获得一项或一项以上的责任管理荣誉。有两家民营企业起步者存在责任管理缺失问题。

三、市场责任

（一）概论

1. 各行业市场责任得分情况较为合理

采矿业、房地产、零售业和电力4个行业的民营企业起步者市场责任指数均高于40分（含40分）；银行业、医药制造业等8个行业市场责任指数得分均高于30分；建筑业、通信设备制造业2个行业市场责任指数得分高于20分。总体上看，我国所有行业民营企业起步者市场责任指数均高于20分，主要集中于20~40分，分布较为合理。

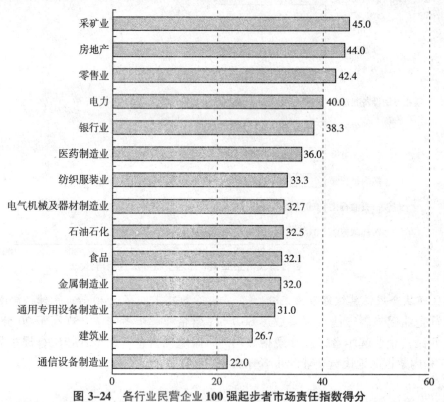

图3-24 各行业民营企业100强起步者市场责任指数得分

2. 各地区市场责任信息披露较为充分

我国各地区民营企业起步者市场责任信息披露信息均较为充分，其中北京和吉林两地的民营企业起步者市场责任指数均高于40分；浙江、上海、广东、江苏、内蒙古、福建、山东7个省、市、自治区起步者市场责任指数均高于30分；湖南、河北和陕西3省的起步者市场责任指数均为25分。总体上看，我国各地区起步者市场责任指数均高于20分。

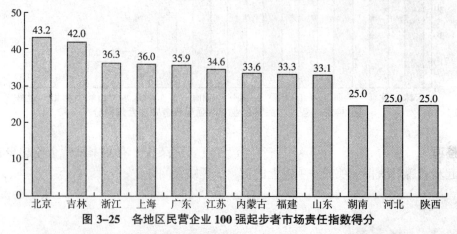

图3-25 各地区民营企业100强起步者市场责任指数得分

3. 伙伴责任亟须改进

　　起步者伙伴责任指数平均仅为 15.9 分，略高于我国民营企业 100 强伙伴责任指数（14.9 分），

此外，起步者客户责任指数达 32.8 分，高于民营企业 100 强客户责任指数。股东责任最受重视，起步者股东责任指数达 57.9 分。

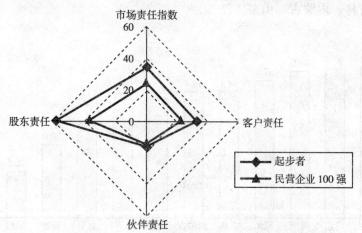

图 3-26　民营企业 100 强起步者市场责任二级指标得分

（二）客户责任

1. 多数行业客户责任信息披露较为充分

　　通信设备制造业、建筑业、电力 3 个行业起步者客户责任指数均达 50 分，电气机械及器材

制造业客户责任指数为 43.3 分；石油石化等 9 个行业客户责任指数得分在 20~40 分。医药制造业的客户责任指数为 6.9 分，信息披露严重不足。

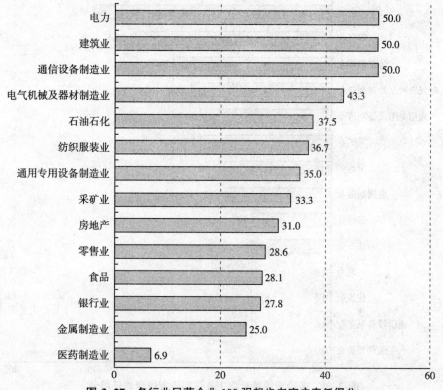

图 3-27　各行业民营企业 100 强起步者客户责任得分

2. 多数地区客户责任信息披露较为充分

我国多数地区客户责任信息披露较为充分，浙江、广东、湖南三省客户责任指数均高于40分（含40分）；河北、吉林、内蒙古、山东、江苏、北京、福建7个地区客户责任指数得分高于20分（含20分），仅上海、陕西两地客户责任指数得分不足20分。

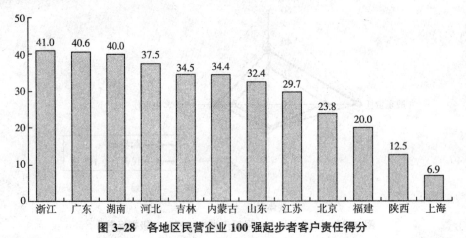

图 3-28 各地区民营企业100强起步者客户责任得分

（三）伙伴责任

1. 多数行业伙伴责任信息披露严重不足

我国民营企业100强起步者仅有食品、零售业、纺织服装业3个行业的伙伴责任指数高于20分（含20分）；医药制造业、通信设备制造业、建筑业、电力4个行业起步者均未披露任何伙伴责任信息，伙伴责任指数为0。

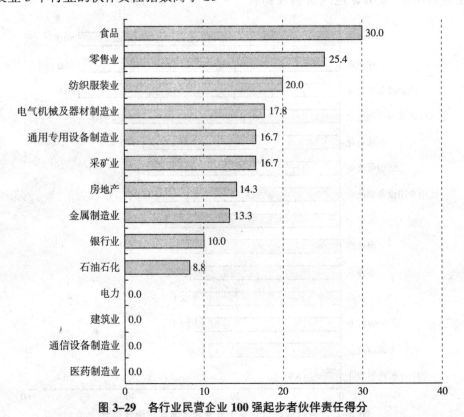

图 3-29 各行业民营企业100强起步者伙伴责任得分

2. 多数地区伙伴责任指数得分偏低

我国仅 5 个地区的伙伴责任指数得分高于 20 分（含 20 分）；其余 7 个地区伙伴责任指数均不足 20 分，其中，河北和上海两地起步者并未披露任何具有实质意义的伙伴责任信息，伙伴责任指数得分为 0。

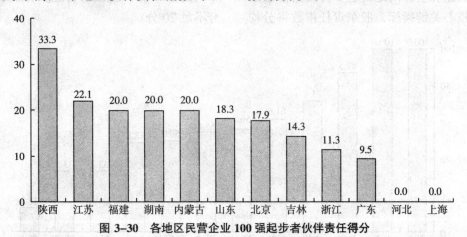

图 3-30 各地区民营企业 100 强起步者伙伴责任得分

（四）股东责任

1. 多数行业股东责任信息披露较为充分

银行业和医药制造业起步者披露了所有股东责任指标，股东责任指数为 100 分；房地产、零售、采矿业、电力、金属制造业 5 个行业起步者股东责任指数高于 60 分（含 60 分）；食品、石油石化、纺织服装业、通用专用设备制造业 4 个行业股东责任指数高于 40 分（含 40 分）；电气机械及器材制造业和建筑业两个行业股东责任指数高于 20 分。通信设备制造业起步者股东责任得分低于 10 分，股东责任信息披露严重不足。

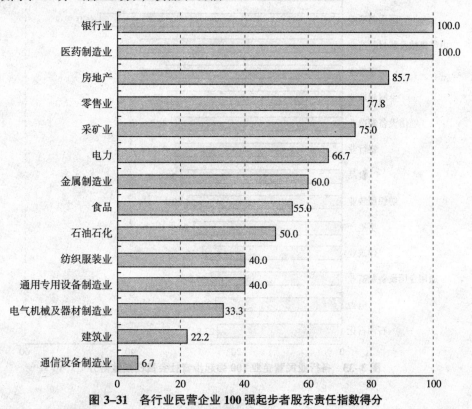

图 3-31 各行业民营企业 100 强起步者股东责任指数得分

2. 多数地区起步者十分重视股东责任

5 个地区的起步者股东责任指数得分高于 60 分，其中，福建和上海两地的起步者披露了股东责任的所有核心关键指标，股东责任指数得分均为 100 分；4 个地区的起步者股东责任指数得分在 40~60 分；2 个地区的起步者股东责任指数得分均为 33.3 分；仅湖南省起步者股东责任指数得分不足 20 分。

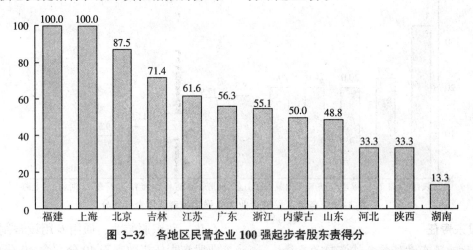

图 3-32　各地区民营企业 100 强起步者股东责得分

（五）调整项

起步者中共有 22 家企业 2008 年曾获得一项或一项以上市场责任荣誉。有 7 家起步者存在市场责任缺失问题。

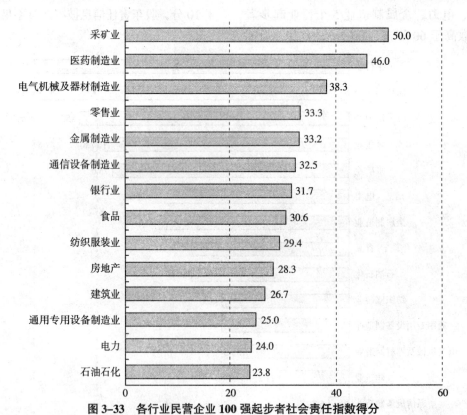

图 3-33　各行业民营企业 100 强起步者社会责任指数得分

四、社会责任

（一）概论

1. 各行业社会责任信息披露均较为充分

我国民营企业 100 强各行业起步者社会责任指数均高于 20 分，其中，采矿业社会责任指数达 50 分，医药制造业社会责任指数达 46 分，电气机械及器材制造业社会责任指数达 38.3 分。总体上看，我国民营企业各行业起步者社会责任指数均高于 20 分，社会责任信息披露较为充分。

2. 所有地区社会责任信息披露均较为充分

我国各地区起步者社会责任指数得分均高于 20 分，其中，上海和北京两地起步者社会责任得分突破 40 分。

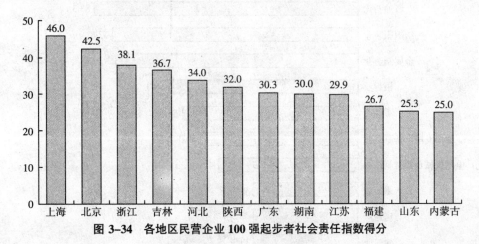

图 3-34　各地区民营企业 100 强起步者社会责任指数得分

3. 员工责任最不受重视

我国民营企业 100 强起步者最不重视员工责任信息披露，员工责任指数得分仅为 20.9 分，远低于政府责任和社区责任得分（63 分和 38.5 分）。

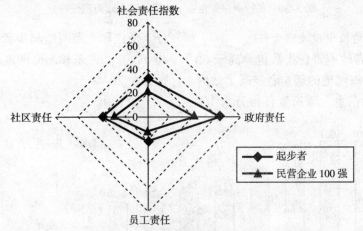

图 3-35　民营企业 100 强起步者社会责任二级指标得分

（二）政府责任

1. 多数行业起步者披露了较为充分的政府责任信息

我国多数行业起步者政府责任指数均高于 20 分。其中，医药制造业和电力 2 个行业起步者披露了所有政府责任实质性指标，政府责任指数达 100 分；食品、石油石化、纺织服装业、金属制造业、银行业 5 个行业政府责任指数高于 60 分（含 60 分）；零售业、通用专用设备制造业、电气机械及器材制造业 3 个行业政府责任指数均高于

40分；建筑业、房地产和采矿业3个行业责任指数均为33.3分，高于20分；通信设备制造业起步者并未披露任何实质性政府责任信息，政府责任指数为0。

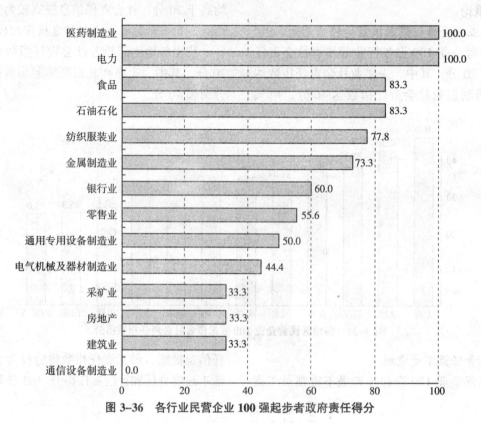

图 3-36   各行业民营企业 100 强起步者政府责任得分

2. 各地区起步者均较重视政府责任

8个地区的起步者政府责任指数得分高于60分，其中，河北和上海两地的起步者披露了政府责任的所有核心指标信息，政府责任得分为100分。浙江和北京两地起步者政府责任指数得分在40~60分；广东和湖南两地起步者政府责任指数得分在20~40分。

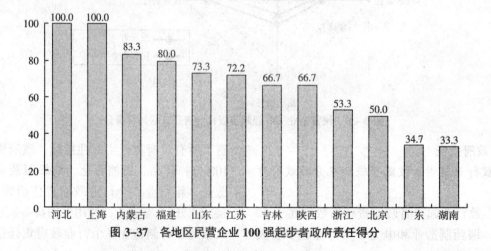

图 3-37   各地区民营企业 100 强起步者政府责任得分

（三）员工责任

1. 采矿业员工责任指数居于首位

采矿业起步者员工责任指数达53.1分，电气机械及器材制造业起步者员工责任指数达34.8分，通信设备制造业等7个行业起步者员工责任指数均高于20分；5个行业起步者员工责任低于20分，其中电力、石油石化行业起步者员工责任指数不足10分。

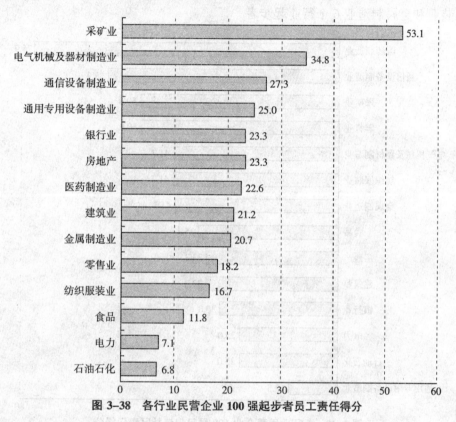

图 3-38　各行业民营企业100强起步者员工责任得分

2. 个别地区起步者员工责任指数得分偏低

我国7个地区起步者员工责任指数得分高于20分，其中，北京、浙江、吉林和湖南4个地区的员工责任指数高于30分。5个地区的起步者员工责任指数得分不足20分，其中，内蒙古起步者员工责任指数得分仅为2.3分。

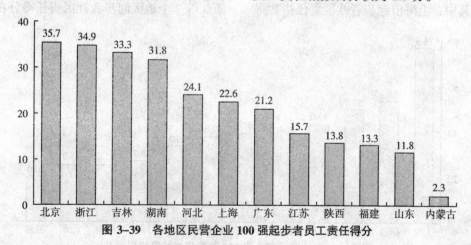

图 3-39　各地区民营企业100强起步者员工责任得分

（四）社区责任

1. 医药制造业社区责任指数最高

医药制造业社区责任指数达 76.9 分；通信设备制造业、零售业、采矿业、电气机械及器材制造业、纺织服装业和金属制造业 6 个行业起步者社区责任指数得分在 40~60 分；食品、建筑业、房地产、银行业、电力、石油石化 6 个行业的社区责任指数得分在 20~40 分；通用专用设备制造业社区责任指数仅为 12.5 分。

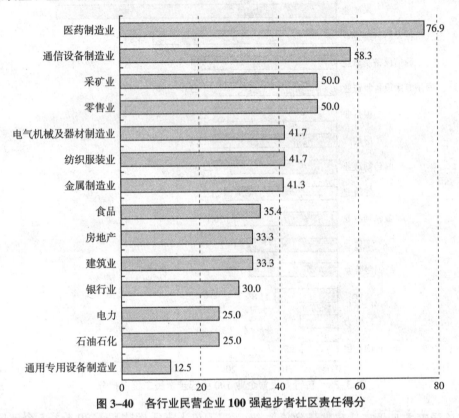

图 3-40   各行业民营企业 100 强起步者社区责任得分

2. 上海社区责任指数得分最高

我国各地区社区责任指数得分均高于 20 分（含 20 分），其中，上海市起步者社区责任指数得分高达 76.9 分，位居第一；陕西、北京、广东和江苏 4 个地区起步者社区责任得分在 40~60 分；浙江等 7 个地区起步者社区责任得分在 20~40 分。

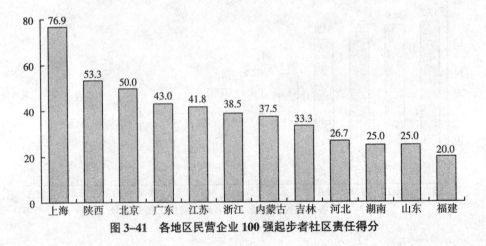

图 3-41   各地区民营企业 100 强起步者社区责任得分

（五）调整项

起步者中共有21家企业2008年曾获得一项或一项以上社会责任荣誉。4家起步者存在社会责任缺失问题。

五、环境责任

（一）概论

1. 采矿业环境责任指数最高

采矿业起步者环境责任指标为41.4分，位居首位；金属制造业等8个行业环境责任指标得分在20~40分。5个行业的起步者环境责任指标低于20分，其中，零售业起步者环境责任指标仅为2.2分；医药制造业和建筑业两大行业起步者并未披露任何具有实质性的关键指标，环境责任指标为0。

2. 仍有4个地区环境责任指数得分偏低

陕西和内蒙古两地起步者环境责任得分高于30分；河北、广东、江苏、北京、福建、山东6个地区起步者环境责任得分超过20分。4个地区起步者环境责任得分低于20分，其中，上海市起步者并未披露任何具有实质意义的环境责任信息，

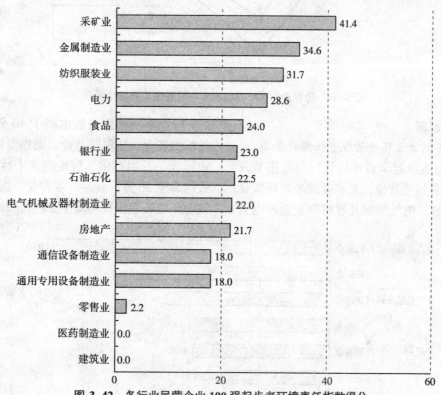

图3-42　各行业民营企业100强起步者环境责任指数得分

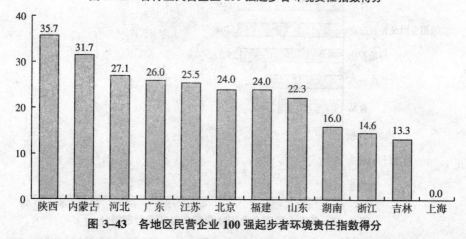

图3-43　各地区民营企业100强起步者环境责任指数得分

环境责任指数得分为0。

3.降污减排信息披露程度有待提高

我国民营企业起步者降污减排指数得分仅为

18.2分，低于环境管理指标得分和节约资源/能源指标得分（28.3分和24.3分），降污减排信息披露程度有待提高。

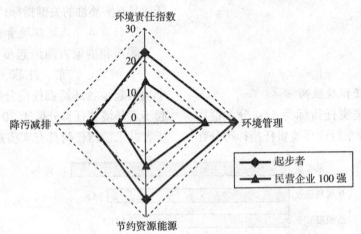

图3-44 民营企业100强起步者环境责任二级指标得分

（二）环境管理

1.通信设备制造业环境管理责任指数最高

通信设备制造业起步者环境管理责任指数高达80分，位居各行业首位；采矿业起步者环境管理指数达56.3分；电气机械及器材制造业、电力

2个行业环境管理指数也高于40分（含40分）；纺织服装业、金属制造业、通用专用设备制造业、银行业、石油石化、房地产6个行业环境管理指数均高于20分；食品、零售业、医药制造业和建筑业环境管理指数均低于20分，其中，医药制造

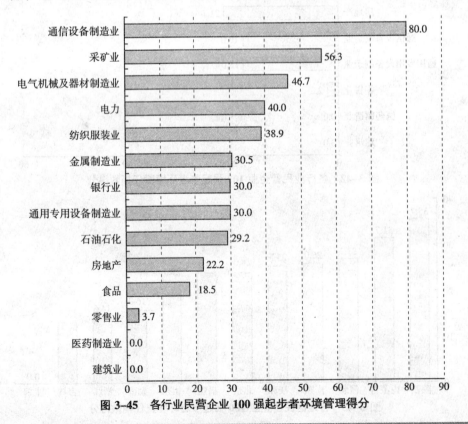

图3-45 各行业民营企业100强起步者环境管理得分

业和建筑业均未披露实质性环境管理信息，环境管理指数为0。

2. 各地区起步者环境管理指数水平参差不齐

湖南省起步者环境管理指数得分达60分，远高于其他地区起步者得分；广东省起步者位居其后，环境管理指数得分达52分；北京和福建环境管理指数得分均超过30分；5个地区环境管理指数得分不足20分，其中，上海市起步者并未披露任何具有实质意义的环境管理指标信息，环境管理指数得分为0。

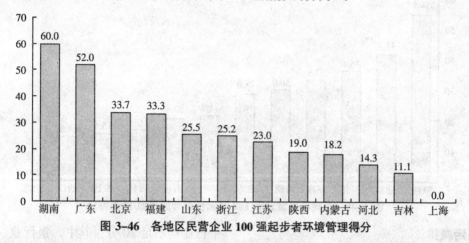

图 3–46　各地区民营企业100强起步者环境管理得分

（三）节约资源/能源

1. 各行业水平参差不齐

采矿业起步者节约资源/能源指数达83.3分，列各行业之首；金属制造业起步者节约资源/能源指数达41.8分；纺织服装业等7个行业的节约资源/能源指数高于20分；银行业节约资源/能源指数仅为15.4分；医药制造业、通信设备制造业、零售业、建筑业4个行业起步者并未披露具有实质意义

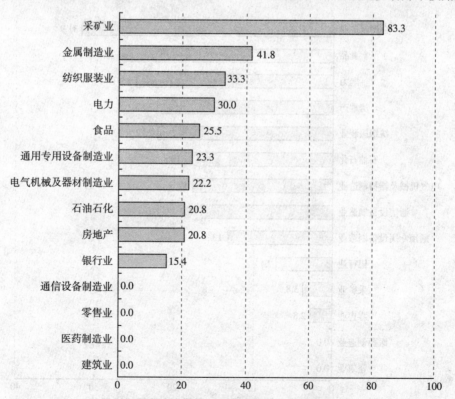

图 3–47　各行业民营企业100强起步者节约资源/能源得分

的节约资源/能源信息，节约资源/能源指数为0。

2. 4个地区节约资源/能源指标得分偏低

陕西和北京节约资源/能源指标得分均高于40分，分别为54.5分和41.7分；河北等6个地区节约资源/能源指标得分在20~40分；吉林、福建、浙江和上海4个地区节约资源/能源指标得分均低于20分，其中，上海起步者并未披露任何具有实质意义的节约资源/能源信息，节约资源/能源指数得分为0。

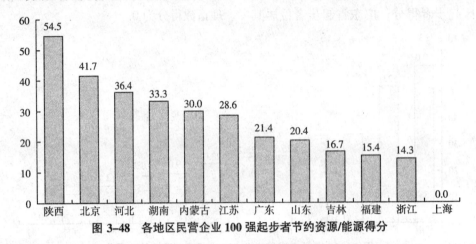

图3-48　各地区民营企业100强起步者节约资源/能源得分

（四）降污减排

1. 多数行业起步者降污减排信息普遍披露不足

仅金属制造业、食品、电力、房地产和纺织服装业5个行业降污减排指数高于20分，其余9个行业均不足20分，其中，银行业、采矿业和零售业3个行业降污减排指数不足10分，医药制造业和建筑业起步者并未披露任何实质性降污减排信息，降污减排指数为0。总体上看，我国民营企业多数行业排降污信息普遍披露不足。

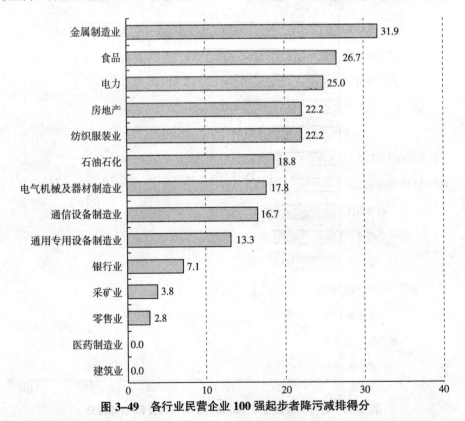

图3-49　各行业民营企业100强起步者降污减排得分

2. 部分地区起步者并未披露任何实质意义的降污减排信息

我国福建、湖南和上海3个地区起步者并未披露任何实质意义的降污减排信息，降污减排指数得分为0。此外，浙江、北京两地起步者降污减排指标得分不足10分，降污减排信息披露严重不足。

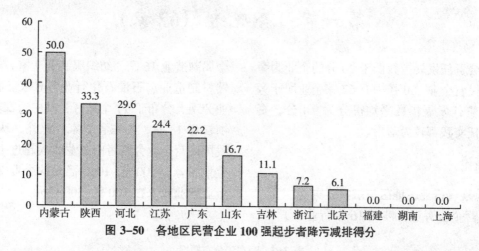

图 3–50　各地区民营企业 100 强起步者降污减排得分

（五）调整项

起步者中共有 11 家企业 2008 年曾获得一项或一项以上环境责任荣誉。3 家起步者存在社会责任缺失问题。

六、小结

（1）起步者涉及 14 个行业 12 个地区。分析结果显示，我国民营企业 100 强共有 31 家民营企业处于起步者阶段，社会责任发展指数为 27.2 分。从起步者的分布情况上看，民营企业 100 强起步者涉及 14 个行业，覆盖 12 个省、市、自治区。从营业收入规模来看，我国民营企业起步者中营业收入过千亿元的仅 1 家；500 亿~1000 亿元的 2 家，其他 28 家企业营业收入规模均在 100 亿~500 亿元。

（2）责任管理。我国民营企业 100 强起步者责任管理指数仅为 15.3 分，责任管理信息披露严重不足，多数地区起步者责任管理平均得分偏低；银行业起步者责任管理平均分最高，也仅为 25 分。二级指标责任推进指数平均得分仅为 3.7 分，责任推进信息披露亟待强化。

（3）市场责任。我国起步者伙伴责任指数平均仅为 15.9 分，略高于我国民营企业 100 强伙伴责任指数（14.9 分）；起步者客户责任指数达 32.8 分，高于民营企业 100 强客户责任指数。股东责任最受重视，起步者股东责任指数达 57.9 分。整体上看，我国各行业、各地区民营企业 100 强起步者市场责任平均得分较为合理。

（4）社会责任。我国民营企业 100 强起步者社会责任发展指数仅为 31.9 分，其中，员工责任指数得分仅为 20.9 分，远低于政府责任和社区责任得分（63 分和 38.5 分）。总体上看，我国各行业各地区民营企业起步者市场责任信息披露较为充分。

（5）环境责任。我国民营企业 100 强起步者降污减排指数得分仅为 18.2 分，低于环境管理指标得分和节约资源/能源指标得分（28.3 分和 24.3 分），降污减排信息披露程度有待提高。总体上看，多数行业、多数地区民营企业 100 强起步者环境责任信息披露较为充分，但仍有 5 个行业和 4 个地区的起步者环境责任指标平均得分低于 20 分。

（6）责任管理发展水平远滞后于责任实践发展水平。分析结果显示，起步者责任管理指数达

15.3分，远低于责任实践指数水平（29.7分）。总体上看，起步者对于社会责任工作的启动始于责任实践领域。

第六节 旁观者（62家）

企业社会责任发展指数低于20分的企业为旁观者，中国民营企业100强中有62家企业属于旁观者，社会责任发展指数平均得分为9.4分，责任管理与责任实践都较为落后。

一、概论

（一）旁观者行业、地区与规模分布

我国民营企业旁观者涉及16个行业，其中，金属制造业16家，纺织服装业7家，电气机械及器材制造业、石油石化行业各6家。我国民营企业旁观者分布于17个地区，其中，江苏省16家，浙江省13家，山东省7家。此外，从规模上看，我国民营企业旁观者中营业收入超过1000亿元的企业1家，500亿~1000亿元的企业3家，58家企业营业收入在100亿~500亿元。

表3-7 旁观者分布概况   单位：家

行 业	企业数	地 区	企业数
金属制造业	16	江 苏	16
纺织服装业	7	浙 江	13
电气机械及器材制造业	6	山 东	7
石油石化	6	北 京	4
采矿业	4	河 北	4
建筑业	3	辽 宁	3
交通运输设备制造业	3	四 川	3
零售业	3	天 津	3
食品	3	安 徽	1
医药制造业	3	广 东	1
房地产	2	海 南	1
贸易	2	河 南	1
非金属矿物制品业	1	湖 北	1
交通运输、仓储、邮政业	1	江 西	1
通信设备制造业	1	内蒙古	1
银行业	1	上 海	1
		新 疆	1
合计共62家企业，分布于16个行业，17个地区			

（二）各行业旁观者社会责任发展指数不足15分

我国民营企业100强起步者所有行业社会责任发展指数均不足15分。其中，电气机械及器材制造业、建筑业起步者得分为13.3分；银行业得分为13分，位居第三。值得注意的是，仍有7个行业责任发展指数不足10分，其中，贸易和非金属矿物制品业得分不足5分。

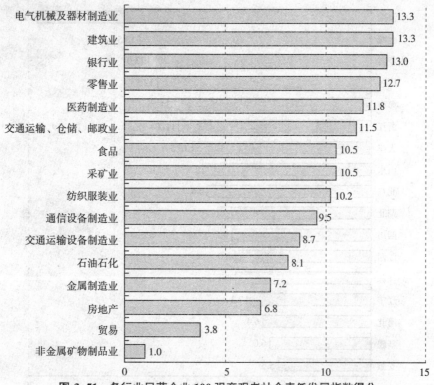

图 3-51　各行业民营企业 100 强旁观者社会责任发展指数得分

（三）河南省旁观者社会责任发展指数较高

河南民营企业 100 强旁观者社会责任发展指数为 19.5 分，上海民营企业 100 强旁观者为 13.5 分；内蒙古民营企业 100 强旁观者为 13 分。值得注意的是，仍有 10 个地区民营企业 100 强旁观者社会责任发展指数平均得分不足 10 分。

（四）个别旁观者尚未建立官方信息披露常规渠道

我国民营企业 100 强旁观者绝大多数已经建立了全面的官方信息披露渠道，但是少数企业的信息披露渠道仍不完善，个别企业（山东魏桥创业集团有限公司①）并未建立官方信息常规披露渠道。此外，一些企业所披露的信息实质性不足，江苏华西集团公司和江苏新长江实业集团有限公司尽管建立了公司网站披露平台，但是，网站信息的时效性和实质性明显不足，责任指数得分也为 0。

（五）旁观者注重市场责任信息披露，责任管理表现最差

由于民营企业 100 强中，六成企业为旁观者，因此，旁观者各领域指数的分布情况与我国 100 强各指数情况具有较高的相似性，均为责任管理责任指数和环境责任指数偏低。具体来说，我国民营企业 100 强旁观者责任管理指数仅为 4.5 分，环境责任指数为 6 分，低于社会责任指数（21.1 分）和市场责任指数（24.7 分）。旁观者在责任管理和责任实践方面均无实质性举动。

二、责任管理

（一）概论

1. 各行业旁观者责任管理信息披露普遍不足

我国民营企业 100 强旁观者责任管理指数仅采矿业和银行业旁观者责任管理指数高于 10 分（含 10 分）；其余 14 个行业旁观者责任管理指数均不足 10 分，其中，通信设备制造业、贸易、非金属矿物制品业 3 个行业旁观者均未披露任何实

---

①山东魏桥创业集团有限公司下属上市公司山东魏桥纺织股份有限公司拥有了年报、网站等信息披露渠道，但是山东魏桥创业集团有限公司并未实现整体上市，其还拥有魏桥铝业公司等全资子公司，因此，山东魏桥创业集团有限公司的责任披露情况不能利用山东魏桥纺织股份有限公司的情况来代替，因此，我们认为，山东魏桥创业集团有限公司并未建立官方信息常规披露渠道。

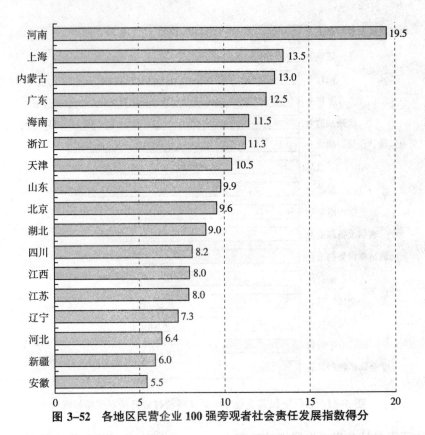

图 3-52   各地区民营企业 100 强旁观者社会责任发展指数得分

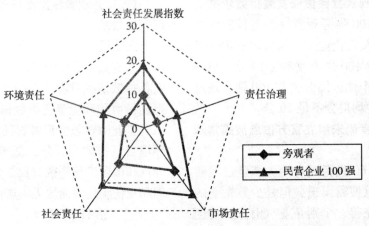

图 3-53   民营企业 100 强旁观者各责任板块得分

质性责任管理信息，责任管理指数均为 0。

2. 各地区对责任管理信息披露明显不足

我国民营企业 100 强各地区旁观者责任管理指数均低于 20 分。其中，内蒙古、广东和河南旁观者责任管理指数高于 10 分（含 10 分）；浙江等 9 个地区旁观者责任管理指数不足 5 分。

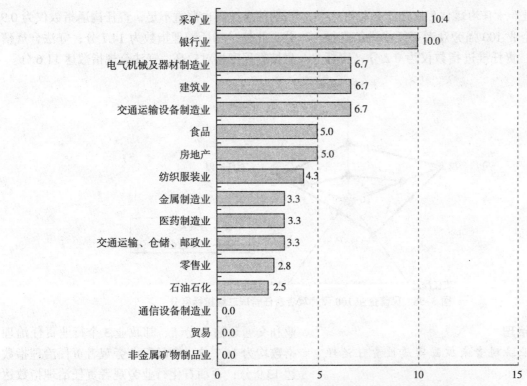

图 3-54　各行业民营企业 100 强旁观者责任管理指数得分

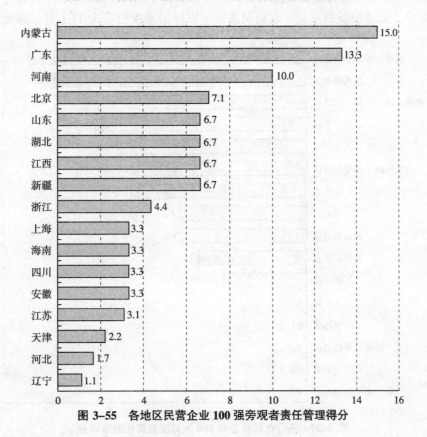

图 3-55　各地区民营企业 100 强旁观者责任管理得分

3. 责任推进和责任沟通信息披露严重不足

我国民营企业 100 强旁观者责任推进信息披露最不受重视，责任推进指数仅为 0.2 分；责任沟通信息披露也严重不足，责任沟通指数仅为 0.9 分；此外，责任治理指数为 14.7 分；守法合规信息披露程度相对较高，守法合规指数达 11.6 分。

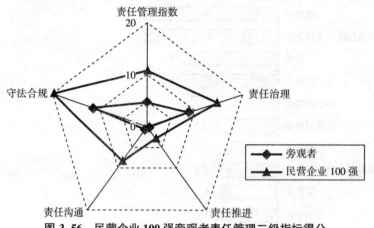

图 3-56　民营企业 100 强旁观者责任管理二级指标得分

（二）责任治理

1. 部分行业旁观者未披露实质性责任治理信息

我国民营企业 100 强所有行业责任治理指数均不足 20 分，其中，交通设备制造业、医药制造业和交通运输、仓储、邮政业 3 个行业责任治理指数均为 16.7 分；食品行业旁观者责任治理指数达 13.9 分；石油石化行业旁观者责任治理指数达 12.5 分；电气机械及器材制造业、零售业旁观者责任治理指数均为 11.1 分。除此以外，其余 9 个

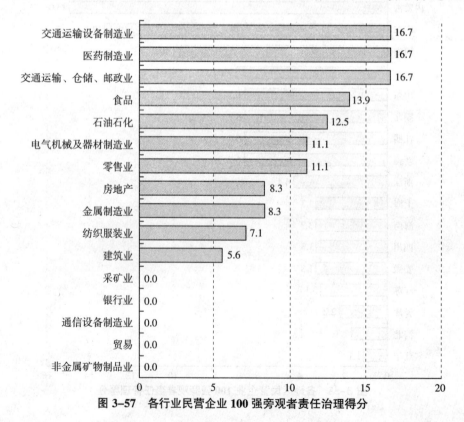

图 3-57　各行业民营企业 100 强旁观者责任治理得分

行业旁观者责任治理指数均不足 10 分，其中 5 个行业未披露任何实质性责任治理信息，责任治理指数均为 0。

2. 两个地区旁观者未披露任何实质信息

仅湖北省旁观者责任治理指数高于 20 分，达

33.3 分；其余 16 个地区责任治理指数均低于 20 分，其中内蒙古和新疆未披露任何实质信息，责任治理指数均为 0。

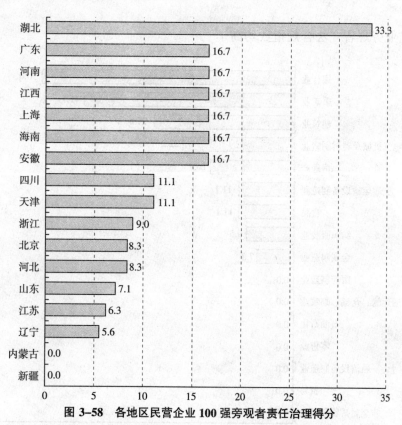

图 3-58　各地区民营企业 100 强旁观者责任治理得分

（三）责任推进

1. 仅两个行业旁观者责任推进指数不为 0

仅零售业和采矿业责任推进指数不为 0，其中，零售业责任推进指数仅为 2.4 分，采矿业责任推进指数仅为 1.8 分。除这两个行业外，其余 15 个行业旁观者均未披露具有实质意义的责任推进信息，责任推进指数得分为 0。

2. 多数地区旁观者未披露实质性信息

仅北京和内蒙古责任推进指数不为 0，且这两地责任推进指数也不足 10 分。总体上看，我国多数地区旁观者均未披露具有实质意义的责任推进信息，责任推进指数得分为 0。

（四）责任沟通

1. 仅 4 个行业披露了责任沟通实质性信息

仅采矿业、交通运输设备制造业、纺织服装业和金属制造业 4 个行业责任沟通指数不为 0，其中，采矿业为 4.5 分，交通运输设备制造业为 3 分，纺织服装业为 2.6 分，金属制造业为 0.6 分。除这 4 个行业外，其余 12 个行业旁观者均未披露具有实质意义的责任推进信息，责任沟通指数得分为 0。

2. 多数地区旁观者未披露实质性信息

仅内蒙古、江苏、浙江和山东 4 个地区责任沟通指数不为 0，且这 4 个地区责任沟通指数也

均不足 10 分。总体上看，我国多数地区旁观者均未披露具有实质意义的责任沟通信息，责任沟通指数得分为 0。

（五）守法合规

1. 各行业旁观者守法合规信息披露水平差距较大

银行业和采矿业旁观者守法合规指数均高于 40 分，分别为 50 分和 41.7 分；建筑业和电气机械及器材制造业守法合规数均高于 20 分，分别为 27.8 分和 22.2 分。12 个行业旁观者守法合规得分不足 20 分，其中，7 个行业旁观者未披露任何实质性守法合规信息，守法合规指数为 0。

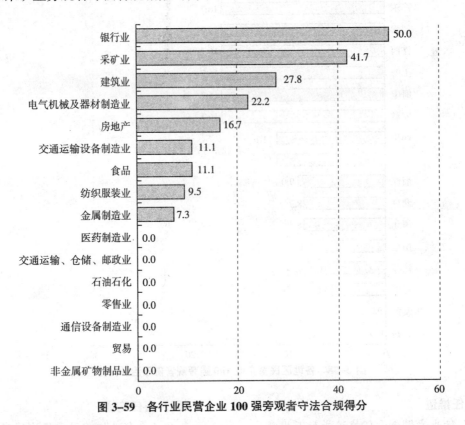

图 3-59　各行业民营企业 100 强旁观者守法合规得分

2. 7 个地区旁观者并未披露实质性信息

内蒙古守法合规指数高达 50 分，广东、河南、新疆、北京和山东 5 个地区守法合规指数均高于 20 分，江西、浙江、江苏和四川等地旁观者对守法合规信息进行了零星披露。仍有 7 个地区旁观者未披露具有实质意义的责任沟守法合规信息，守法合规指数得分为 0。

（六）调整项

我国民营企业 100 强旁观者中有 12 家企业 2008 年曾获得一项或一项以上责任管理荣誉。2 家旁观者存在责任管理缺失问题。

三、市场责任

（一）概论

1. 所有行业均对市场责任信息有所披露

建筑业，采矿业，交通运输、仓储、邮政业，零售，通信设备制造业，银行业 6 个行业市场责任指数得分高于 20 分（含 20 分）。此外，交通运输设备制造业等 7 个行业旁观者市场责任得分在 10~20 分。

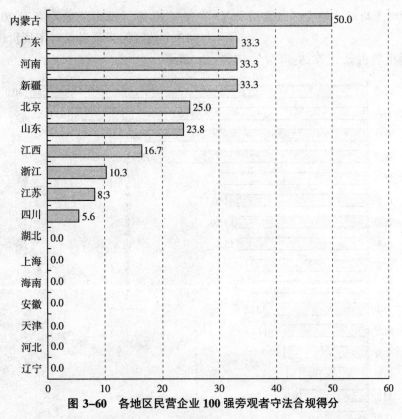

图 3-60　各地区民营企业 100 强旁观者守法合规得分

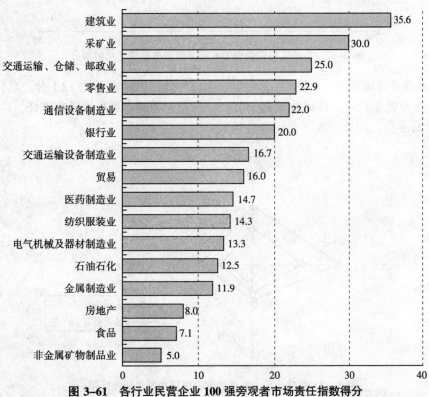

图 3-61　各行业民营企业 100 强旁观者市场责任指数得分

2. 多数地区旁观者均对市场责任信息进行了零星披露

河南省旁观者市场责任指数达 40 分，内蒙古、北京、海南三地均高于 20 分。但我国仍有 13 个地区的旁观者仅对市场责任信息进行了零星披露。

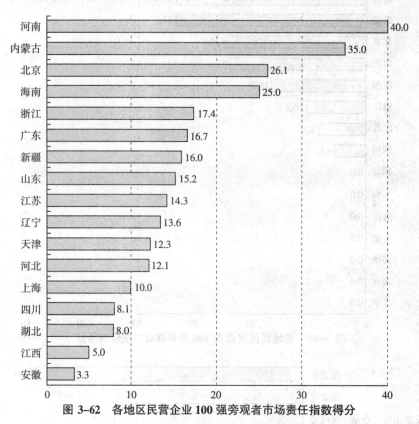

图 3-62　各地区民营企业 100 强旁观者市场责任指数得分

3. 股东责任最受旁观者关注

我国民营企业旁观者股东责任指数远高于其他领域指数，达 21.5 分。此外，客户责任指数达 13.7 分，伙伴责任达 12.1 分。总体上看，我国民营企业旁观者最重视股东责任。

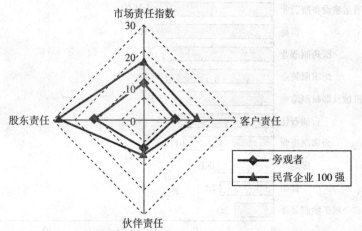

图 3-63　民营企业 100 强旁观者市场责任二级指标得分

（二）客户责任

1. 少数行业旁观者开始关注客户责任

建筑业旁观者客户责任指数得分高达50分，银行业、电气机械及器材制造业两个行业客户责任得分也高于20分。

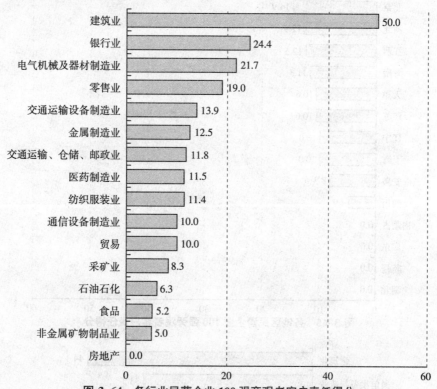

图3-64 各行业民营企业100强旁观者客户责任得分

2. 4个地区旁观者未披露实质性信息

河南省旁观者客户责任指数高达50分，浙江省旁观者客户责任指数达21.8分。除此以外，其余15个地区客户责任指数均不足20分，其中4个地区的旁观者并未披露实质性信息，客户责任指数为0。

（三）伙伴责任

1. 3个行业伙伴责任高于20分

我国已有3个行业的旁观者开始关注伙伴责任，伙伴责任指数高于20分，其中建筑业伙伴责任指数高达44.4分。

2. 5个地区旁观者未披露实质性信息

新疆旁观者伙伴责任指数高达57.1分，上海市旁观者伙伴责任指数为20分。除此以外，其余15个地区伙伴责任指数均不足20分，其中5个

地区的旁观者未披露实质性信息，伙伴责任指数为0。

（四）股东责任

1. 多数行业较重视股东责任

采矿业及交通运输、仓储、邮政业股东责任指数均高于40分。此外，贸易业等8个行业股东责任指数得分在20~40分。仍有6个行业的旁观者股东责任信息披露程度极不充分，其中，非金属矿物制品业旁观者并未披露任何实质性股东责任信息，股东责任指数为0。

2. 3个地区旁观者未披露实质性信息

内蒙古旁观者股东责任指数高达75分，广东、河南、海南和北京四地旁观者股东责任均高于40分，新疆、湖北、江苏三地旁观者股东责任均高于20分。除此以外，其余9个地区股东责任

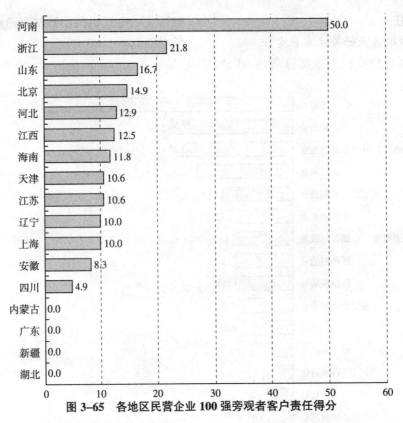

图 3-65　各地区民营企业 100 强旁观者客户责任得分

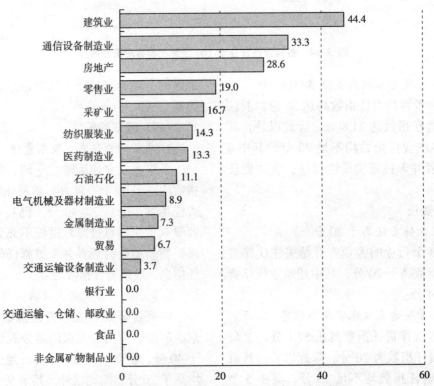

图 3-66　各行业民营企业 100 强旁观者伙伴责任得分

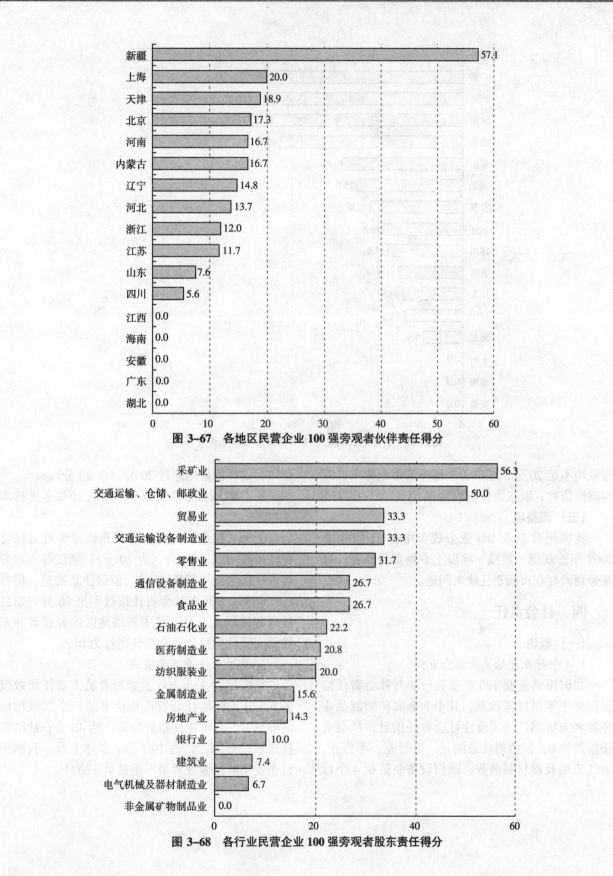

图 3-67　各地区民营企业 100 强旁观者伙伴责任得分

图 3-68　各行业民营企业 100 强旁观者股东责任得分

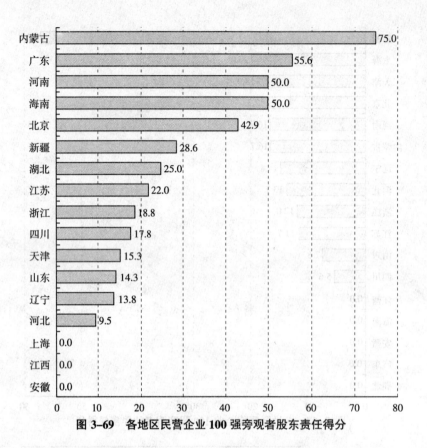

图 3-69   各地区民营企业 100 强旁观者股东责任得分

指数均不足 20 分，其中 3 个地区的旁观者未披露实质性信息，股东责任指数为 0。

（五）调整项

我国民营企业 100 强旁观者中有 31 家企业 2008 年曾获得一项或一项以上市场责任荣誉。11 家旁观者存在市场责任缺失问题。

四、社会责任

（一）概论

1. 4 个行业开始关注社会责任

我国民营企业 100 强多数行业对社会责任信息仍处于零星披露状态，其中非金属矿物制品业旁观者未披露任何实质性社会责任信息，社会责任指数为 0。但值得注意的是，银行业、零售业、电气机械及器材制造业、通信设备制造业 4 个行业社会责任指数均超过 20 分（含 20 分）。

2. 多数地区旁观者仅对社会责任信息进行零星披露

上海、河南、内蒙古、广东四地旁观者社会责任指数均高于 20 分（含 20 分）；浙江等六地旁观者社会责任均高于 10 分。值得注意的是，仍有 7 个地区的旁观者社会责任指数不足 10 分，信息披露程度严重不足，其中新疆地区的旁观者并未披露实质性信息，社会责任指数为 0。

3. 员工责任最不受重视

我国民营企业 100 强旁观者员工责任指数仅为 6.5 分。而从社会责任板块下的三个二级指标的表现看，政府责任指数较高，达 40 分；社区责任指数位居第二，达 19.7 分。总体上看，我国民营企业 100 强旁观者最不重视员工责任。

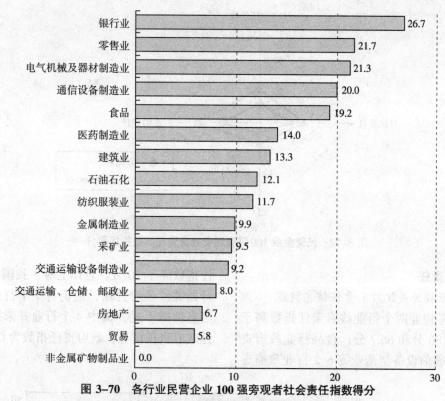

图 3-70　各行业民营企业 100 强旁观者社会责任指数得分

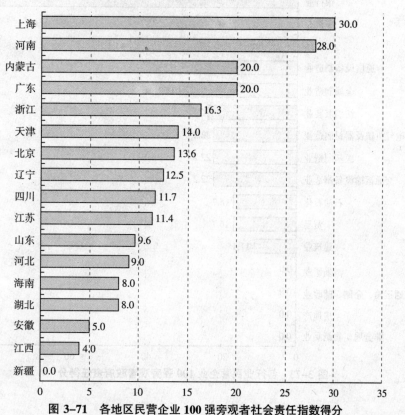

图 3-71　各地区民营企业 100 强旁观者社会责任指数得分

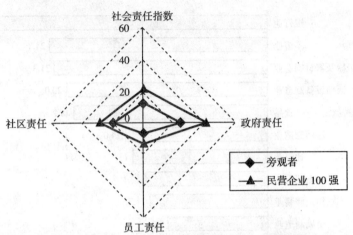

图 3-72 民营企业 100 强旁观者社会责任二级指标得分

（二）政府责任

1. 过半行业较为关注政府责任信息披露

银行业和零售业两个行业政府责任指数高于 60 分，分别达 80 分和 66.7 分；食品行业政府责任达 44.4 分；通信设备制造业等 6 个行业政府责任指数高于 20 分。总体上看，我国多数行业已经开始关注政府责任，但仍有 7 个行业对政府责任信息披露不足，其中 4 个行业并未披露任何实质性政府责任信息，政府责任指数为 0。

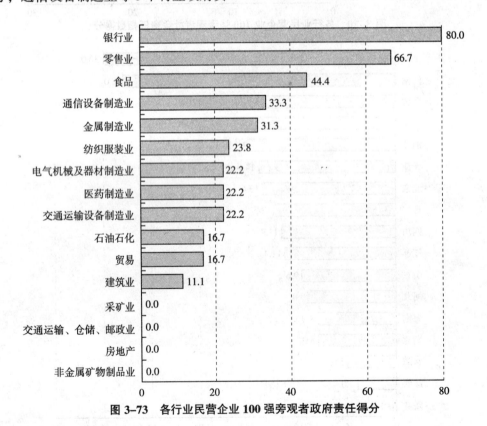

图 3-73 各行业民营企业 100 强旁观者政府责任得分

2. 广东省政府责任披露领先，6个地区未披露任何信息

广东旁观者政府责任指数高达66.7分；辽宁和河北两地旁观者政府责任指数得分在40~50分；

河南等7个地区旁观者政府责任指数得分在20~40分。7个地区旁观者政府责任指数不足20分，其中6个地区的旁观者未披露实质性信息，政府责任指数为0。

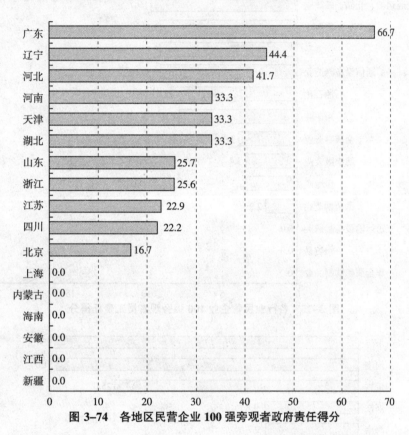

图3-74　各地区民营企业100强旁观者政府责任得分

（三）员工责任

1. 各行业员工责任指数明显偏低

我国民营企业100强所有行业员工责任得分均低于20分，仅3个行业员工责任指数高于10分，13个行业员工责任指数不足10分，其中，贸易、交通运输设备制造业、非金属矿物制品业旁观者未披露任何实质性员工责任信息，员工责任指数为0。

2. 5个地区旁观者未披露实质性信息

仅上海、河南、内蒙古三地员工责任指数高于20分，其余14个地区员工责任指数得分均不足10分，其中5个区域的旁观者并未披露实质性信息，员工责任指数为0。

（四）社区责任

1. 部分行业已开始关注社区责任

医药制造业等7个行业的旁观者社区责任指数高于20分（含20分）。非金属矿物制品业和交通运输、仓储、邮政业旁观者对于社区责任信息的披露明显不足，其中，非金属矿物制品业未披露任何实质性社区责任信息，社区责任指数为0。

2. 部分地区旁观者开始关注社区责任

上海旁观者社区责任指数高于40分；广东等6个地区社区责任指数高于20分，其余9个地区社区责任指数得分均不足20分，其中新疆地区旁观者未披露实质性信息，社区责任指数为0。

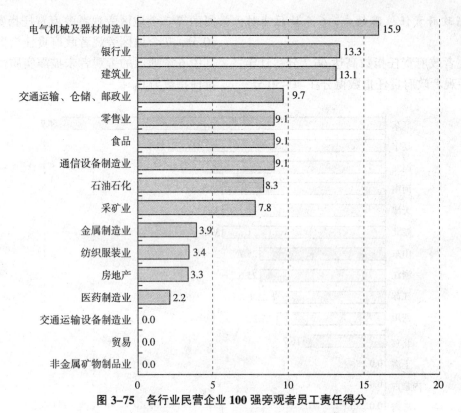

图 3-75　各行业民营企业 100 强旁观者员工责任得分

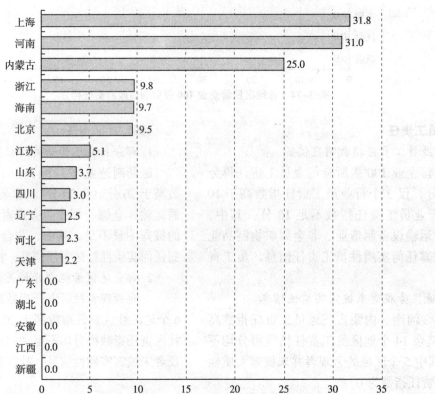

图 3-76　各地区民营企业 100 强旁观者员工责任得分

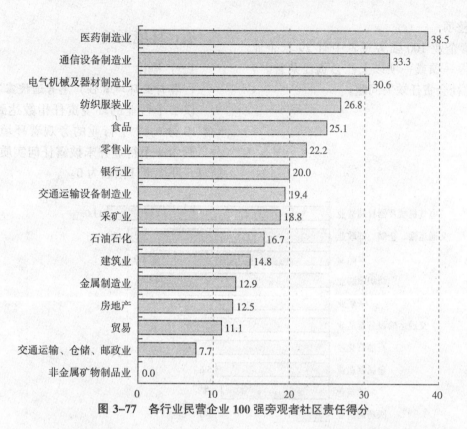

图 3-77　各行业民营企业 100 强旁观者社区责任得分

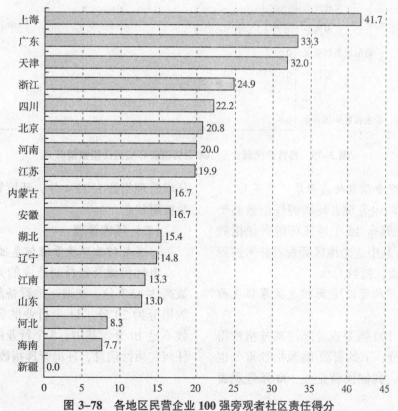

图 3-78　各地区民营企业 100 强旁观者社区责任得分

（五）调整项

我国民营企业 100 强旁观者中有 29 家企业 2008 年曾获得一项或一项以上社会责任荣誉。7 家旁观者存在社会责任缺失问题。

五、环境责任

（一）概论

1. 各行业环境责任信息普遍披露不足

仅 2 个行业的环境责任指数达到 10 分以上（含 10 分）。7 个行业的旁观着环境指数不足 5 分，其中 4 个行业并未披露任何实质性环境责任信息，环境责任指数为 0。

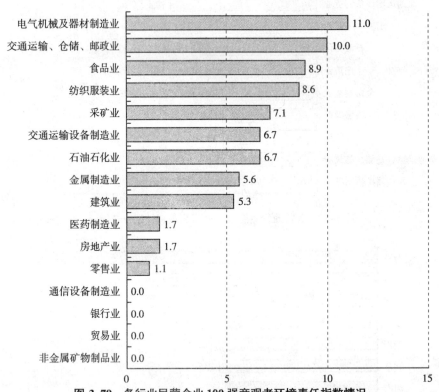

图 3-79　各行业民营企业 100 强旁观者环境责任指数情况

2. 多数地区旁观者信息披露程度严重不足

仅山东、海南两地旁观者环境责任指数高于 10 分（含 10 分），其余 15 个地区环境责任指数得分均不足 10 分，其中 3 个地区旁观者并未披露实质性信息，社区责任指数为 0。

3. 降污减排和节约资源/能源信息披露程度亟待提高

我国民营企业 100 强旁观者降污减排指数得分最低，仅为 2.8 分；节约资源/能源指数得分也仅为 5.6 分。此外，我国民营企业 100 强旁观者环境管理指数为 12.4 分，环境管理信息仍处于零星披露状态。

（二）环境管理

1. 多数行业环境管理信息披露不足

电气机械及器材制造业的旁观者环境管理指数高达 43.3 分，交通运输设备制造业环境管理指数得分为 20 分。11 个行业的旁观者环境管理指数不足 10 分，其中，5 个行业的旁观者并未披露任何实质性信息，环境管理指数为 0。

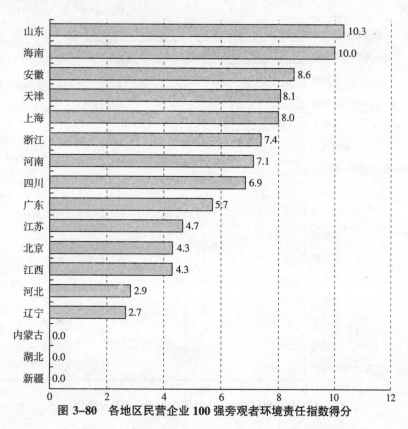

图 3-80 各地区民营企业 100 强旁观者环境责任指数得分

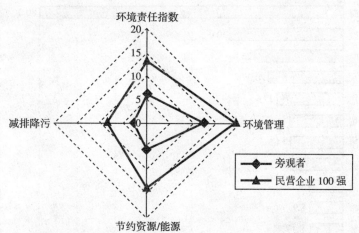

图 3-81 民营企业 100 强旁观者环境责任二级指标得分

2. 上海旁观者一枝独秀

上海地区旁观者环境管理指数高达 80 分，遥遥领先于其他地区；此外，安徽、河南、广东三地环境管理指数高于 20 分（含 20 分）；其余 13 个地区环境管理指数得分均不足 20 分，其中 4 个地区的旁观者未披露任何实质性信息，环境管理指数为 0。

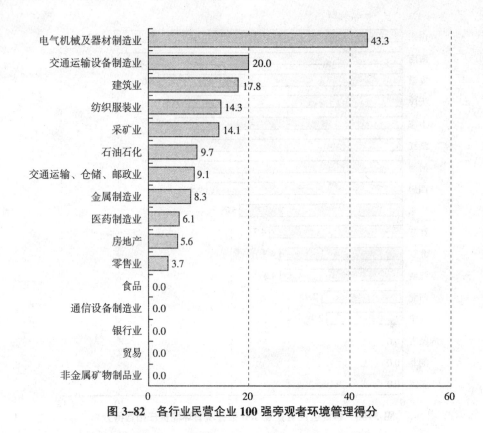

图 3-82 各行业民营企业 100 强旁观者环境管理得分

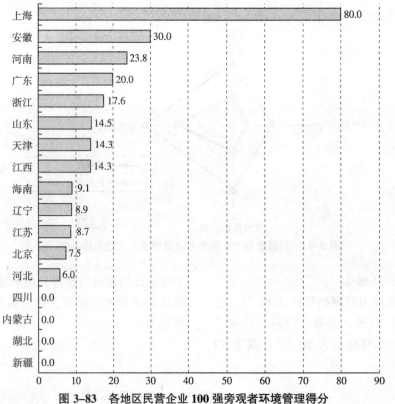

图 3-83 各地区民营企业 100 强旁观者环境管理得分

（三）节约资源/能源

1. 半数行业旁观者并未披露节约资源/能源实质性信息

仅食品行业旁观者节约资源/能源指数高于 20 分；交通运输、仓储、邮政业得分为 13.6 分，其余 15 个行业均不足 10 分，其中建筑业、医药制造业等 8 个行业未披露任何实质性信息，节约资源/能源指数均为 0。

2. 各地区节约资源/能源指数偏低

各地区旁观者节约资源/能源指数均不足 20 分，其中仅有 8 个地区对节约资源/能源信息进行了零星披露；9 个地区旁观者并未披露任何实质性信息，节约资源/能源指数均为 0。

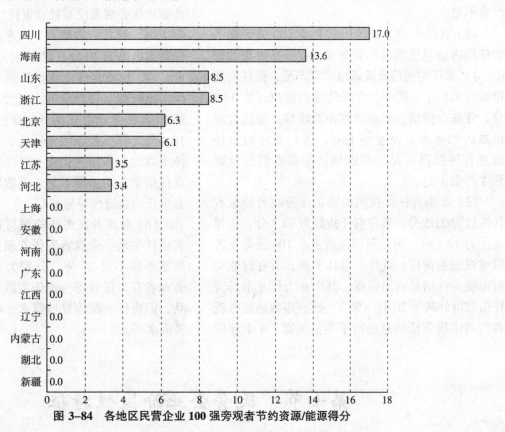

图 3-84　各地区民营企业 100 强旁观者节约资源/能源得分

（四）降污减排

1. 多数行业旁观者未披露实质性降污减排信息

仅纺织服装业、电气机械及器材制造业、石油石化、金属制造业 4 个行业的旁观者对降污减排信息进行了零星披露，且降污减排指数得分均低于 10 分，其余 12 个行业未披露任何实质性信息，降污减排指数均为 0。

2. 仅 5 个地区旁观者对降污减排进行了零星披露

仅四川、山东、浙江、天津和江苏 5 个地区旁观者对降污减排进行了零星披露，降污减排指数均低于 10 分。其余 12 个地区的旁观者未披露任何实质性信息，降污减排指数均为 0。

（五）调整项

分析结果显示，旁观者中仍有 17 家企业 2008 年曾获得一项或一项以上环境责任荣誉。此外，我国民营企业 100 强中有 5 家旁观者存在环境责任缺失问题。

六、小结

（1）旁观者社会责任发展指数偏低。我国民营企业100强共有62家仍处于旁观者状态，分布于16个行业，17个地区，具有一定的规模，但其社会责任发展指数仅为9.4分，责任信息披露严重不足。

（2）责任管理。我国民营企业100强旁观者责任推进信息披露最不受重视，责任推进指数仅0.2分；责任沟通信息披露也严重不足，责任沟通指数仅0.9分；此外，责任治理指数也仅为14.7分；守法合规信息披露程度相对较高，守法合规指数达11.6分。从整体上看，各行业环境责任信息普遍披露不足，多数地区旁观者信息披露程度严重不足。

（3）市场责任。我国民营企业旁观者股东责任指数为21.5分，客户责任指数为13.7分，伙伴责任为12.1分。可见我国民营企业100强旁观者最重视股东责任。此外，总体上看，所有行业均对市场责任信息有所披露，其中6个行业市场责任指数得分高于20分（含20分）；多数地区旁观者均对市场责任信息进行了零星披露，4个地区市场责任指数高于20分。

（4）社会责任。我国民营企业100强旁观者员工责任指数仅为6.5分，政府责任指数达40分，社区责任指数位达19.7分。可见我国民营企业旁观者最不重视员工责任。总体上看，我国民营企业100强多数行业对社会责任信息仍处于零星披露状态，但已有4个行业开始关注社会责任；多数地区旁观者仅对社会责任信息进行零星披露，但上海、河北、内蒙古、广东四地旁观者社会责任指数已高于20分（含20分）。

（5）环境责任。我国民营企业100强旁观者降污减排指数得分最低，仅为2.8分；节约资源/能源指数得分也仅为5.6分；环境管理指数达12.4分，环境管理信息仍处于零星披露状态。总体上看，我国民营企业100强各行业旁观者环境责任信息普遍披露不足；多数地区旁观者仅对社会责任信息进行零星披露。

（6）旁观者在责任管理与责任实践领域均无实质性举动。旁观者责任管理指数和责任实践指数水平均不足20分，分别为4.5分和11.47分。旁观者在责任管理与责任实践领域均无实质性举动，但责任实践信息披露水平高于责任管理信息披露水平。

第七节　民营企业阶段性特征

（一）民营企业社会责任工作仍未全面启动

我国100强民营企业社会责任发展指数平均得分仅为17.9分。总体上看，我国100强民营企业社会责任工作仍未全面启动，100强民营企业整体仍处于旁观者阶段，责任信息披露严重缺失。值得注意的是，我国100强民营企业社会责任平均得分已较接近起步者阶段和旁观者阶段的边界值（20分），因此，目前，我国100强民营企业社会责任发展已进入质变的关键期。

（二）服务企业社会责任履行情况明显优于制造企业

2008年，100强民营企业中服务企业社会责任工作整体已步入起步阶段，平均得分为24.9分，高于制造企业平均得分（16.3分）。从具体行业的企业社会责任履行情况来看，仅保险行业社会责任平均得分超过60分，步入领先行业序列；5个行业（银行业、通信设备制造业、食品、电力、通用专用设备制造业）得分均在20分以上（含20分），总体处于起步阶段；其余13个行业

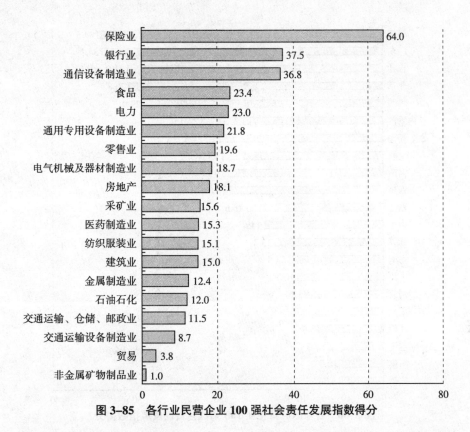

图 3-85 各行业民营企业 100 强社会责任发展指数得分

平均得分低于 20 分，总体仍处于旁观阶段。值得注意的是，银行业和通信设备制造业两个行业已步入质变关键期，即将由起步期进入追赶期，这两个行业的企业需要通过必要的举措，积极促进社会责任升级。

（三）多数地区民营企业 100 强社会责任工作仍未真正起步

我国多数地区民营企业 100 强社会责任工作仍未真正起步，7 个地区民营企业 100 强社会责任发展指数平均水平高于 20 分，步入了起步阶段。此外，部分地区民营企业 100 强社会责任发展指数平均水平已接近 20 分，进入了质变关键期。

（四）领先者与追赶者强于市场责任信息披露，弱在环境责任信息披露，起步者、旁观者责任管理落后，市场信息披露仍是强项

民营企业 100 强领先者、追赶者乃至起步者的各项责任指数都高于民营企业 100 强平均分值。

领先者与追赶者均是市场责任指数（分别为 77.0 分和 52.7 分）高于其他板块责任指数，环境责任指数（分别为 42.0 分和 30.5 分）低于其他板块责任指数。起步者与旁观者仍是市场责任信息披露表现最优（分别为 34.7 分和 15.7 分），但责任管理（分别 15.3 分和 4.5 分）成为四大责任板块中的短板。

（五）责任管理落后于责任实践

我国民营企业 100 强责任管理平均得分为 10.7 分，低于市场责任、社会责任和环境责任平均得分（24.23 分、21.47 分和 12.93 分），责任管理发展滞后于责任实践（市场责任、社会责任和环境责任）。其中，领先者责任管理指数达 65.8 分，高于责任实践指数水平（57 分）；追赶者、起步者和旁观者责任管理指数分别为：37.7 分、15.3 分和 4.46 分，分别低于其实践指数（45.4 分、29.7 分和 11.47 分）。

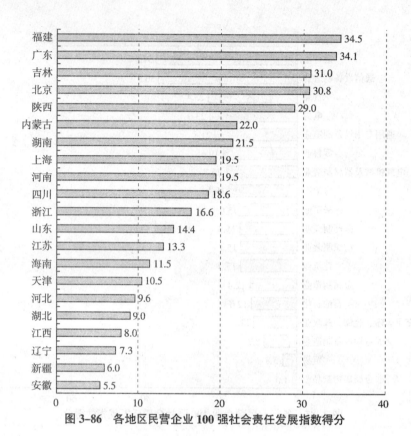

图3-86　各地区民营企业100强社会责任发展指数得分

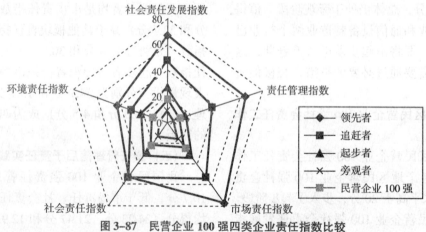

图3-87　民营企业100强四类企业责任指数比较

（六）不存在责任管理与责任实践皆领先的"双优企业"，55家企业属于"双差企业"

从单个企业来看，民营企业100强中许多企业的责任管理与责任实践也是不平衡的。图3-89中的横轴代表市场责任指数、社会责任指数和环境责任指数三个责任实践指数的平均分，而纵轴是责任管理指数得分。图中黄色区域表示责任管理领先于责任实践，绿色区域表示责任管理与责任

实践水平相当，而蓝色区域表示责任管理落后于责任实践。通过对民营企业100强各责任板块指数的分析，可以得出：责任管理领先于责任实践的有企业7家，责任管理滞后于责任实践的企业有29家，责任管理与责任实践水平相当的企业有64家；不存在责任管理与责任实践都处于领先水平的"双优企业"，有55家责任管理与责任实践都处于旁观者阶段的"双差企业"。

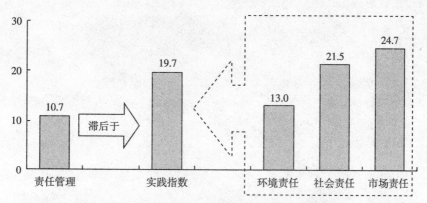

图 3-88 民营企业社会责任四大领域平均得分情况

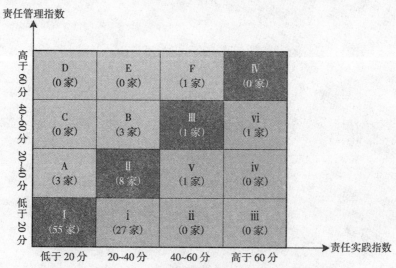

图 3-89 民营企业 100 强责任管理指数—责任实践指数情况

第四章　中国外资企业 100 强社会责任发展指数（2009）

随着改革开放的深入，外商在华投资呈逐年增长的趋势。在华外资企业占有经济社会资源，对我国经济社会有重大影响，已成为我国市场经济的重要组成部分。外资企业在发展中是否积极履行社会责任，对于构建和谐社会具有极其重要的作用。评价外资企业履行社会责任的现状，督促外资企业切实履责具有重大意义。本书在"中国 100 强系列企业社会责任发展指数"研究框架的基础上，对外资企业 100 强的社会责任管理与社会责任信息披露现状进行了全方位的评价。

本研究首先根据"三重底线"（Triple Bottom Line）和利益相关方理论（Stakeholders Theory）等经典的社会责任理论构建出一个责任管理、经济责任、社会责任、环境责任"四位一体"的理论模型；再通过对标分析国际社会责任指数、国内社会责任倡议文件和世界 500 强企业社会责任报告构建出分行业的社会责任评价指标体系；然后从企业社会责任报告、企业年报、企业官方网站[①]收集外资企业 100 强 2008 年度的社会责任信息；[②]最后对企业的社会责任信息进行内容分析和定量评价，得出企业社会责任发展指数初始得分，并通过责任奖项、责任缺失和创新责任管理等项目对初始得分进行调整，得到企业社会责任发展指数最终得分与外资企业 100 强社会责任排名。

第一节　样本特征

外资企业 100 强样本选取以商务部发布的 2007~2008 年度外商企业投资企业 500 强名单为基础，这些企业是我国外商企业投资企业的典型代表。但是，商务部 500 强名单对于外商企业投资企业的界定采用了宽标准原则，即只要企业注册资本中含有外资成分即被认定为外商投资企业，因此 500 强名单中含有诸多"外资参股，内资控股"企业。在通常情况下，这些"外资参股，内资控股"企业都被归类为"国有及国有控股"或"民营企业"。此外，商务部 500 强名单中，还存在多家企业同为某一外资集团控股子公司的现象，样本代表性受到影响。因此，我们对这一名单进行了必要的修正。本报告外资 100 强样本以商务部 500 强的外资母公司在中国设立的中国总部公司名单为基础，并综合考虑业务的稳定性和影响力，未在中国设立地区总部的，以其全球总部或亚洲总部代替。为了使样本更具有规模代表性和影响力代表性，本研究还将对外商投资企业 500 强中具有重大影响的外资母公司在中国设立的中国总部公司纳入评价对象。

一、行业分布广泛，覆盖 13 个行业

外资企业 100 强行业分布较为广泛，涉及 13 个行业。其中，通信设备制造业企业数量最多，

---

① 企业负面信息的来源包括人民网、新华网等权威媒体和相关政府网站。
② 本研究收集信息的区间是 2008 年 1 月 1 日~2009 年 6 月 30 日。

共有企业 30 家；石油石化行业共有企业 13 家；电气机械及器材制造业共有企业 11 家；交通运输设备制造业共有企业 10 家。除了通信设备制造业企业数量较少（1 家）以外，各行业的企业均是行业排头兵，具有相当的代表性（如图 4-1 所示）。

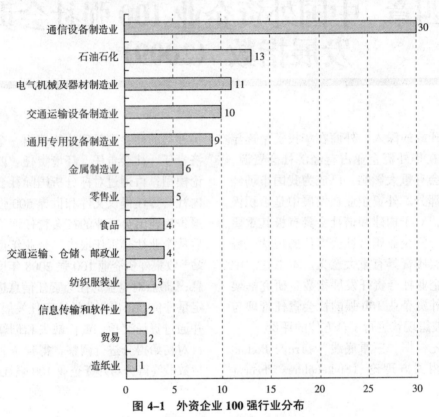

图 4-1　外资企业 100 强行业分布

二、国别代表性强，涉及 17 个国家/地区

外资企业 100 强国别分布广泛，涉及 17 个国家/地区。从区域划分来看，日韩企业最多，为 27 家；北美洲企业次之，为 25 家；欧洲企业和港台企业为 20 家；亚洲其他国家（包括大洋洲）企业最少，为 8 家。

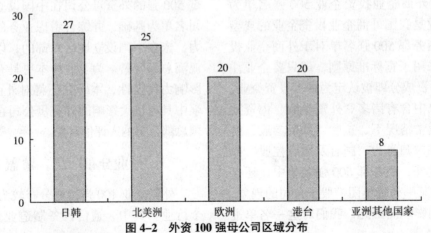

图 4-2　外资 100 强母公司区域分布

注：由于本次评价中没有港资企业入围样本名单，故 20 家企业均为台资企业。

从国别分布看，美资企业数量最多，共有企业25家，台资企业为20家，日资企业为17家，韩资企业为10家，德资企业为8家，具有相当的代表性（如图4-3所示）。

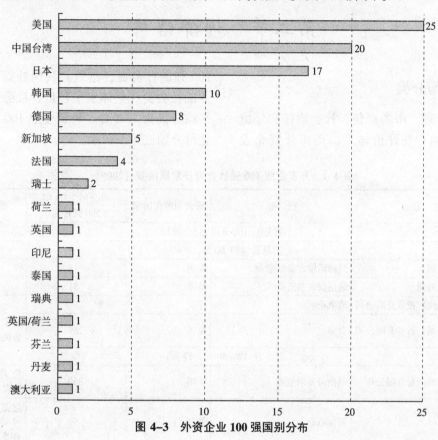

图4-3　外资企业100强国别分布

三、母公司59%为世界500强企业

外资企业100强有59家为2009年度财富500强在华投资企业，影响重大、责任深远。其中，母公司在2009年度财富500强排名前100的企业共有31家，母公司排名在101~300名的企业共有18家，母公司排名在301~500名的企业共有10家。其余企业的母公司均是所在国家/地区的知名企业，具有代表性（如图4-4所示）。

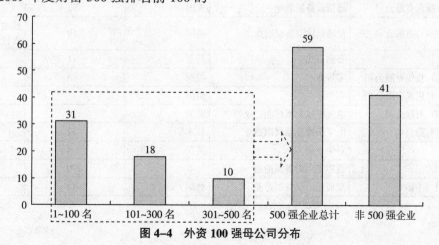

图4-4　外资100强母公司分布

第二节　评价结果

一、排名与分类

根据责任管理、市场责任、社会责任和环境责任四位一体的责任评价体系，得出外资企业100强的社会责任指数。我国外资企业100强企业的社会责任整体水平较低，社会责任发展指数平均分仅为12.1分。外资企业100强排名与各企业得分如表4-1所示。

表4-1　外资企业100强社会责任发展指数（2009）

排名	企　　业	行　　业	母公司所在国家	母公司2009年500强排名	领先实践	得分
领先者（60分以上，0家）						
追赶者（40~60分，4家）						
1	通用汽车（中国）	交通运输设备制造业	美国	18	-	43.5
2	索尼（中国）公司	通信设备制造业	日本	81	-	43
3	金光纸业（中国）投资有限公司	造纸业	印尼	-	-	42
4	可口可乐（中国）饮料有限公司	食品	美国	259	建立中国企业公民委员会	41
起步者（20~40分，17家）						
5	上海贝尔阿尔卡特股份有限公司	通信设备制造业	法国	360	公司设立可持续发展委员会	39
6	巴斯夫中国	石油石化	德国	59	建立大中华区可持续发展指导委员会	38.5
7	英特尔中国	通信设备制造业	美国	202	-	37.5
8	富士施乐（中国）有限公司	通用专用设备制造业	日本	-	-	35
9	丰田汽车（中国）投资有限公司	交通运输设备制造业	日本	10	-	32.5
10	ABB中国	电气机械及器材制造业	瑞士	-	-	32
11	三星中国投资有限公司	通信设备制造业	韩国	40	-	30.5
12	惠普（中国）投资有限公司	通信设备制造业	美国	32	-	29
13	福特汽车（中国）有限公司	交通运输设备制造业	美国	19	建立企业社会责任委员会	27.5
14	壳牌中国	石油石化	荷兰	1	-	27.25
15	沃尔玛（中国）投资有限公司	零售业	美国	3	-	24
15	安利（中国）日用品有限公司	零售业	美国	-	-	24
17	西门子（中国）有限公司	电气机械及器材制造业	德国	30	-	23.5
18	日立（中国）有限公司	电气机械及器材制造业	日本	52	-	23
19	BP中国	石油石化	英国	4	-	21
19	佳能（中国）	通用专用设备制造业	日本	190	-	21
21	大众汽车集团（中国）	交通运输设备制造业	德国	14	-	20.5

续表

排名	企 业	行 业	母公司所在国家	母公司 2009 年 500 强排名	领先实践	得分
旁观者（20 分以下，79 家）						
22	广州宝洁有限公司	石油石化	美国	68	-	19.5
23	大金（中国）投资有限公司	电气机械及器材制造业	日本	-	-	19
24	光宝集团	通信设备制造业	中国台湾	-	-	18.5
25	松下电工（中国）有限公司	电气机械及器材制造业	日本	79	-	18
25	乐金电子（中国）有限公司	通信设备制造业	韩国	69	-	18
27	宝马（中国）	交通运输设备制造业	德国	78	-	17
27	无锡尚德太阳能电力有限公司	电气机械及器材制造业	澳大利亚	-	-	17
27	东芝中国	电气机械及器材制造业	日本	97	-	17
30	雀巢中国有限公司	食品	瑞士	48	-	16.5
31	摩托罗拉（中国）电子有限公司	通信设备制造业	美国	282	-	16
32	斗山工程机械（中国）有限公司	电气机械及器材制造业	韩国	471	-	14.5
33	锦江麦德龙现购自运有限公司	零售业	德国	50	-	14
33	施耐德（中国）投资有限公司	电气机械及器材制造业	法国	330	-	14
35	华硕	通信设备制造业	中国台湾	436	-	13.5
35	联合利华（中国）有限公司	石油石化	荷兰和英国	121	-	13.5
37	夏普商贸（中国）有限公司	通用专用设备制造业	日本	309	-	13
37	爱立信（中国）通信有限公司	通信设备制造业	瑞典	265	-	13
37	国际商业机器全球服务（中国）有限公司	信息运输、计算机和软件业	美国	45	-	13
40	联强国际贸易（中国）有限公司	贸易	中国台湾	-	-	12.5
40	奥的斯电梯（中国）投资有限公司	通用专用设备制造业	美国	123	-	12.5
42	青岛丽东石油石化有限公司	石油石化	韩国	69	-	12.25
43	上海三菱电梯有限公司	通用专用设备制造业	日本	215	-	12
44	爱默生发电机有限公司	电气机械及器材制造业	美国	350	-	11
44	佳通轮胎（中国）投资有限公司	石油石化	新加坡	-	-	11
44	联众（广州）不锈钢有限公司	金属制造业	中国台湾	-	-	11
44	理光中国	通用专用设备制造业	日本	445	-	11
48	日产（中国）投资有限公司	交通运输设备制造业	日本	67	-	9.5
48	现代汽车中国投资有限公司	交通运输设备制造业	韩国	87	-	9.5
48	仁宝集团	通信设备制造业	中国台湾	-	-	9.5
48	台达集团	通信设备制造业	中国台湾	-	-	9.5
52	戴尔中国有限公司	通信设备制造业	美国	115	-	9
52	益海嘉里集团	食品	新加坡	300	-	9
54	箭牌糖果（中国）有限公司	食品	美国	-	-	8.5
54	诺基亚（中国）投资有限公司	通信设备制造业	芬兰	85	-	8.5
54	微星科技	通信设备制造业	中国台湾	-	-	8.5
54	华新丽华控股有限公司	金属制造业	中国台湾	-	-	8.5
58	卡特彼勒（中国）投资有限公司	通用专用设备制造业	美国	144	-	8
58	小松（中国）投资有限公司	通用专用设备制造业	日本	460	-	8

续表

排名	企 业	行 业	母公司所在国家	母公司2009年500强排名	领先实践	得分
58	UT斯达康通讯有限公司	通信设备制造业	美国	–	–	8
58	欧莱雅（中国）有限公司	石油石化	法国	346	–	8
62	普利司通（中国）投资有限公司	石油石化	日本	270	–	7.5
63	本田中国投资有限公司	交通运输设备制造业	日本	51	–	7
63	翔鹭石化股份有限公司	石油石化	中国台湾	–	–	7
65	浦项（中国）投资有限公司	金属制造业	韩国	199	–	6.5
65	雪铁龙（中国）投资有限公司	交通运输设备制造业	法国	76	–	6.5
67	纬创集团	通信设备制造业	中国台湾	–	–	6
68	英迈中国投资有限公司	电气机械及器材制造业	美国	235	–	5.5
68	德龙钢铁有限公司	金属制造业	新加坡	–	–	5.5
70	微软（中国）有限公司	信息运输、计算机和软件业	美国	117	–	5
70	正新橡胶（中国）有限公司	石油石化	中国台湾	–	–	5
70	神达电脑集团	通信设备制造业	中国台湾	–	–	5
73	SK中国	石油石化	韩国	72	–	4.5
74	富士康科技集团	通信设备制造业	中国台湾	–	–	4
75	三菱商事（中国）有限公司	贸易	日本	114	–	2.5
76	宏碁集团	通信设备制造业	中国台湾	–	–	1.5
77	群康科技（深圳）有限公司	通信设备制造业	中国台湾	–	–	1
77	希捷国际科技（无锡）有限公司	通信设备制造业	美国	–	–	1
79	德讯（中国）货运代理有限公司	交通运输邮政仓储业	德国	–	–	0
79	太平船务（中国）有限公司	交通运输邮政仓储业	新加坡	–	–	0
79	凌致时装	纺织服装业	丹麦	–	–	0
79	伟创力公司	通信设备制造业	新加坡	275	–	0
79	江苏佳世达电通有限公司	通信设备制造业	中国台湾	–	–	0
79	戴姆勒—克莱斯勒（中国）投资有限公司	交通运输设备制造业	德国	23	–	0
79	飞思卡尔半导体（中国）有限公司	通信设备制造业	美国	–	–	0
79	上海大润发	零售业	中国台湾	–	–	0
79	三井物产（中国）有限公司	金属制造业	日本	131	–	0
79	乐金飞利浦液晶显示	通信设备制造业	韩国	69	–	0
79	北京康捷空国际货运代理有限公司	交通运输邮政仓储	美国	–	–	0
79	海力士-恒亿半导体有限公司	通信设备制造业	韩国	–	–	0
79	捷普集团	通信设备制造业	美国	–	–	0
79	旭电公司	通用专用设备制造业	美国	–	–	0
79	亚旭电子科技	通信设备制造业	中国台湾	–	–	0
79	丹沙中福货运代理有限公司	交通运输邮政仓储业	德国	–	–	0
79	乐金化学（中国）投资有限公司	石油石化	韩国	69	–	0
79	台一集团	金属制造业	中国台湾	–	–	0

续表

排名	企　业	行　业	母公司所在国家	母公司 2009 年 500 强排名	领先实践	得分
79	耐克体育（中国）有限公司	纺织服装业	美国	497	–	0
79	上海易初莲花连锁超市	零售业	泰国	–	–	0
99	阿迪达斯（中国）有限公司	纺织服装业	美国	–	–	-2
99	宁波奇美电子	通信设备制造业	中国台湾	–	–	-2

为了直观地反映出企业的社会责任管理现状和信息披露水平，我们根据企业社会责任的阶段性特征将企业分为四类：领先者、追赶者、起步者和旁观者（见表 4-2）。

表 4-2　企业社会责任发展类型

责任类型	得分区间	企业特性
领先者	60 分以上	企业具有较完善的社会责任管理体系，社会责任信息披露较为完整，是我国社会责任的先驱企业
追赶者	40~60 分	企业逐步建立社会责任管理体系，社会责任信息披露基本完善，是领先企业的追赶者
起步者	20~40 分	企业社会责任工作刚刚"起步"，尚未建立系统的社会责任管理体系，社会责任信息披露也较为零散、片面，与领先者和追赶者有着较大的差距
旁观者	20 分以下	企业社会责任信息披露严重不足

外资企业 100 强的社会责任整体水平较低，没有出现社会责任领先者企业，有 4 家企业处于"追赶者"地位，17 家企业处于起步者地位，79 家企业仍在"旁观"。

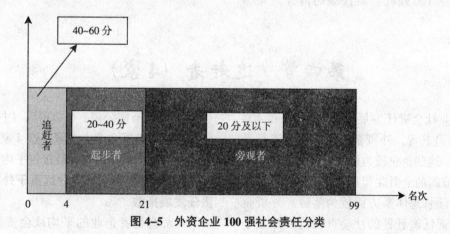

图 4-5　外资企业 100 强社会责任分类

二、责任板块与二级指标平均得分

从外资企业 100 强的责任管理、市场责任、社会责任以及环境责任四大板块平均得分看，以社会责任和环境责任得分较高，责任管理和市场责任得分较低。从二级指标的表现看，环境管理和社区责任的披露情况最好，责任推进最为落后。

表4-3 外资企业100强责任板块与二级指标得分

责任板块	平均得分	二级指标	平均得分
责任管理	9.8	责任治理	20.4
		责任推进	2.8
		责任沟通	9.5
		守法合规	8.2
市场责任	9.4	股东责任	10.8
		客户责任	9.8
		伙伴责任	7.3
社会责任	14.6	政府责任	20.8
		员工责任	7.2
		社区责任	25.5
环境责任	13.2	环境管理	30.7
		节约资源/能源	11.5
		降污减排	8.5

第三节　领先者（0家）

根据上述评价方法和企业社会责任发展类型界定，外资企业100强社会责任最高得分为43.5分，不存在企业社会责任领先者。

第四节　追赶者（4家）

根据"企业社会责任发展类型"，得分在40~60分的企业为追赶者，外资企业100强中追赶者共有4家企业。这些企业较为积极地披露社会责任信息，但信息披露的全面性和实质性有所欠缺，且在构建社会责任管理体系方面较为落后。外资企业100强社会责任追赶者的社会责任发展指数平均得分为42.4分。

一、概论

（一）追赶者美资企业相对较多

4家外资企业100强社会责任追赶者，分别为通用汽车（中国）、索尼（中国）公司、金光纸业（中国）投资有限公司、可口可乐（中国）饮料有限公司，其中美资企业占2家。这4家追赶者均发布中国国别社会责任报告，且报告平均页数为39页。

（二）追赶者平均得分远高于外资100强社会责任发展指数

4家追赶者企业的平均社会责任得分为42.4分，远高于外资企业100强社会责任发展指数（12.1分），且追赶者在责任管理、市场责任、社会责任和环境责任四大板块的平均得分也远高于外资企业100强社会责任平均得分，且以责任管理领先优势最为明显（如图4-7所示）。其中，责任管理责任管理指数得分最高，为47.4分；环境

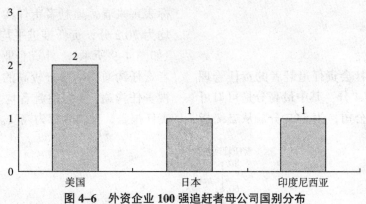

图 4-6　外资企业 100 强追赶者母公司国别分布

责任和社会责任紧追其后，分别为 45.3 分和 40.0　　　分；市场责任得分最低，为 25.3 分。

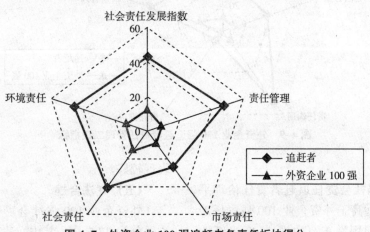

图 4-7　外资企业 100 强追赶者各责任板块得分

（三）追赶者责任管理得分高于责任实践

从责任管理、市场责任、社会责任和环境责任四个板块来看，追赶者责任管理平均得分最高，为 47.4 分，市场责任平均得分最低，为 25.3 分，且责任管理平均得分高于责任实践（市场责任、社会责任和环境责任）平均得分（如图 4-8 所示）。这说明外资企业 100 强社会责任追赶者责任管理水平相对较高。

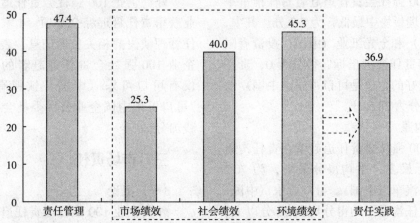

图 4-8　外资企业 100 强追赶者企业社会责任发展指数的结构特征

二、责任管理

（一）概论

外资企业100强社会责任追赶者的责任管理平均得分较高，为47.4分。其中最高分是可口可乐（中国）饮料有限公司，为54.7分。从二级指标表现来看，追赶者责任沟通平均得分最高，平均为70.2分；责任推进平均得分最低，为8.9分（如图4-9所示）。外资企业100强社会责任追赶者责任沟通平均得分较高的主要原因是其较为重视责任沟通，4家追赶者均发布了中国国别社会责任报告，且内容较为翔实。

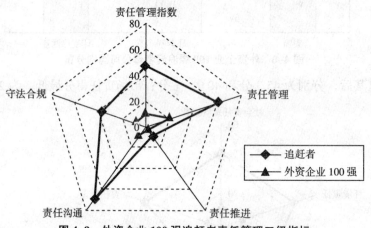

图4-9　外资企业100强追赶者责任管理二级指标

（二）责任治理

外资企业100强社会责任追赶者责任治理平均得分是60.4分，远高于外资企业100强责任治理平均得分，其中通用汽车（中国）、金光纸业（中国）投资有限公司、可口可乐（中国）饮料有限公司责任治理得分均在65分以上，属于责任治理方面的"领先者"。

（三）责任推进

外资企业100强社会责任追赶者责任推进平均得分在责任管理板块中最低，为8.9分。其中，通用汽车（中国）和金光纸业（中国）投资有限公司未披露任何责任推进指标，得分为0；责任推进指标披露较好的企业是可口可乐（中国）饮料有限公司，得分为28.5分。

（四）责任沟通

外资企业100强社会责任追赶者在责任沟通方面披露的指标最多，平均得分最高，为70.2分。其中，通用汽车（中国）、可口可乐（中国）饮料有限公司责任沟通平均得分均在80分以上，表现较好。

（五）守法合规

外资企业100强社会责任追赶者守法合规平均得分为37.5分。其中，索尼（中国）公司和金光纸业（中国）投资有限公司指标披露情况较好，得分均在50分以上；有1家企业在守法合规方面未披露任何指标。

（六）调整项

外资企业100强社会责任追赶者中有2家企业获得责任管理综合奖项，4家企业均无发生责任管理缺失的相关负面信息，表现较好。但外资企业100强社会责任追赶者的创新实践不足，仅有可口可乐（中国）饮料有限公司因建立"可口可乐中国企业公民委员会"而获得创新实践加分。

三、市场责任

（一）概论

外资企业100强社会责任追赶者市场责任平

均得分较低，为 25.3 分，其中得分最高的是索尼（中国）公司，为 42 分。从二级指标表现来看，外资企业 100 强社会责任追赶者在市场责任板块下的三个二级指标（客户责任、伙伴责任和股东责任）得分较为平均，均在 20~30 分（如图 4-10 所示），外资企业 100 强社会责任追赶者三个二级指标的表现均需要进一步提高。

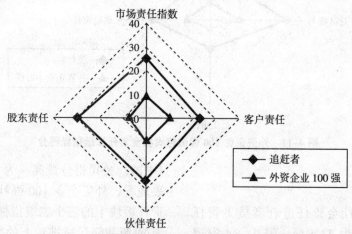

图 4-10　外资企业 100 强追赶者市场责任二级指标得分

（二）客户责任

外资企业 100 强社会责任追赶者 4 家企业客户责任平均得分较低（为 23.1 分），且企业间的表现差异性很大。其中，索尼（中国）公司在客户责任方面披露指标最多，得分为 60 分；有 1 家企业未披露客户责任方面的指标。

（三）伙伴责任

外资企业 100 强社会责任追赶者伙伴责任平均得分为 26.1 分，且企业间得分较为平均。外资企业 100 强社会责任追赶者在伙伴责任方面披露较多的指标是战略合作机制和责任采购制度，4 家追赶者企业中有 2 家披露了战略合作机制，有 3 家披露了责任采购制度。

（四）股东责任

外资企业 100 强社会责任追赶者 4 家企业股东责任平均得分相对较高（为 29.6 分），但企业间的表现差异性很大。其中，通用汽车（中国）在股东责任方面披露指标最多，得分为 66.7 分；有 1 家企业未披露股东责任方面的指标。

（五）调整项

外资企业 100 强社会责任追赶者中有 1 家企业获得市场责任相关奖项，有 2 家企业发生市场责任缺失，说明外资企业 100 强社会责任追赶者需要加强市场责任风险管理。

四、社会责任

（一）概论

外资企业 100 强社会责任追赶者社会责任平均得分为 40.0 分，且各企业间得分较为平均。金光纸业（中国）投资有限公司和可口可乐（中国）饮料有限公司得分最高，均为 47.5 分。从二级指标的表现看，外资企业 100 强社会责任追赶者在社会责任板块下的三个二级指标（政府责任、员工责任和社区参与）的表现略有差异，其中政府责任和社区参与责任得分相对较高（分别为 50.0 分和 66.1 分），员工责任得分最低（为 23.5 分），需要进一步提升员工责任履责水平。

（二）政府责任

外资企业 100 强社会责任追赶者政府责任平均得分为 50.0 分，但企业间差距较大。其中有 3 家企业得分在 65 分以上。外资企业 100 强社会责任追赶者在政府责任方面披露较多的指标是响应

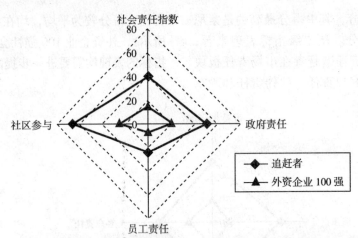

图 4-11　外资企业 100 强追赶者社会责任二级指标得分

宏观政策和带动就业。

（三）员工责任

外资企业 100 强社会责任追赶者员工责任表现较差，平均得分为 23.5 分。其中，4 家追赶者企业中有 3 家披露了员工培训制度指标，但员工基本权益保护、平等雇佣方面的指标披露较少。

（四）社区参与

外资企业 100 强社会责任追赶者社区参与责任平均得分最高，为 66.1 分，且 4 家追赶者企业得分均在 55 分以上。在具体指标方面，捐赠方面的指标披露最多，4 家企业均披露了抗震捐赠额；在本地化方面，3 家企业披露了员工本地化指标。

（五）调整项

外资企业 100 强社会责任追赶者在社会责任方面所获奖项最多，有 3 家企业获得公益奖。4 家追赶者企业均未发生社会责任缺失，说明外资企业 100 强社会责任追赶者社会责任风险管理较好。

五、环境责任

（一）概论

外资企业 100 强社会责任追赶者环境责任平均得分较高，为 45.3 分，且企业间差距较小，4 家追赶者企业得分均在 35 分以上。其中，索尼（中国）公司得分最高，为 58 分。从二级指标的表现看，外资企业 100 强社会责任追赶者在环境责任板块下的三个二级指标（环境管理、节约资源/能源和降污减排）上的表现略有差异。其中，环境管理平均得分最高，为 59 分；节约资源/能源和降污减排平均得分相对较低，说明外资企业 100 强社会责任追赶者需要提高环保实践的履责水平（如图 4-12 所示）。

（二）环境管理

外资企业 100 强社会责任追赶者环境管理平均得分为 59.3 分，且 4 家追赶者企业的环境管理得分均在 50 分以上。4 家追赶者企业均披露了环境管理体系和环保公益这两个指标。

（三）节约资源/能源

外资企业 100 强社会责任追赶者节约资源/能源平均得分相对较高，为 46.4 分。在具体三级指标方面，4 家追赶者均披露了节约能源、节约水资源和开展循环经济方面的政策、制度和措施以及具体采用的技术；但没有 1 家追赶者披露单位产值能耗、单位产值水耗以及原辅材料循环利用率。

（四）降污减排

外资企业 100 强社会责任追赶者降污减排平均得分最低，为 29.8 分。在具体三级指标方面，4 家追赶者企业同样是定性指标披露较多，定量指标披露较少。其中，3 家企业披露了其在减少温室气体排放方面的政策及措施。

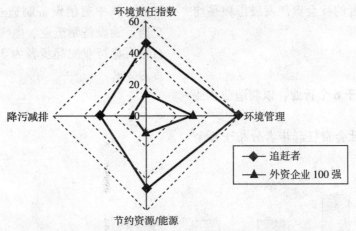

图 4-12　外资企业 100 强追赶者环境责任二级指标得分

（五）调整项

外资企业 100 强社会责任追赶者中有 2 家获得了环保方面的奖项荣誉，且均是环保产品类奖项，说明外资企业 100 强社会责任追赶者较重视环保产品的研发。此外，4 家追赶者企业均未发生环境保护方面的责任缺失。

六、小结

（1）外资企业 100 强社会责任追赶者社会责任发展指数平均得分为 42.4 分，与领先者（60 分以上）阶段的差距较大。在责任管理、市场责任、社会责任与环境责任四大责任板块中，追赶者的得分均高于外资 100 强的平均分，责任管理指数平均得分最高，领先优势最为明显；市场责任指数最为落后。

（2）责任管理。外资企业 100 强社会责任追赶者责任管理指数为 47.4 分。追赶者的责任治理、责任推进、责任沟通和守法合规四个二级指标的表现均显著好于外资 100 强的平均得分，其中又以责任沟通得分最高，责任推进得分最低，社会责任管理体系尚不完善。

（3）市场责任。外资企业 100 强社会责任追赶者市场责任平均得分为 25.3 分。客户责任、伙伴责任和股东责任的信息披露得分都显著高于外资 100 强的平均得分，股东责任得分最高，客户责任的信息披露相对不足。

（4）社会责任。外资企业 100 强社会责任追赶者社会责任平均得分为 40.0 分。政府责任、员工责任和社区责任三个二级指标得分都高于外资 100 强的平均得分，其中又以社区参与得分最高，领先优势最为明显；其次是政府责任，最后是员工责任。

（5）环境责任。外资企业 100 强社会责任追赶者环境责任平均得分为 45.3 分。环境管理、节约资源/能源和降污减排三个二级指标的得分都显著高于外资 100 强的平均得分。其中，环境管理平均得分最高，节约资源/能源领先优势最为明显，降污减排的相关信息披露还有所欠缺。

第五节　起步者（17 家）

外资企业 100 强中，共有 17 家企业处于起步者的地位，这些企业社会责任工作刚刚"起步"，尚未建立系统的社会责任管理体系，社会责任信息披露也较为零散、片面，与领先者和追赶者有

着较大的差距。起步者的社会责任发展指数平均得分为 28.6 分，

行业，其中通信设备制造业企业最多，为 4 家；交通运输设备制造业、电气机械及器材制造业和石油石化行业的起步者为 3 家，其余行业的起步者为 2 家。

一、概论

（一）起步者分布于 6 个行业，以制造业企业居多

外资企业 100 强社会责任起步者分布于 6 个

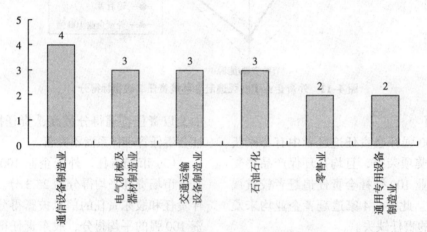

图 4-13　外资企业 100 强起步者行业分布

（二）起步者美资和日资企业居多

从区域分布看，外资企业 100 强社会责任起

步者分布于三大区域。起步者中欧洲企业最多，为 7 家，北美洲和日韩企业次之，均为 5 家。

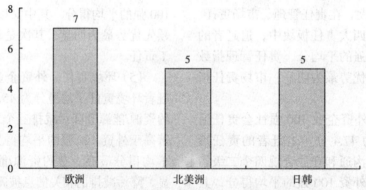

图 4-14　外资企业 100 强起步者母公司区域分布

从国别分布看，外资企业 100 强社会责任起步者分布于 8 个国家。起步者中美资企业 5 家，占 29.4%；日资企业为 4 家，占 25.5%；德资企业 3 家，占 17.6%；英国、韩国、瑞士、法国和荷兰企业各 1 家（如图 4-15 所示）。

（三）半数起步者企业发布了中国国别社会责任报告

外资企业 100 强社会责任起步者中有 52.9% 的企业发布了中国国别社会责任报告，但报告平均为 34.3 页，报告内容相对简单且不规范。其中

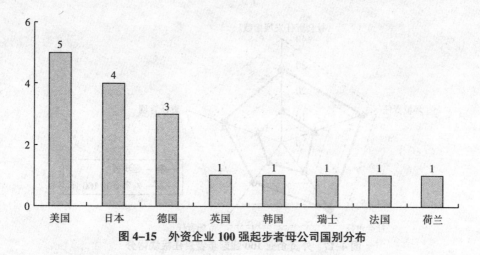

图4-15　外资企业100强起步者母公司国别分布

发布中国国别报告最多的国家是日本和德国，均有3家企业发布了中国国别报告，其次为美国（如图4-16所示）。

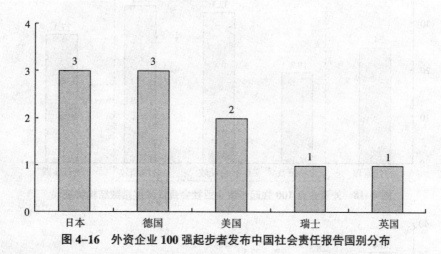

图4-16　外资企业100强起步者发布中国社会责任报告国别分布

（四）起步者平均得分远高于外资企业100强社会责任发展指数

外资企业100强社会责任起步者社会责任平均得分为28.6分，远高于外资100强社会责任发展指数（12.1分）。在二级指标表现上，责任管理和市场责任得分较低（如图4-17所示）。

（五）起步者责任管理得分低于责任实践得分

从责任管理、市场责任、社会责任和环境责任四个责任板块来看，外资企业100强社会责任起步者市场责任平均得分最低，为19.2分；社会责任和环境责任平均得分相对较高。另一方面，起步者的责任管理得分略低于责任实践得分（如图4-18所示）。

二、责任管理

（一）概论

外资100强起步者责任管理指数为24.7分，显著低于追赶者责任管理指数（47.4分），起步者的责任管理工作需要重视。

1. 通信设备制造业责任管理领先，零售业责任管理亟待加强

外资企业100强社会责任起步者责任管理指数的行业差距较大。责任管理最为领先的通信设备制造业得分为30.4分，而零售业的责任管理得分仅为8.3分，责任管理工作需要加强（如图4-19所示）。

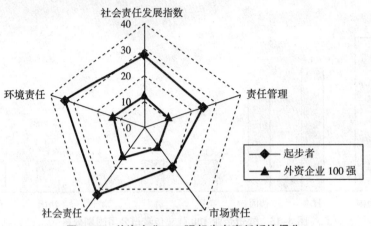

图4-17　外资企业100强起步者责任板块得分

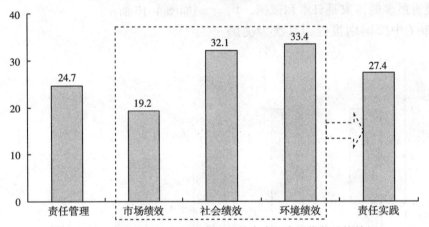

图4-18　外资企业100强起步者企业社会责任发展指数结构特征

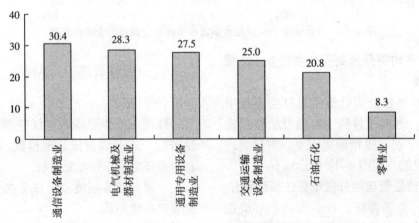

图4-19　各行业外资企业100强起步者责任管理指数得分

2. 北美洲和欧洲在华企业责任管理领先，日韩在华企业相对落后

外资企业100强社会责任起步者责任管理指数的区域差距较小。北美洲和欧洲在华企业社会责任起步者的责任管理指数得分较高，分别为26.0分和25.8分；日韩在华企业责任管理指数相

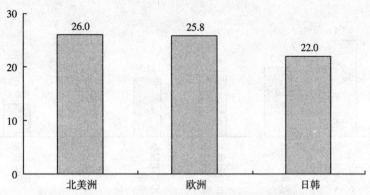

图 4-20 各区域外资企业 100 强起步者责任管理指数得分

对较低，为 22.0 分。

3. 责任治理较为领先，企业社会责任推进工作尚未开展

外资企业 100 强社会责任起步者的责任管理平均得分较低，为 24.7 分。其中 ABB 中国公司得分最高，为 45 分。在四个二级指标（责任治理、责任推进、责任沟通和守法合规）的表现上，责任治理和责任沟通平均得分相对较高，分别为 41.1 分和 28.7 分；责任推进平均得分相对较低，为 6.7 分。外资企业 100 强社会责任起步者的责任推进工作需要加强。

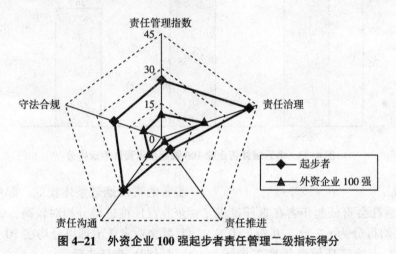

图 4-21 外资企业 100 强起步者责任管理二级指标得分

（二）责任治理

外资企业 100 强社会责任起步者责任治理得分相对较高，为 41.1 分。其中，6 家企业（占 37.5%）得分在 50 分以上；有 2 家企业（ABB 中国公司和福特汽车中国有限责任公司）披露了责任治理 66.7% 的指标。

1. 交通运输设备制造业责任治理领先，零售业责任治理落后

外资企业 100 强社会责任起步者分布的 6 个行业中，以交通运输设备制造业的责任治理最为领先，平均得分为 61.1 分；其次是通信设备制造业、电气机械及器材制造业、通用专用设备制造业；石油石化和零售业的责任治理较为落后，尤其是零售业，其责任治理平均得分仅为 20.8 分。

2. 欧洲在华企业责任治理领先，日韩在华企业相对落后

从区域分布看，外资企业 100 强社会责任起步者的责任治理得分略有差距。起步者中欧洲在

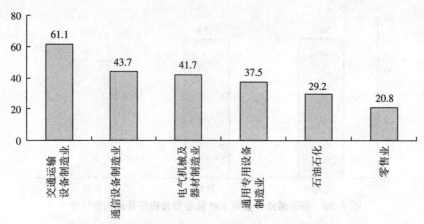

图4-22　各行业外资企业100强起步者责任治理得分

华企业责任治理得分最高，为45.8分；北美洲在华企业次之，为40分；日韩在华企业责任治理得分最低，为36.7分。

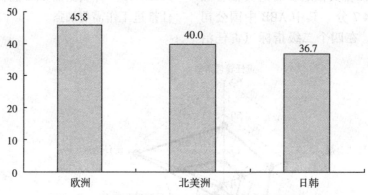

图4-23　各区域外资企业100强起步者责任治理得分

（三）责任推进

外资企业100强社会责任起步者在责任推进方面表现较差，平均得分为6.7分。其中，有9家企业（占56.3%）未披露任何责任推进指标，起步者需要提升在责任推进方面的履责水平。

1. 通信设备制造业责任推进领先，交通运输设备制造业责任推进得分为0

外资企业100强社会责任起步者分布的6个行业中，通信设备制造业的责任推进得分较为领先，为17.9分；其他行业的责任推进得分均在10分以下；交通运输设备制造业的责任推进得0分。

2. 北美洲在华企业责任推进相对较好

从区域分布看，外资企业100强社会责任起步者的责任推进整体较低。起步者中北美洲在华企业责任推进得分相对较高，为10.0分；欧洲和日韩企业责任治理得分均在10分以下。

（四）责任沟通

外资企业100强社会责任起步者在责任沟通方面的表现相对较好，平均得分为28.7分。其中，有8家企业发布了中国国别社会责任报告，且除ABB中国公司外，所有报告均是2008年或2009年报告，时效性较强。

1. 通用及专用设备制造业责任沟通领先，零售业责任沟通落后

外资企业100强社会责任起步者分布的6个行业中，通用及专用设备制造业的责任沟通最为

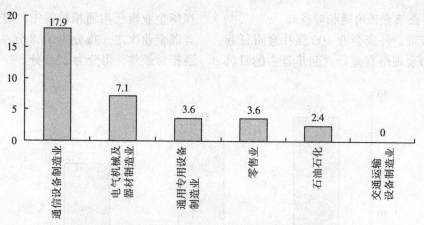

图 4-24　各行业外资企业 100 强起步者责任推进得分

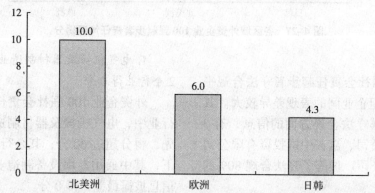

图 4-25　各区域外资企业 100 强起步者责任推进得分

领先，2 家企业均发布了中国国别社会责任报告；其余行业责任沟通得分均在 40 分以下，其中零售

业责任沟通最为落后，仅得 9.1 分。

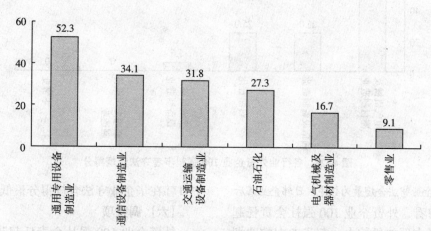

图 4-26　各行业外资企业 100 强起步者责任沟通得分

2. 日韩在华企业责任沟通相对较好

从区域分布看，外资企业 100 强社会责任起步者责任沟通的表现略有差异。起步者中的日韩在华企业责任沟通相对领先，得分为 33.6 分；北美洲企业次之，得分为 31.8 分；欧洲企业责任沟通相对最差，得分为 22.0 分。

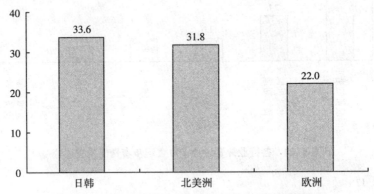

图 4-27　各区域外资企业 100 强起步者责任沟通得分

（五）守法合规

外资企业 100 强社会责任起步者守法合规平均得分为 21.9 分，但企业间的表现差异较大。其中有 8 家企业未披露守法合规方面的信息；有 3 家企业（ABB 中国公司、惠普中国投资有限公司和西门子中国有限公司）披露了守法合规 80% 的指标。

1. 电气机械及器材制造业守法合规遥遥领先，2 个行业得 0 分

外资企业 100 强社会责任起步者分布的 6 个行业中，电气机械及器材制造业守法合规最为领先，得分超过 60 分；其余行业得分均在 30 分以下，其中通用专用设备制造业和零售业守法合规信息披露最差，得 0 分。

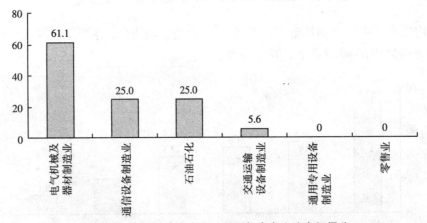

图 4-28　各行业外资企业 100 强起步者守法合规得分

2. 欧洲在华企业守法合规最为领先，日韩企业落后

从区域分布看，外资企业 100 强社会责任起步者在守法合规方面差异较大。起步者中的欧洲在华企业守法合规相对领先，得分为 36.1 分；北美洲和日韩在华企业守法合规信息披露较差，其中日韩在华企业守法合规得分最低，为 6.7 分。

（六）调整项

外资企业 100 强社会责任起步者在责任管理方面的获奖率较高，52.9% 的企业获得了责任管理相关奖项。但有 1 家企业发生责任管理缺失。在

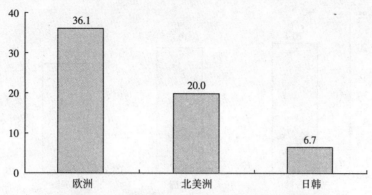

图 4-29　各区域外资企业 100 强起步者守法合规得分

创新实践方面，有 3 家企业因建立社会责任领导机构而获得创新实践加分。

三、市场责任

（一）概论

外资企业 100 强社会责任起步者的市场责任指数为 19.2 分，低于追赶者的市场责任指数（25.3 分），起步者需要加强市场责任信息披露工作。

1. 交通运输设备制造业市场责任领先

外资企业 100 强社会责任起步者分布的 6 个行业中，交通运输设备制造业市场责任最为领先，得 23.3 分；其次是零售业和通信设备制造业，得分分别为 21.4 分和 20.5 分；其余行业市场责任得分均在 20 分以下。

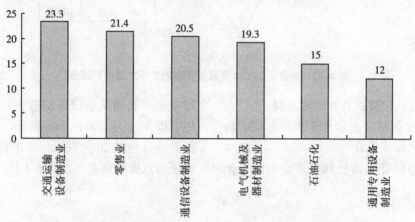

图 4-30　各行业外资企业 100 强起步者市场责任得分

2. 日韩在华企业市场责任信息披露相对较好

从区域范围看，外资企业 100 强社会责任起步者在市场责任方面略有差异。其中，日韩在华企业市场责任信息披露相对较好，得 20.4 分；其次是欧洲在华企业，得 19.8 分；北美洲在华企业市场责任信息披露最差，得 17.2 分。

3. 伙伴责任披露最优，客户责任披露欠缺

外资企业 100 强社会责任起步者市场责任平均得分最低，仅为 19.2 分。从三个二级指标（客户责任、伙伴责任和股东责任）的表现看，伙伴责任平均得分相对较高，股东责任平均得分最低（如图 4-32 所示）。

（二）客户责任

外资企业 100 强社会责任起步者客户责任得分相对较低，为 17.9 分，其中有 3 家企业未披露客户责任相关信息，仅有 2 家企业披露了客户满

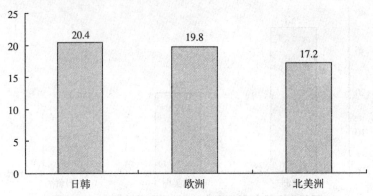

图4-31　各区域外资企业 100 强起步者市场责任得分

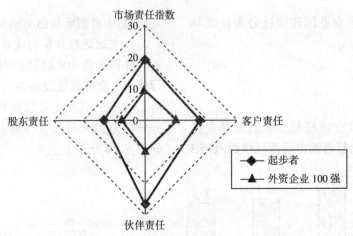

图4-32　外资企业 100 强起步者市场责任二级指标得分

意度调查指标，且均未披露其客户满意度。

1. 交通运输设备制造业客户责任信息披露相对领先，石油石化行业落后

外资企业 100 强社会责任起步者分布的 6 个行业中，交通运输设备制造业的客户责任最为领先，得 30.6 分；其次为零售业，得 21.4 分；其余行业得分均在 20 分以下，其中石油石化行业客户责任信息披露最差，仅得 6.3 分。

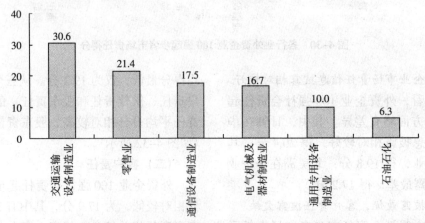

图4-33　各行业外资企业 100 强起步者客户责任得分

2. 欧洲在华企业客户责任信息披露相对较好，日韩企业客户责任信息披露工作需要加强

从区域分布看，外资企业 100 强社会责任起步者在客户责任方面差距较大。起步者中的欧洲在华企业客户责任信息披露最好，得 22.6 分；其次是北美洲在华企业，得 17.2 分；日韩在华企业客户责任信息披露最差，得 13.0 分。

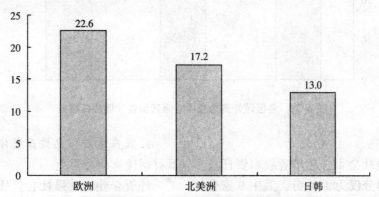

图 4-34 各区域外资企业 100 强起步者客户责任得分

（三）伙伴责任

外资企业 100 强社会责任起步者在伙伴责任方面的表现相对较好，平均得分为 26.5 分。其中，有 8 家起步者企业伙伴责任得分在 30 分以上，有 1 家企业未披露伙伴责任的相关信息。

1. 通信设备制造业伙伴责任信息披露相对领先，电气机械及器材制造业落后

外资企业 100 强社会责任起步者分布的 6 个行业中，通信设备制造业伙伴责任信息披露相对领先，得 35.0 分；其次是零售业，得 33.3 分；电气机械及器材制造业伙伴责任信息披露最差，得 15.6 分。

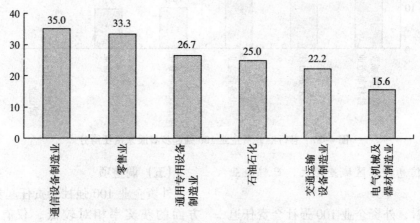

图 4-35 各行业外资企业 100 强起步者伙伴责任得分

2. 北美洲在华企业伙伴责任信息披露工作相对领先

从区域分布看，外资企业 100 强社会责任起步者伙伴责任指数略有差距。起步者中的北美洲在华企业伙伴责任信息披露工作较为领先，得 30.7 分；日韩企业次之；欧洲企业伙伴责任信息披露工作相对落后。

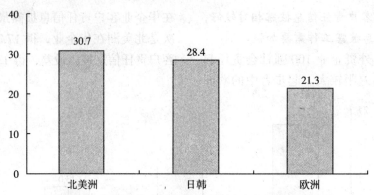

图 4-36   各区域外资企业 100 强起步者伙伴责任得分

（四）股东责任

外资企业 100 强社会责任起步者股东责任披露信息最少，平均得分仅为 13.6 分。其中 9 家企业未披露任何成长性、收益性和安全性相关财务指标，外资企业 100 强社会责任起步者股东责任信息透明度有待提高。

1. 股东责任信息披露整体较差，电气机械及器材制造业相对领先

外资企业 100 强社会责任起步者分布的 6 个行业中，电气机械及器材制造业股东责任信息披露相对领先，得 26.7 分；其余行业得分均在 20 分以下，其中通用及专用设备制造业未披露任何股东责任信息，得 0 分。

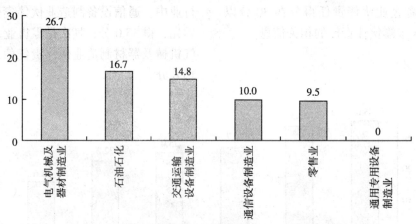

图 4-37   各行业外资企业 100 强起步者股东责任得分

2. 股东责任信息披露区域差距大，日韩企业最为领先

从区域分布看，外资企业 100 强社会责任追赶者的股东责任信息披露差距较大。追赶者中的日韩在华企业股东责任信息披露相对领先，得 22.2 分；其次是欧洲在华企业，得 14.4 分；北美洲在华企业股东责任信息披露工作最差，得 3.8 分。

（五）调整项

外资企业 100 强社会责任起步者在市场责任方面的获奖率相对较低，仅有 5 家企业（占 29.4%）获得市场相关荣誉奖项。外资企业 100 强社会责任起步者市场责任缺失发生率较高，共有 7 家企业（占 41.2%）在评价期发生市场责任缺失。

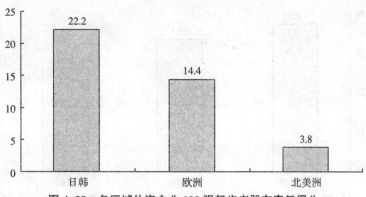

图 4-38 各区域外资企业 100 强起步者股东责任得分

四、社会责任

（一）概论

外资企业 100 强社会责任起步者社会责任指数平均得分为 32.1 分，低于追赶者 7.9 分。起步者的社会责任信息披露工作需要加强。

1. 零售业和通信设备制造业社会责任指数领先

在外资企业 100 强社会责任起步者分布的 6 个行业中，零售业和通信设备制造业社会责任指数得分较高，分别为 37.5 分和 36.9 分；其余行业社会责任指数得分均在 25 分以上。起步者的社会责任指数在四大责任板块中相对领先。

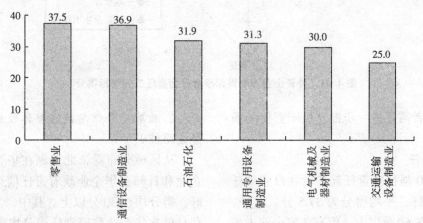

图 4-39 各行业外资企业 100 强起步者社会责任指数得分

2. 社会责任指数整体表现较好，北美洲在华企业领先

从区域分布看，外资企业 100 强社会责任起步者的社会责任指数整体表现较好，各区域平均得分在 25 分以上。其中，北美洲在华企业社会责任指数相对较高，为 37.0 分；其次是欧洲在华企业，得 33.1 分；日韩在华企业表现相对较差。

3. 社区参与责任信息披露领先，员工责任信息披露不足

外资企业 100 强社会责任起步者社会责任整体表现相对较好，平均得分为 32.1 分，英特尔中国得分最高，为 52.5 分。从三个二级指标（政府责任、员工责任和社区参与责任）的表现看，起步者社区参与责任平均得分最高，为 51.0 分；员工责任平均得分最低，为 20.3 分。外资企业 100

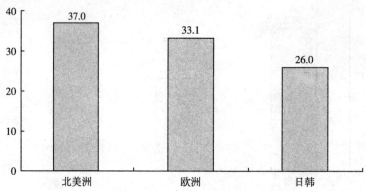

图4-40 各区域外资企业100强起步者社会责任指数得分

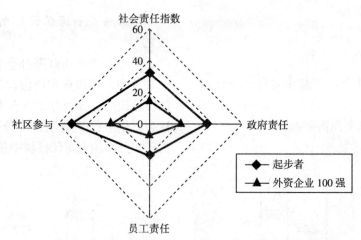

图4-41 外资企业100强起步者社会责任二级指标得分

强社会责任起步者需要进一步提升员工责任的履责水平。

（二）政府责任

外资企业100强社会责任起步者在政府责任方面表现相对较好，平均得分为37.5分。其中，有5家企业得分在60分以上，但有3家企业未披露政府责任相关信息。

1. 政府责任信息披露整体表现较好，零售业得分领先

在外资企业100强社会责任起步者分布的6个行业中，石油石化和零售业政府责任信息披露较好，以零售业最为领先，得分为66.7分；其余行业得分均在20~35分。

2. 政府责任信息披露整体较好，各区域间得分差距较小

从区域分布看，北美洲在华企业、欧洲在华企业和日韩在华企业政府责任信息披露表现均较好，得分均在30分以上。其中，北美洲在华企业和日韩在华企业政府责任得分均为40.0分，欧洲在华企业次之。

（三）员工责任

外资企业100强社会责任起步者员工责任平均得分较低，为20.3分。其中，有3家企业得分在45分以上，8家企业得分在10分以下，没有1家企业披露员工满意度指标。

1. 员工责任信息披露整体较差，通用专用设备制造业和通信设备制造业表现略好

在外资企业100强社会责任起步者分布的6

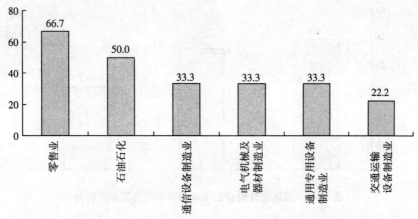

图 4-42 各行业外资企业 100 强起步者政府责任得分

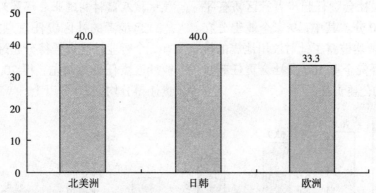

图 4-43 各区域外资企业 100 强起步者政府责任得分

个行业中，通用专用设备制造业和通信设备制造业的员工责任信息披露相对较好，以通用专用设备制造业最为领先，得 29.6 分；零售业和电气机械及器材制造业的员工责任信息披露较差。

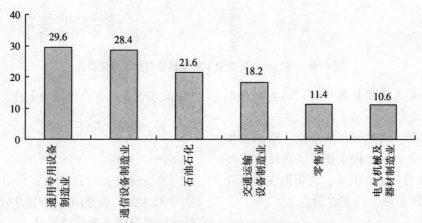

图 4-44 各行业外资企业 100 强起步者员工责任得分

2. 日韩在华企业员工责任信息披露较少

从区域分布看，欧洲在华企业和北美洲在华企业员工责任信息披露相对较好，分别为 24.4 分和 22.7 分；日韩在华企业员工信息披露较少。

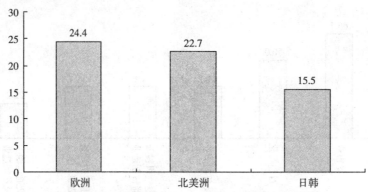

图 4-45　各区域外资企业 100 强起步者员工责任得分

（四）社区责任

外资企业 100 强社会责任起步者社区责任平均得分较高，为 51.0 分。其中，9 家企业得分在 50 分以上，16 家企业均披露了针对汶川地震的抗震捐赠额。这说明外资企业 100 强社会责任起步者较重视披露传统的公益责任。

1. 社区责任信息披露整体较好，零售业和电气机械及器材制造业表现最为领先

起步者的社区责任信息披露整体表现较好，有 2 个行业社区责任得分超过 60 分。其中，零售业社区责任最为领先，得 70.8 分；其余行业社区责任得分均在 30 分以上。

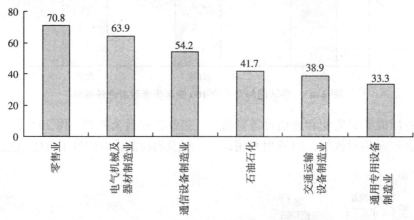

图 4-46　各行业外资企业 100 强起步者社区责任得分

2. 社区责任信息披露整体较好，北美洲在华企业领先

从区域分布看，北美洲在华企业、欧洲在华企业和日韩在华企业均比较重视社区责任信息披露，得分均在 35 分以上。其中，北美洲在华企业社区责任信息披露最好，得 61.7 分。

（五）调整项

外资企业 100 强社会责任起步者在社会责任方面的获奖率较高，有 9 家企业获得了社会责任相关奖项，占全体起步者的 56.3%。另一方面，有

3 家起步者企业在评价期发生社会责任缺失。

五、环境责任

（一）概论

外资企业 100 强社会责任追赶者环境责任指数为 33.4 分，低于追赶者 11.9 分，起步者的环境责任信息披露水平亟待提高。

1. 通信设备制造业环境责任指数领先

外资企业 100 强社会责任起步者的环境责任指数相对较好。从起步者分布的 6 个行业来看，

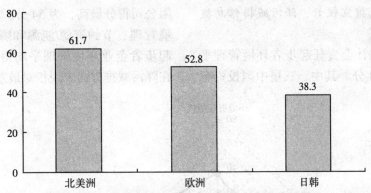

图 4-47 各区域外资企业 100 强起步者社区责任得分

有 4 个行业环境责任指数得分在 30 分以上，其中通信设备制造业最为领先，得 41.5 分；电气机械及器材制造业环境责任指数表现相对较差，得 24.7 分。

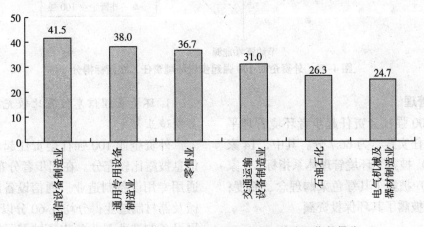

图 4-48 各行业外资企业 100 强起步者环境责任指数得分

2. 日韩在华企业环境责任指数领先

从区域分布看，日韩在华企业环境责任指数表现最好，得分为 43.3 分；北美洲在华企业次之，得 33.7 分；欧洲在华企业的环境责任指数表现最差，得 25.0 分。

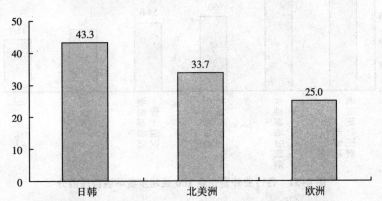

图 4-49 各区域外资企业 100 强起步者环境责任指数得分

3. 环境管理信息披露较好，降污减排信息披露不足

外资企业 100 强社会责任起步者环境管理平均得分较高，为 33.4 分。其中，三星中国投资有限公司得分最高，为 54 分。从三个二级指标（环境管理、节约资源/能源和降污减排）的表现看，起步者企业环境管理平均得分领先于环境实践，在降污减排方面表现相对最差。

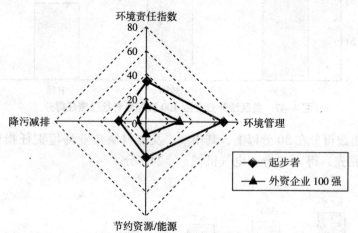

图 4-50 外资企业 100 强起步者环境责任二级指标得分

（二）环境管理

外资企业 100 强社会责任起步者环境管理平均得分领先于责任实践，为 66.7 分。其中，14 家企业（占 87.5%）披露了环境管理体系指标；7 家企业（占 43.8%）披露了其绿色采购理念、制度；但仅有 1 家企业披露了其环保投资额。

1. 环境管理信息披露比较充分，通用专用设备制造业领先

外资企业 100 强社会责任起步者的环境管理信息披露比较充分。在起步者分布的 6 个行业中，通用专用设备制造业、通信设备制造业和电气机械及器材制造业得分均在 60 分以上，其中通用专用设备制造业最为领先，披露了所有的环境管理指标。

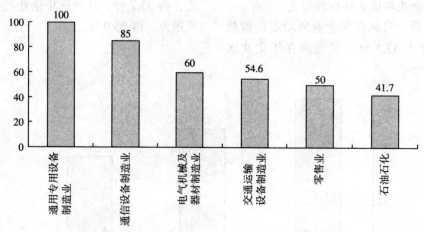

图 4-51 各行业外资企业 100 强起步者环境管理得分

2. 日韩在华企业环境管理信息披露领先

从区域分布看，日韩在华企业、北美洲在华企业和欧洲在华企业均比较重视环境管理信息披露，得分均在 50 分以上。其中，日韩在华企业最为领先，环境管理得分为 92.7 分。

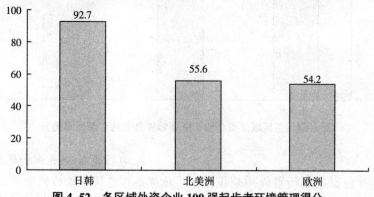

图 4-52　各区域外资企业 100 强起步者环境管理得分

（三）节约资源能源

外资企业 100 强社会责任起步者节约资源能源平均得分较低，为 30.8 分。在三级指标方面，12 家企业（占 75%）披露了其节约资源能源的政策措施，8 家企业（占 50%）披露绿色办公措施，6 家企业披露了循环经济的政策措施。但外资企业 100 强社会责任起步者较少披露定量指标。

1. 起步者节约资源能源的信息披露行业间差距较大，零售业最为领先

起步者在节约资源能源方面信息披露差距较大，零售业和通信设备制造业信息披露较好，平均得分在 40.0 分以上，其中零售业最为领先，得50.0 分；交通运输设备制造业节约资源能源的信息披露较差，得 16.7 分。

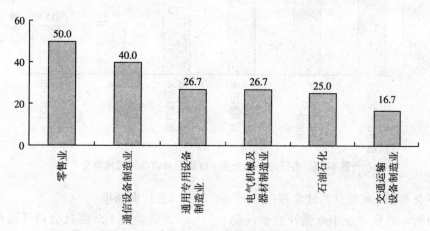

图 4-53　各行业外资企业 100 强起步者节约资源能源得分

2. 北美洲在华企业和日韩在华企业节约资源能源信息披露领先

从区域分布看，外资企业 100 强社会责任起步者在节约资源能源方面的信息披露略有差异。

北美洲和日韩在华企业信息披露较好，得分分别为 37.8 分和 35.7 分；欧洲在华企业节约资源能源信息披露较差，得分为 21.0 分。

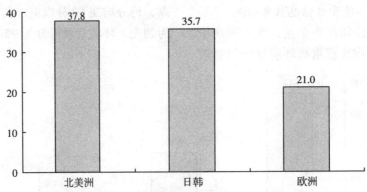

图 4-54　各区域外资企业 100 强起步者节约资源能源得分

（四）降污减排

外资企业 100 强社会责任起步者降污减排平均得分较低，为 24.6 分。其中，4 家企业得分在 10 分以下，有 8 家企业（占 50%）披露了其在减少温室气体排放方面的政策、措施，但较少披露 CO_2 排放量及减排量。

1. 通信设备制造业和通用专用设备制造业降污减排信息披露较为充分

外资企业 100 强社会责任起步者分布的 6 个行业中，降污减排信息披露的行业间差距较为明显。其中通信设备制造业和通用专用设备制造业相对领先，得分分别为 35.0 分和 33.3 分；电气机械及器材制造业、零售业和石油石化行业的降污减排信息披露较差，得分均在 20 分以下。

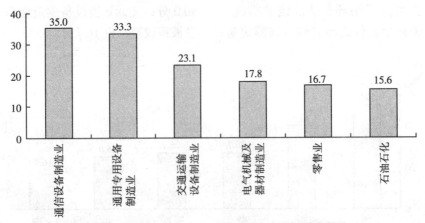

图 4-55　各行业外资企业 100 强起步者降污减排得分

2. 日韩在华企业降污减排信息披露领先

从区域分布看，外资企业 100 强社会责任起步者降污减排信息披露在区域间差距明显。其中，日韩在华企业降污减排信息披露较好，得分为 37.0 分；其次是北美洲在华企业，得分为 24.0 分；欧洲在华企业表现最差，得分为 14.8 分。

（五）调整项

外资企业 100 强社会责任起步者在环境责任方面的获奖率较高，有 5 家企业（占 31.3%）获得了环境责任相关奖项荣誉。外资企业 100 强社会责任起步者环境责任风险管理较好，仅 1 家企业在评价期发生环境责任缺失。

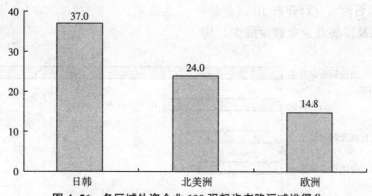

图4-56　各区域外资企业100强起步者降污减排得分

六、小结

（1）外资企业100强社会责任起步者分布于6个行业，又以美资和日资企业居多。在责任管理、市场责任、社会责任和环境责任四大责任板块中，起步者的得分均高于外资100强的平均分。起步者的社区责任得分最高，客户责任指数最为落后。

（2）责任管理。外资企业100强社会责任起步者责任管理指数为24.7分，显著低于追赶者责任管理指数（47.4分）。从行业分布看，最为领先的行业是通信设备制造业，零售业责任管理最为落后。从区域分布看，北美洲和欧洲在华企业责任管理较为领先，日韩在华企业责任管理相对落后。

（3）市场责任。外资企业100强社会责任起步者市场责任平均得分为19.2分，低于追赶者的市场责任指数（25.3分）。按行业性质划分，交通运输设备制造业市场责任信息披露相对较好，通用及专用设备制造业的市场责任信息披露相对不足。

按区域划分，日韩和欧洲在华企业市场信息披露相对较好，北美洲在华企业市场责任信息披露相对欠缺。

（4）社会责任。外资企业100强社会责任起步者社会责任平均得分为32.1分，低于追赶者7.9分。大部分行业的社会责任指数得分在25~40分，社会责任信息披露相对较好。按区域划分，北美洲在华企业社会责任指数最为领先，欧洲在华企业次之，日韩在华企业社会责任信息披露水平亟待提高。

（5）环境责任。外资企业100强社会责任追赶者环境责任平均得分为33.4分，低于追赶者11.9分。外资企业100强社会责任追赶者各行业的环境责任信息披露水平差距较大，披露最好的是通信设备制造业，披露最为不足的是电气机械及器材制造业制造业。日韩在华企业环境责任指数最为领先，北美洲在华企业次之，欧洲在华企业环境责任指数最低。

第六节　旁观者（79家）

外资企业100强中，共有79家企业处于旁观者的地位，企业社会责任信息披露严重不足，对企业社会责任持"观望"态度。旁观者的社会责任发展指数平均得分为7.4分，低于外资企业100强社会责任平均分5.7分。

一、概论

（一）旁观者行业分布广泛，涉及12个行业

外资企业100强社会责任旁观者行业分布广泛，共涉及12个行业。旁观者中通信设备制造业企业最多，为 25 家；石油石化行业有 10 家企业；信息传输和软件业以及贸易业企业数量最少，均 为 2 家。

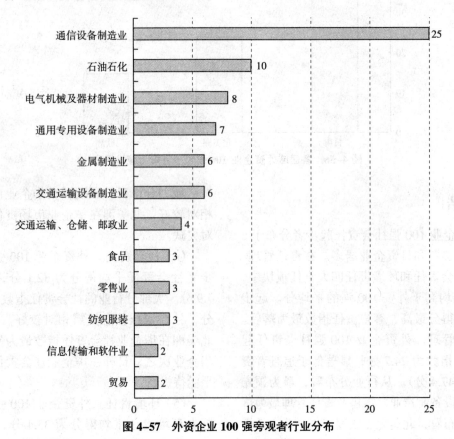

图 4-57　外资企业 100 强旁观者行业分布

（二）旁观者中日韩和中国港台企业最多，外资 100 强中中国港台企业均为旁观者

从区域范围看，旁观者中日韩在华企业最多，为 21 家；中国港台企业次之，但外资 100 强中 20 家港台企业均为旁观者；北美洲在华企业为 18 家；欧洲在华企业为 13 家；亚洲其他国家在华企业为 7 家。

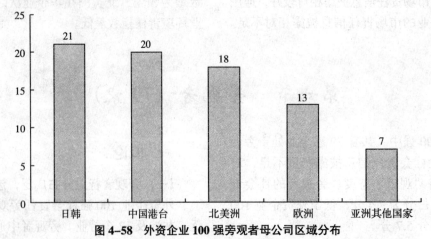

图 4-58　外资企业 100 强旁观者母公司区域分布

（三）42 家（占 53.2%）旁观者其母公司为 2009 年财富 500 强上榜企业

从母公司影响力来看，外资企业 100 强社会责任旁观者中有 42 家其母公司为 2009 年财富 500 强上榜企业。其中有 18 家其母公司在 2009 年财富 500 强中排名在 100 名以内（如图 4-59 所示）。

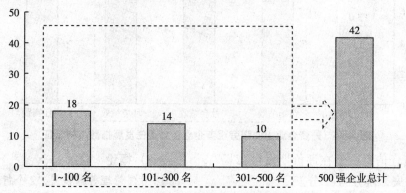

图 4-59　外资企业 100 强旁观者母公司规模

（四）旁观者平均得分低于外资企业 100 强社会责任发展指数

外资企业 100 强社会责任旁观者的平均社会责任得分为 7.4 分，低于外资企业 100 强社会责任发展指数（12.1 分）。从四个二级指标（责任管理、市场责任、社会责任和环境责任）的表现看，责任管理平均得分最低，远低于其他三个责任实践领域，说明外资企业 100 强社会责任旁观者需要加强企业社会责任管理。

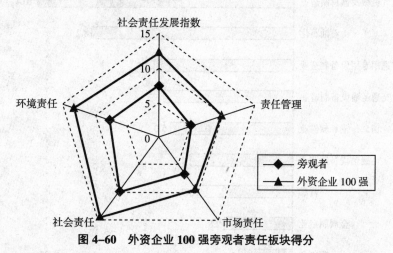

图 4-60　外资企业 100 强旁观者责任板块得分

（五）旁观者责任管理平均得分低于责任实践平均得分

从责任管理、市场责任、社会责任和环境责任四个板块来看，外资企业 100 强社会责任旁观者的责任管理平均得分最低，为 5.0 分；社会责任和环境责任平均得分相对较高。另一方面，外资企业 100 强社会责任旁观者的责任管理平均得分低于责任实践平均得分。

（六）22 家外资企业 100 强社会责任旁观者得分为 0 分及以下

外资企业 100 强社会责任旁观者中有 20 家未披露任何社会责任信息，得分为 0；有 2 家企业

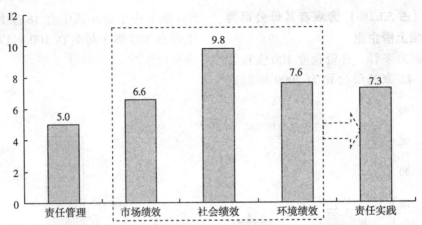

图 4-61　外资企业 100 强旁观者企业社会责任发展指数结构特征

未披露任何社会责任信息，但在评价期发生市场责任和社会责任缺失，得分为-2 分。

二、责任管理

外资企业 100 强社会责任旁观者的责任管理指数为 5.0 分，低于外资企业 100 强责任管理指数平均分 4.8 分，旁观者责任管理水平亟待加强。

（一）概论

1. 责任管理普遍较差，2 个行业责任管理得 0 分

外资企业 100 强社会责任旁观者各行业的责任管理得分均较低，只有电气机械及器材制造业责任管理得分超过 10 分，为 10.4 分，其余行业责任管理得分均在 10 分以下，其中纺织服装业和交通运输、仓储、邮政业的责任管理得分为 0 分。

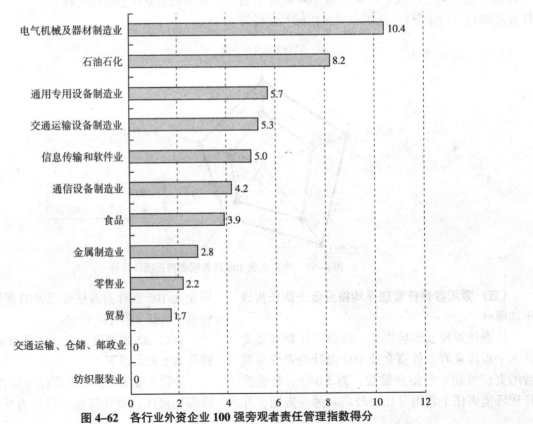

图 4-62　各行业外资企业 100 强旁观者责任管理指数得分

2. 欧洲在华企业责任管理得分相对较高

从区域分布看，外资企业100强社会责任旁观者责任管理普遍较差，各区域在华企业责任管理得分均在10分以下，欧洲在华企业表现相对较好，责任管理得8.1分，北美洲在华企业责任管理得分最低，为3.2分。

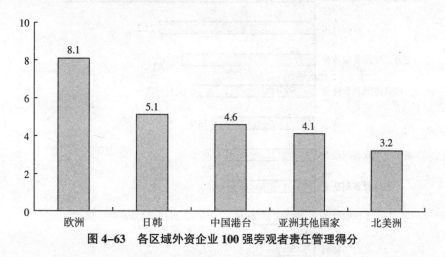

图 4-63　各区域外资企业100强旁观者责任管理得分

3. 责任治理表现相对较好，责任推进得分最低

外资企业100强社会责任旁观者的责任管理平均得分为5.0分，远低于外资企业100强责任管理指数（9.8分）。其中，东芝中国得分最高，为35分。在四个二级指标（责任治理、责任推进、责任沟通和守法合规）的表现上，旁观者平均得分整体较低，其中责任推进和责任沟通得分最低（如图4-64所示）。

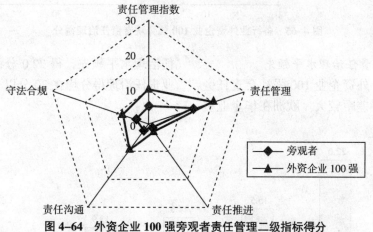

图 4-64　外资企业100强旁观者责任管理二级指标得分

（二）责任治理

外资企业100强社会责任旁观者的责任治理平均得分相对较高，为14.3分。其中东芝中国披露了责任治理66.6%的指标，得分最高，为75分。有25家公司未披露责任治理相关信息，得分为0。

1. 责任治理水平行业间差距较大，电气机械和器材制造业领先

外资企业100强社会责任旁观者的责任治理水平在各个行业间差距较大。其中，电气机械及器材制造业责任治理水平最高，得34.4分；其次为石油石化行业，得分为21.2分；其余行业责任

治理得分均在 20 分以下，其中纺织服装业和交通   运输、仓储、邮政业的责任治理得 0 分。

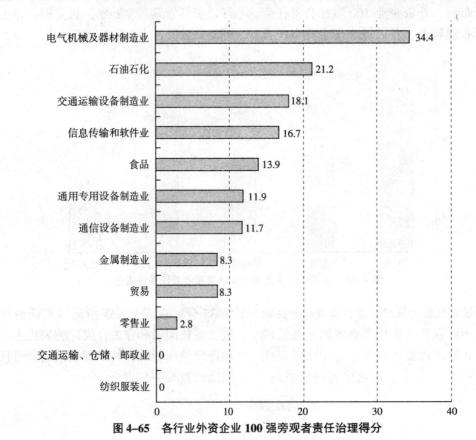

图 4-65 各行业外资企业 100 强旁观者责任治理得分

2. 欧洲在华企业责任治理水平领先

从区域分布看，外资企业 100 强社会责任旁观者的责任治理水平差距较大。欧洲在华企业责任治理水平领先，得 22.0 分；其余区域的在华企业责任治理得分均在 20 分以下。

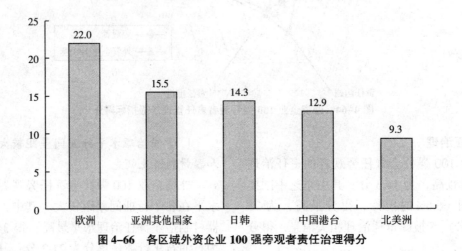

图 4-66 各区域外资企业 100 强旁观者责任治理得分

（三）责任推进

外资企业 100 强社会责任旁观者的责任推进平均得分最低，仅为 1.7 分。其中，73 家公司（占 91.3%）未披露责任推进相关信息。外资企业 100 强社会责任旁观者需要重视其对内和对外的责任推进工作。

1. 责任推进水平普遍较差，7 个行业责任推进得 0 分

外资企业 100 强社会责任旁观者的责任推进水平整体普遍较差，所有行业的责任推进得分均在 10 分以下，其中 7 个行业责任推进得 0 分。

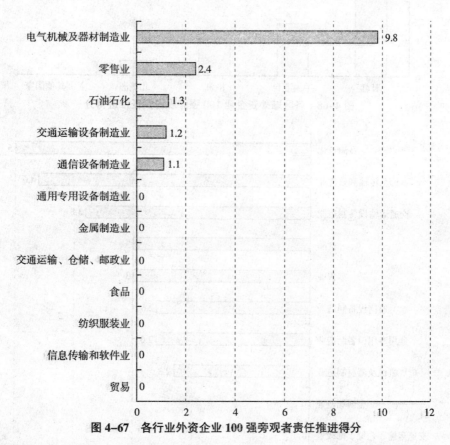

图 4-67　各行业外资企业 100 强旁观者责任推进得分

2. 所有区域的在华企业责任推进得分均在 5 分以下

从区域分布看，所有区域在华企业旁观者的责任推进水平都较低，得分均在 5 分以下。其中，日韩在华企业责任推进相对领先，亚洲其他国家在华企业责任推进得 0 分。

（四）责任沟通

外资企业 100 强社会责任旁观者责任沟通平均得分较低，仅为 2.6 分。其中，仅 1 家企业发布了中国国别社会责任报告；58 家企业（占 72.5%）未披露责任沟通相关指标，得分为 0。外

资企业 100 强社会责任旁观者需要加强责任沟通，做到责任透明。

1. 各行业责任沟通得分均在 5 分以下，4 个行业责任沟通得 0 分

各行业外资企业 100 强社会责任旁观者的责任沟通水平都较低，各行业的得分均在 5 分以下。其中，金属制造业、交通运输仓储邮政业、纺织服装业和贸易 4 个行业的责任沟通得 0 分。

2. 所有区域在华企业责任沟通得分均在 5 分以下

从区域分布看，外资企业 100 强社会责任旁

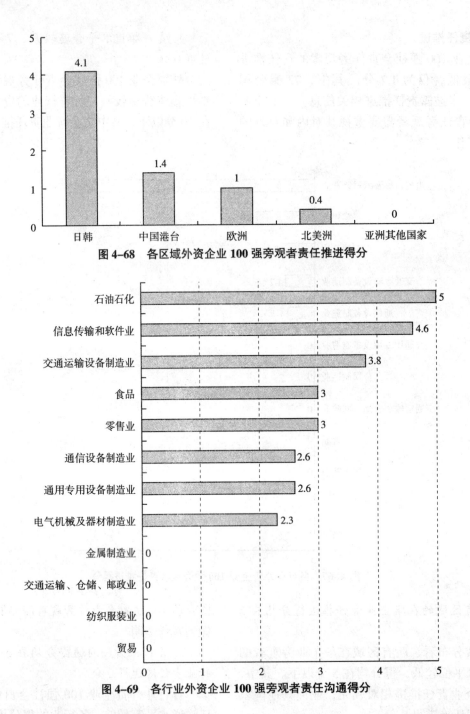

图 4-68　各区域外资企业 100 强旁观者责任推进得分

图 4-69　各行业外资企业 100 强旁观者责任沟通得分

观者的责任沟通水平都较低，所有区域的得分均在 5 分以下。其中，欧洲在华企业责任沟通相对较好，得 4.9 分。

（五）守法合规

外资企业 100 强社会责任旁观者守法合规平均得分较低，为 4.0 分。其中，有 3 家企业守法合规信息披露较好（披露了 40% 以上的指标），得分在 50 分以上；70 家企业（占 87.5%）未披露守法合规相关信息。

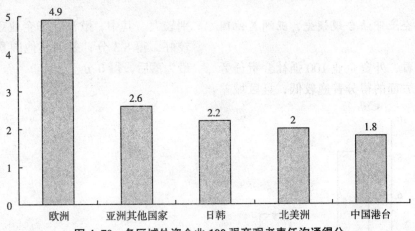

图 4-70 各区域外资企业 100 强旁观者责任沟通得分

1. 通用专用设备制造业守法合规领先，7 个行业守法合规得 0 分

外资企业 100 强社会责任旁观者的守法合规表现在行业间差距较大。其中，通用专用设备制造业守法合规表现最好，得 11.9 分；其次是石油石化行业，得 9.1 分；7 个行业未披露守法合规信息，得 0 分。

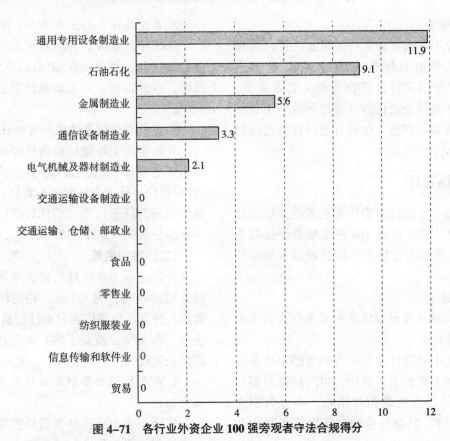

图 4-71 各行业外资企业 100 强旁观者守法合规得分

2. 欧洲在华企业守法合规领先，亚洲其他国家守法合规落后

从区域分布看，外资企业100强社会责任旁观者在守法合规方面的得分普遍较低，且区域差别较大。其中，欧洲在华企业守法合规表现相对较好，得8.3分；亚洲其他国家的守法合规表现最为落后，得0分。

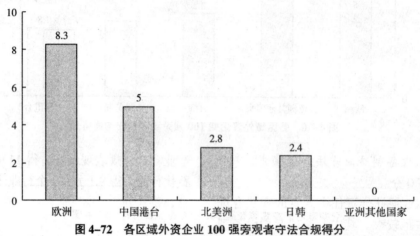

图4-72　各区域外资企业100强旁观者守法合规得分

（六）调整项

外资企业100强社会责任旁观者在责任管理方面的获奖率相对较低，有9家企业（占11.3%）在评价期获得责任管理相关奖项荣誉。外资企业100强社会责任旁观者在评价期未被发现有责任管理负面信息，也没有进行社会责任创新实践。

三、市场责任

外资企业100强社会责任旁观者的市场责任指数为6.6分，低于外资100强市场责任指数平均分2.8分，旁观者市场责任信息披露水平亟待加强。

（一）概论

1. 电气机械及器材制造业和贸易行业的市场责任指数相对较高

外资企业100强社会责任旁观者的市场责任指数在行业间差距较大。其中，电气机械及器材制造业和贸易行业表现相对领先，得分分别为16.3分和16分；其余行业的市场责任指数均在10分以下。

2. 各区域在华企业市场责任指数普遍较低

从区域分布看，各区域在华企业市场责任指数普遍较低，得分均在10分以下，且差别不大。其中，欧洲在华企业市场责任指数相对领先，为9分。

3. 客户责任信息披露相对较好

外资企业100强社会责任旁观者的市场责任平均得分整体较低，为6.6分。从三个二级指标（客户责任、伙伴责任和股东责任）的表现看，旁观者市场责任平均得分整体较低，其中股东责任平均得分最低（如图4-75所示）。

（二）客户责任

外资企业100强社会责任旁观者的客户责任得分相对较高，为8.8分。相对伙伴责任和股东责任，旁观者较重视客户责任信息披露，有36家企业（占45%）披露了客户责任相关信息，但披露信息量较少。

1. 电气机械及器材制造业客户责任信息披露最为领先

外资企业100强社会责任旁观者的客户责任信息披露水平在行业间差距较大。其中，电气机械及器材制造业客户责任信息披露较为领先，得

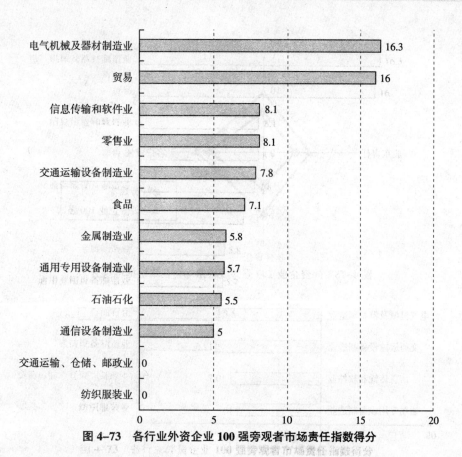

图 4-73   各行业外资企业 100 强旁观者市场责任指数得分

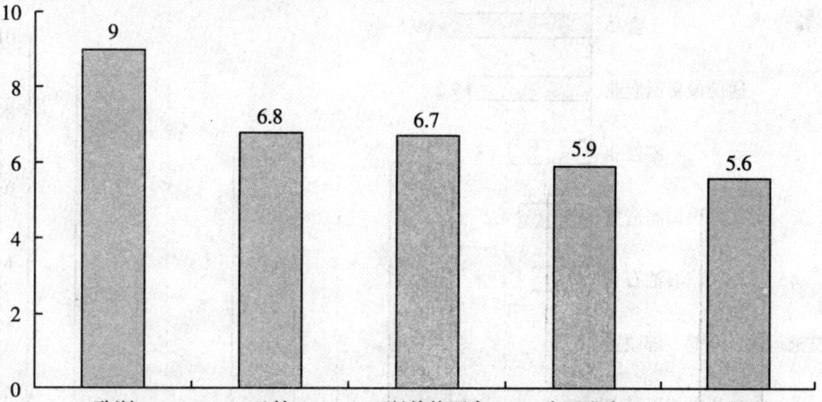

图 4-74   各区域外资企业 100 强旁观者市场责任指数得分

28.8 分；其余行业客户责任得分均在 20 分以下。

2. 亚洲其他国家在华企业客户责任信息披露相对领先

从区域分布看，各区域在华企业旁观者的客户责任信息披露水平的区域差距较小。其中，亚

洲其他国家在华企业的客户责任信息披露水平相对较好，得 11.4 分；其余区域在华企业的客户责任得分均在 10 分以下。

（三）伙伴责任

外资企业 100 强社会责任旁观者伙伴责任平

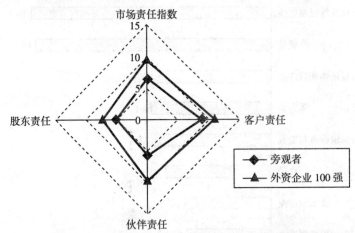

图4-75　外资企业100强旁观者市场责任二级指标得分

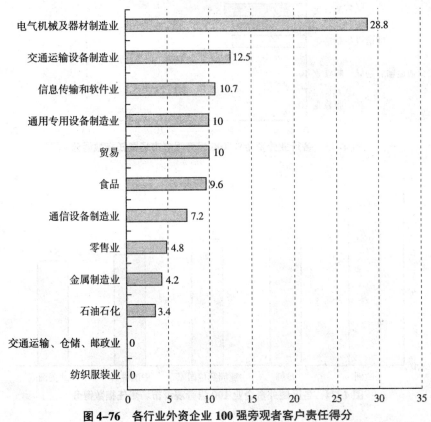

图4-76　各行业外资企业100强旁观者客户责任得分

均得分较低，为5.7分。其中，56家企业未披露伙伴责任相关信息。旁观者需要提升伙伴责任履责水平，加强伙伴责任信息披露。

1. 贸易行业的伙伴责任信息披露水平领先

外资企业100强社会责任旁观者的伙伴责任

信息披露水平行业间差距较大。其中，贸易业的伙伴责任信息披露水平最为领先，得20分；其余行业的伙伴责任得分均在15分以下。

2. 欧洲在华企业伙伴责任信息披露领先

从区域分布看，外资企业100强社会责任旁

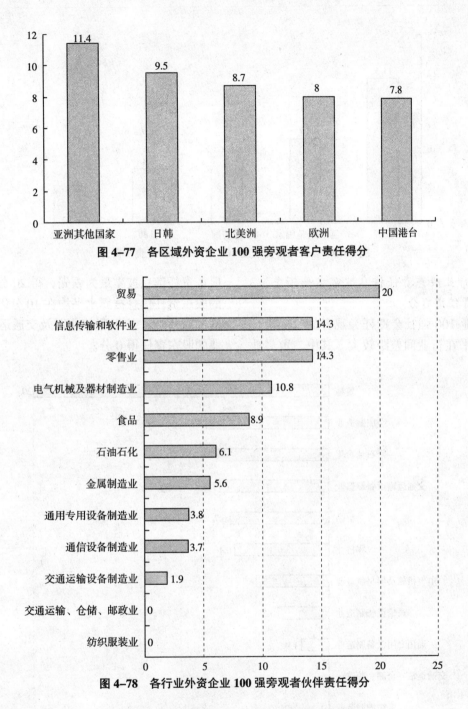

图 4-77　各区域外资企业 100 强旁观者客户责任得分

图 4-78　各行业外资企业 100 强旁观者伙伴责任得分

观者的伙伴责任信息披露水平普遍较差，且各区域差距较大。其中，欧洲在华企业伙伴责任信息披露较好，得 11.5 分；其余区域在华企业护板责任信息披露得分均在 10 分以下。

（四）股东责任

外资企业 100 强社会责任旁观者的股东责任平均得分最低，仅为 5.0 分。其中，62 家企业未披露股东责任相关信息。外资企业 100 强社会责任旁观者需要加强其股东责任的信息披露水平。

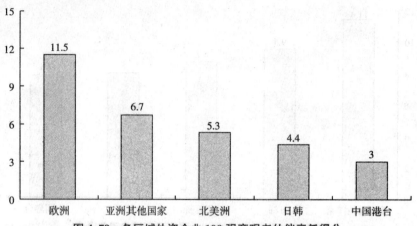

图4-79　各区域外资企业100强旁观者伙伴责任得分

1. 贸易行业股东责任信息披露水平领先，3个行业股东责任得0分

外资企业100强社会责任旁观者的股东责任信息披露水平在行业间差距较大。其中，贸易业

股东责任信息披露最为领先，得20分；其余行业的股东责任信息披露水平均在10分以下；信息传输和软件业、纺织服装业以及交通运输仓储邮政业的股东责任得0分。

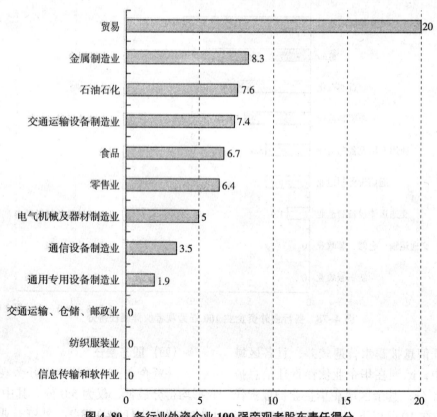

图4-80　各行业外资企业100强旁观者股东责任得分

2. 各区域在华企业股东责任信息披露较为落后

从区域分布看，各区域在华企业的股东责任信息披露都较为落后，得分均在10分以下。其中，欧洲在华企业股东责任信息披露水平相对较好；亚洲其他国家在华企业股东责任信息披露水平最为落后，得0分。

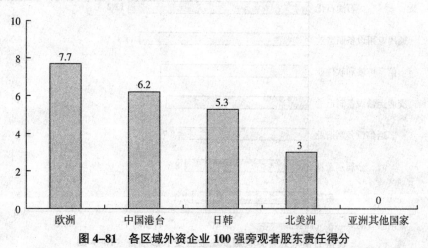

图4-81 各区域外资企业100强旁观者股东责任得分

（五）调整项

外资企业100强社会责任旁观者在市场责任方面的获奖率相对较高，其中有19家企业（占23.8%）在评价期获得了市场责任相关奖项荣誉。外资企业100强社会责任旁观者市场责任缺失发生率也相对较高，在评价期有15家企业（占18.8%）发生责任缺失。

四、社会责任

外资企业100强社会责任旁观者的社会责任指数为9.8分，低于外资100强社会责任指数平均分4.8分，旁观者社会责任信息披露水平亟待加强。

（一）概论

1. 食品行业社会责任指数领先

外资企业100强社会责任旁观者的社会责任指数相对较低。其中，食品以及电气机械及器材制造业的社会责任指数相对较高，分别为18.3分和17.5分；7个行业社会责任指数得分在10分以下。

2. 日韩在华企业社会责任指数领先，港台企业社会责任指数落后

从区域分布看，外资企业100强社会责任旁观者的社会责任指数略有差距。其中，日韩在华企业社会责任指数相对领先，得12分；其次为欧洲在华企业，得10.5分；其他区域在华企业的社会责任指数得分均在10分以下。

3. 社区参与责任信息披露相对较好，员工责任信息披露欠缺

外资企业100强社会责任旁观者社会责任平均得分相对较高，为9.8分。从三个二级指标（政府责任、员工责任和社区参与责任）的表现看，旁观者的员工责任平均得分较低，仅为3.7分。旁观者需提升员工责任履责水平。

（二）政府责任

外资企业100强社会责任旁观者政府责任平均得分相对较高，为16.0分，但各企业间表现差异大。其中，有两家企业（联合利华中国有限公司和华新丽华控股有限公司）披露了政府责任的全部指标，48家企业未披露政府责任的相关信息。

1. 电气机械及器材制造业与信息传输和软件业的政府责任信息披露领先

外资企业100强社会责任旁观者的政府责任信息披露水平相对较好。其中，电气机械及器材制造业与信息传输和软件业的政府责任信息披露

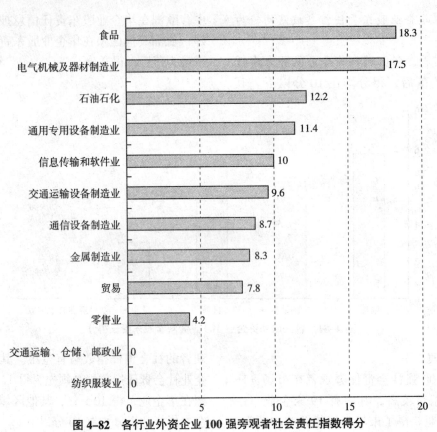

图 4-82　各行业外资企业 100 强旁观者社会责任指数得分

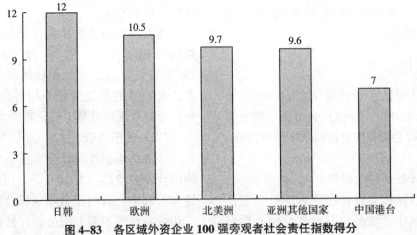

图 4-83　各区域外资企业 100 强旁观者社会责任指数得分

水平最为领先，得 33.3 分；3 个行业责任责任得分在 10 分以下。

2. 欧洲在华企业政府责任信息披露水平领先

从区域分布看，外资企业 100 强社会责任旁观者的政府责任信息披露水平在区域间略有差距。

其中欧洲在华企业政府责任信息披露水平相对领先，得 19.1 分；亚洲其他国家在华企业和中国港台企业政府责任信息披露水平相对落后，得分分别为 14.3 分和 14.2 分。

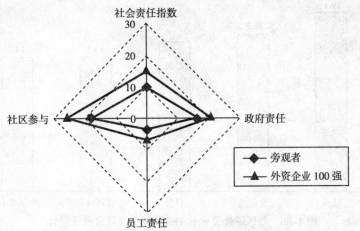

图 4-84 外资企业 100 强旁观者社会责任二级指标得分

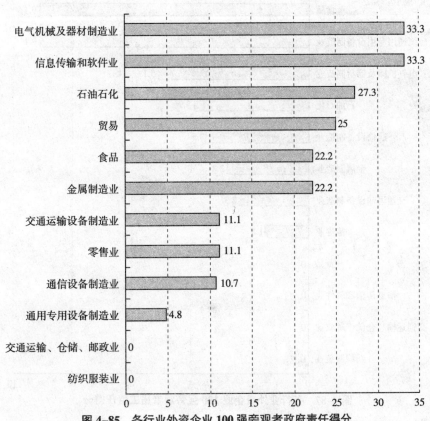

图 4-85 各行业外资企业 100 强旁观者政府责任得分

（三）员工责任

外资企业 100 强社会责任旁观者在员工责任方面表现最差，平均得分为 3.7 分。其中，45 家企业未披露员工责任相关信息；员工责任得分在 0~10 分（不含 0 分和 10 分）的企业有 27 家。

1. 各行业员工责任信息披露水平均比较落后，4 个行业员工责任得 0 分

各行业的外资企业 100 强社会责任旁观者的员工责任信息披露水平均比较落后。其中，员工信息披露水平较高的行业为食品业、通用专用设

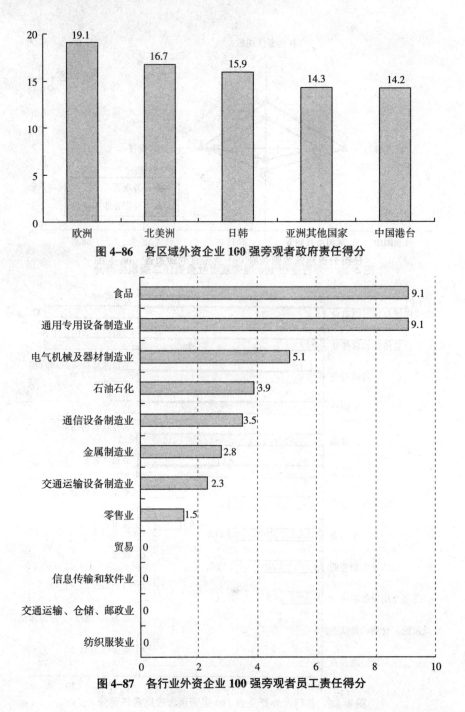

图 4-86　各区域外资企业 160 强旁观者政府责任得分

图 4-87　各行业外资企业 100 强旁观者员工责任得分

备制造业，得分均为 9.1 分；4 个行业员工责任得 0 分。

2. 各区域在华企业员工责任信息披露水平均较落后

从区域分布看，外资企业 100 强社会责任旁观者员工责任信息披露水平均比较落后。其中，亚洲其他国家在华企业员工责任信息披露相对较好，得 5.4 分；其余区域在华企业员工责任得分均在 5 分以下。

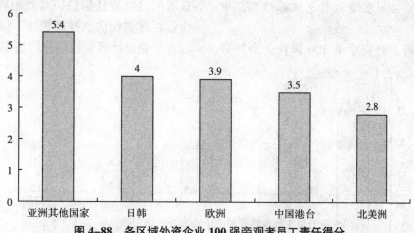

图 4-88　各区域外资企业 100 强旁观者员工责任得分

（四）社区责任

外资企业 100 强社会责任旁观者的社区责任平均得分相对较高，为 18.0 分。其中，有 5 家企业信息披露较好，得分在 50 分以上；有 24 家企业未披露社区责任相关信息。

1. 食品业社区责任信息披露领先

外资企业 100 强社会责任旁观者的社区责任信息披露相对较好。其中，食品业的社区责任信息披露较为领先，得 33.3 分；其次为电气机械及器材制造业，得 32.3 分；其余行业的社会责任得分均在 25 分以下。

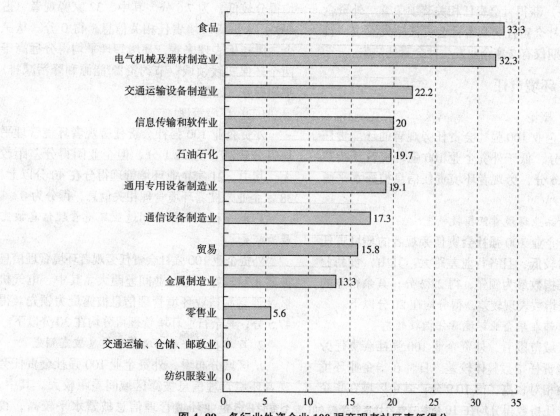

图 4-89　各行业外资企业 100 强旁观者社区责任得分

2. 日韩在华企业社区责任信息披露领先，中国港台企业落后

从区域分布看，外资企业 100 强社会责任旁观者的社区责任信息披露差距较大。其中，日韩企业社区责任信息披露较好，得 24.8 分；其余区域在华企业社区责任得分均在 20 分以下。

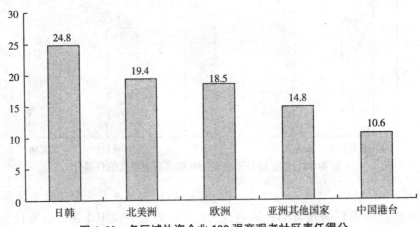

图 4-90　各区域外资企业 100 强旁观者社区责任得分

（五）调整项

外资企业 100 强社会责任旁观者在社会责任方面的获奖率相对较高，在评价期间有 18 家企业（占 22.5%）获得社会责任相关奖项荣誉。外资企业 100 强社会责任旁观者社会责任缺失发生率较低，评价期仅有 2 家企业发生社会责任缺失。

五、环境责任

（一）概论

外资企业 100 强社会责任旁观者的环境责任指数 7.6 分，低于外资企业 100 强环境责任指数平均分 5.6 分，旁观者环境责任信息披露水平亟待加强。

1. 食品业环境责任指数领先

外资企业 100 强社会责任旁观者的环境责任指数相对较低，且各行业差距大。其中，食品业环境责任指数最为领先，得 22.2 分；其余行业的环境责任指数表现较差，得分均在 20 分以下。

2. 日韩在华企业环境责任指数领先

从区域范围看，外资企业 100 强社会责任旁观者环境责任指数整体较差。日韩在华企业环境责任指数相对较高，得 10.9 分；其余区域在华企业环境责任指数得分均在 10 分以下。

3. 旁观者环境责任平均得分整体较低，环境管理好于环境实践

外资企业 100 强社会责任旁观者环境责任平均得分较低，为 7.6 分。其中，32 家旁观者（占 40%）未披露环境责任相关信息，得 0 分。从三个二级指标表现来看，环境管理平均得分远高于两个环保实践领域（节约资源/能源和降污减排）平均得分（如图 4-93 所示）。

（二）环境管理

外资企业 100 强社会责任旁观者环境管理平均得分较高，为 22.1 分，但企业间得分差距较大。其中，21 家企业环境管理得分在 40 分以上，38 家企业未披露环境管理相关信息，得分为 0。

1. 电气机械及器材制造业环境管理信息披露最为领先

外资企业 100 强社会责任旁观者环境管理信息披露相对较好，但行业间差距大。其中，电气机械及器材制造业环境管理信息披露最为领先，得 47.5 分；其余行业环境管理得分均在 30 分以下。

2. 日韩在华企业环境管理信息披露领先

从区域分布看，外资企业 100 强社会责任旁观者环境管理信息披露区域间差距较大。其中，日韩在华企业环境管理信息披露水平较高，得

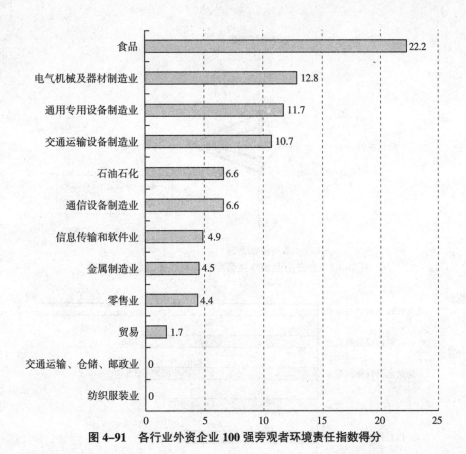

图 4-91　各行业外资企业 100 强旁观者环境责任指数得分

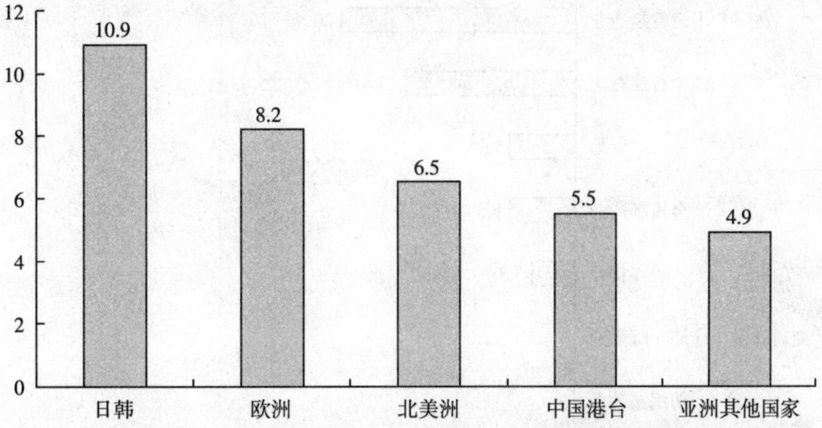

图 4-92　各区域外资企业 100 强旁观者环境责任指数得分

31.3 分；北美洲在华企业环境管理信息披露水平落后，得 12 分。

（三）节约资源能源

外资企业 100 强社会责任旁观者在节约资源能源方面平均得分较低，为 5.8 分。其中，57 家企业未披露节约资源能源相关信息。旁观者需要

加强节约资源能源工作，提高信息披露水平。

1. 食品业节约资源能源信息披露领先

外资企业 100 强社会责任旁观者节约资源能源信息披露水平较差，且行业间差距较大。其中，食品业节约资源能源信息披露较好，得 30 分；其余行业节约资源能源得分均在 15 分以下；4 个行

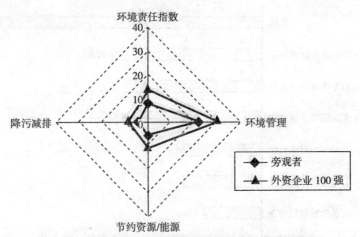

图 4-93　外资企业 100 强旁观者环境责任二级指标得分

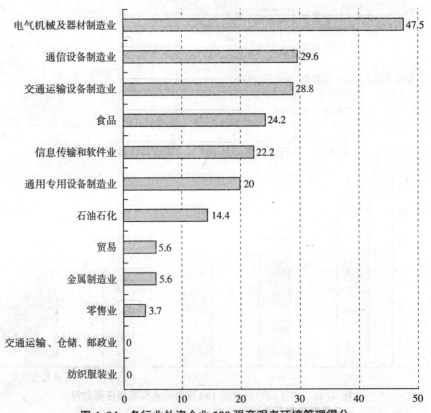

图 4-94　各行业外资企业 100 强旁观者环境管理得分

业得 0 分。

2. 北美洲在华企业节约资源/能源信息披露相对较好

从区域分布看，外资企业 100 强社会责任旁观者节约资源/能源信息披露水平整体较差，且区域间差距大。其中，北美洲在华企业节约资源/能源信息披露相对较好，得 8.7 分；中国港台企业和亚洲其他国家在华企业落后。

（四）降污减排

外资企业 100 强社会责任旁观者在降污减排

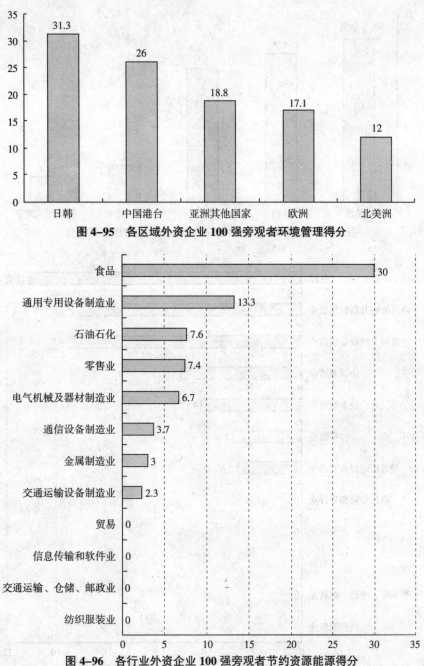

图 4-95　各区域外资企业 100 强旁观者环境管理得分

图 4-96　各行业外资企业 100 强旁观者节约资源能源得分

方面平均得分最低，为 4.2 分。其中，52 家企业未披露降污减排相关信息。旁观者需要加强降污减排工作，提高信息披露水平。

1. 各行业降污减排信息披露较差，5 个行业得 0 分

外资企业 100 强社会责任旁观者降污减排信息披露较差。其中，食品业降污减排信息披露相对较好，得 11.1 分；其次为电气机械和器材制造业，得 10 分；其余行业降污减排得分均在 10 分以下。

2. 日韩企业降污减排信息披露相对较好

从区域分布看，外资企业 100 强社会责任旁

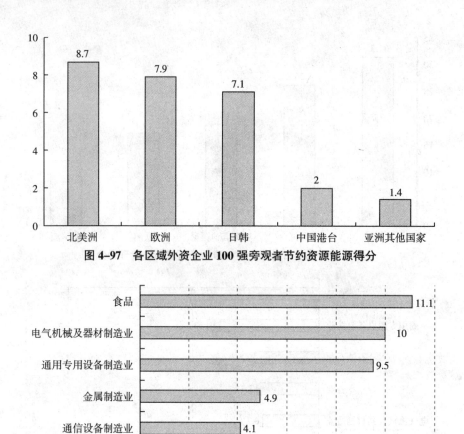

图 4-97　各区域外资企业 100 强旁观者节约资源能源得分

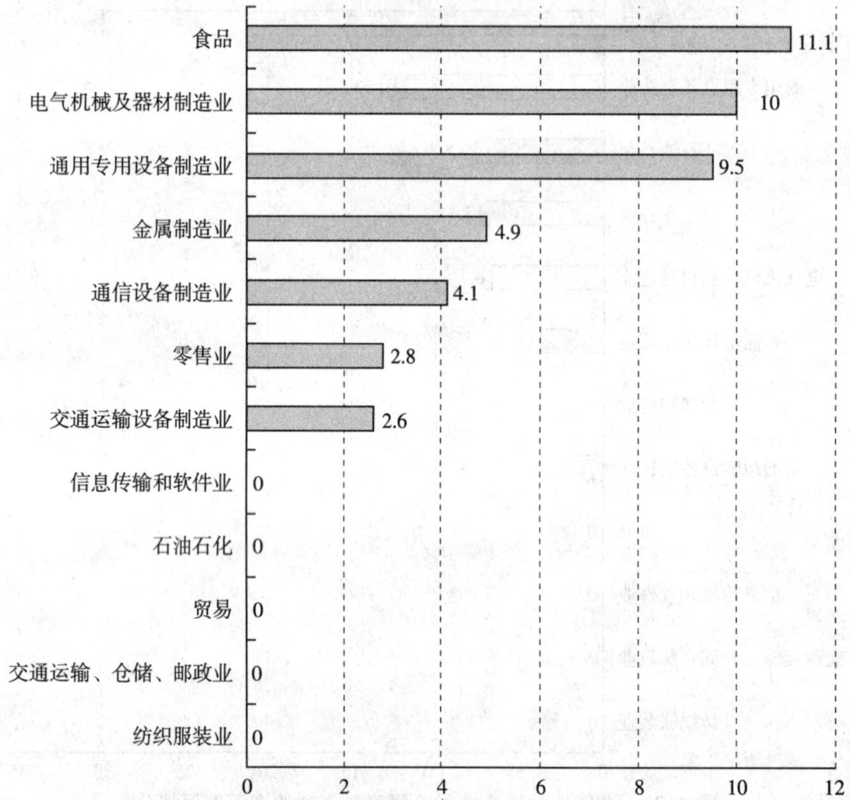

图 4-98　各行业外资企业 100 强旁观者降污减排得分

观者降污减排信息披露表现较差。其中，日韩企业降污减排信息披露相对较好，得 6.5 分；其余区域降污减排得分均在 5 分以下。

（五）调整项

外资企业 100 强社会责任旁观者在环境责任方面的获奖率较低，评价期内共有 16 家企业（占 20%）获得了环境责任相关奖项荣誉。评价期内有 2 家旁观者企业发生环境责任缺失。

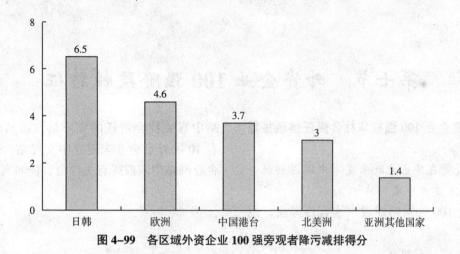

图 4-99 各区域外资企业 100 强旁观者降污减排得分

六、小结

（1）外资企业 100 强社会责任旁观者分布于12 个行业，其中又以日韩和中国港台企业居多。在责任管理、市场绩效、社会绩效和环境绩效四大板块中，旁观者的得分均低于外资 100 强的平均分。旁观者的社会责任得分最高，责任管理最为落后。

（2）责任管理。外资企业 100 强社会责任旁观者的责任管理指数为 5.0 分，低于外资 100 强责任管理指数平均分 4.8 分。按行业分类，电气机械及器材制造业制造业责任管理相对领先；从区域分布看，欧洲在华企业责任管理相对领先，其次为日韩在华企业，北美洲在华企业责任管理最为落后。

（3）市场责任。外资企业 100 强社会责任旁观者的市场责任指数为 6.6 分，低于外资 100 强市场责任指数平均分 2.8 分。按行业分类，电气

机械及器材制造业和贸易业市场责任指数相对较高；按区域分布看，欧洲在华企业市场责任相对领先，其次为日韩在华企业，北美洲在华企业市场责任最为落后。

（4）社会责任。外资企业 100 强社会责任旁观者的社会责任指数为 9.8 分，低于外资 100 强社会责任指数平均分 4.8 分。按行业性质分类，食品业社会责任指数领先，其次为电气机械及器材制造业制造业；按区域分布看，日韩在华企业社会责任信息披露相对领先，中国港台企业最为落后。

（5）环境责任。外资企业 100 强社会责任旁观者的环境责任指数为 7.6 分，低于外资 100 强环境责任指数平均分 5.6 分。按行业性质分类，食品业环境责任指数领先；从区域分布看，日韩在华企业环境责任信息披露较好，其次为欧洲在华企业。

第七节　外资企业100强阶段性特征

（一）外资企业100强在华社会责任信息披露不规范

1. 10家外资在华企业既未发布中国国别社会责任报告，也未建立中文网站[①]

外资企业100强网站建设水平有待提高，网站中有关社会责任的实质信息披露较少。其中，有10家外资企业未建立中文网站，有12家外资企业网站中未披露有关社会责任的实质信息。

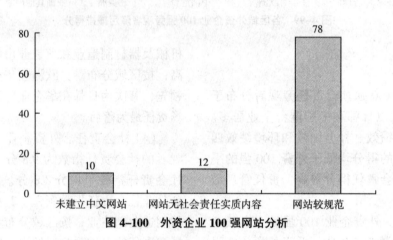

图4-100　外资企业100强网站分析

表4-4　外资100强未建立中文网站企业名单

企　业	行　业	国　别
德讯（中国）货运代理有限公司	交通运输、仓储、邮政业	德　国
太平船务（中国）有限公司	交通运输、仓储、邮政业	新加坡
戴姆勒—克莱斯勒（中国）投资有限公司	交通运输设备制造业	德　国
上海大润发	零售业	中国台湾
三井物产（中国）有限公司	金属制造业	日　本
乐金飞利浦液晶显示	通信设备制造业	韩　国
旭电公司	通用专用设备制造业	美　国
丹沙中福货运代理有限公司	交通运输、邮政、仓储业	德　国
乐金化学（中国）投资有限公司	石油石化	韩　国
宁波奇美电子	通信设备制造业	中国台湾

注：个别企业网站在评价期3次尝试均未打开，视为未建立中文网站。

2. 外资企业100强中国国别社会责任报告页数较少

外资企业100强中共有15家发布了中国国别社会责任报告。中国国别报告平均为34.6页；页数最多的为《佳能中国可持续发展报告2009》，共计69页；页数最少的为《西门子中国企业社会责任》，为4页。外资企业100强母公司集团报告平均页数为98.2页；页数最多的为《巴斯夫2008年

[①] 其中有两家中国台资企业只可以找到中国台湾繁体中文网站，并未针对中国大陆建立网站，故将其视为未建立中国区中文网站。

经济环境和社会绩效报告》，共计 240 页；页数最少的为《富士施乐可持续发展报告（2008）》，共计 34 页。

中国国别报告页数超过集团报告的为日本富士施乐和佳能；ABB 中国国别报告和集团报告页数持平，均为 47 页（如表 4-5 所示）。

表 4-5　外资企业 100 强中国国别报告与集团报告对比

责任排名	企　业	国别	中国报告名称	中国报告页数	集团报告名称	集团报告页数
1	通用汽车（中国）	美国	通用汽车中国之企业社会责任报告 2008	39	-	-
2	索尼公司	日本	索尼中国社会责任简报 2008	32	索尼可持续发展报告 2009	128
3	金光纸业（中国）投资有限公司	印尼	环境与社会可持续发展报告 2007	48	-	-
4	可口可乐（中国）饮料有限公司	美国	可口可乐中国可持续发展报告 2007	37	可口可乐可持续发展报告 2008/2009	44
5	上海贝尔阿尔特股份有限公司	法国	上海贝尔股份有限公司 2008 社会责任报告	25	阿尔卡特-朗讯企业社会责任报告 2008	62
6	巴斯夫中国	德国	巴斯夫大中华区 2008 年度简报	33	巴斯夫 2008 经济环境和社会绩效报告	240
7	英特尔中国	美国	英特尔中国企业责任报告 2007~2008	30	2008 企业社会责任报告	107
8	富士施乐（中国）有限公司	日本	富士施乐可持续发展报告 2009	54	富士施乐可持续发展报告	34
9	丰田汽车（中国）投资有限公司	日本	丰田中国可持续发展报告 2008	55	可持续发展报告 2009	81
10	ABB 中国	瑞士	ABB 中国可持续发展报告 2007	47	ABB 集团可持续发展年度报告 2007	47
12	惠普（中国）投资有限公司	美国	全球企业公民报告中国篇	13	HP06 年全球企业公民报告	168
14	壳牌中国	英国	壳牌中国可持续发展报告 2008	13	壳牌可持续发展报告 2008	42
17	西门子（中国）有限公司	德国	西门子中国企业社会责任	4	可持续发展报告 2008	177
19	佳能（中国）	日本	佳能中国可持续发展报告 2009	69	佳能可持续发展报告 2009	36
27	宝马（中国）	德国	宝马中国企业社会责任贡献系列 2008	20	可持续价值报告 2008	111
	平均页数			34.6		98.2

注：1. 报告选取时我们遵循可得性原则，如果通过公开渠道无法查到该企业的中国国别社会责任报告，我们视其为未发布中国国别报告；

2.《通用汽车中国之企业社会责任报告 2008》和《ABB 中国可持续发展报告 2007》为中英文一体版本，计算页数时英文页数也计算在内；

3. 通用汽车集团社会责任报告为网站版本，无法计算页数，金光纸业母公司印尼金光集团（Sinar Mas Group）社会责任报告未找到，在计算集团报告平均页数时将其剔除；

4. 惠普集团 2008 年、2007 年全球企业公民报告在评价期间无法下载，不可得，故以 2006 年全球企业公民报告代替。

（二）行业差距较大，通信设备制造业得分较高，纺织服装业得分为负

外资企业 100 强社会责任发展指数在行业间表现差异较大。大部分行业社会责任得分在 10~20 分。其中，交通运输、邮政、仓储业 4 家企业未披露任何社会责任相关信息，得分为 0。纺织服装业 3 家企业同样在公开渠道未找到任何社会责任相关信息，但有 1 家企业在评价期发生市场责任负面信息，故平均得分为-0.7 分。

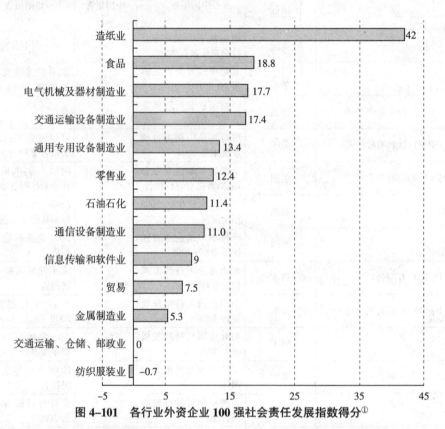

图 4-101　各行业外资企业 100 强社会责任发展指数得分①

（三）各区域在华企业对企业社会责任均持"旁观态度"，中国港台企业社会责任尤为落后

从区域分布看，各区域在华企业社会责任发展指数较低，均处于"旁观者"地位。欧洲在华企业社会责任表现相对较好，社会责任发展指数为 14.3 分；其次为日韩企业，得 13.9 分；再次为北美洲企业，得 13.7 分；中国港台企业社会责任发展尤为落后，社会责任发展指数为 6.0 分。

（四）追赶者责任管理优势显著，起步者强于环境责任信息披露，旁观者社会责任信息披露相对较好

外资企业追赶者和起步者的各项责任指数均显著高于外资企业 100 强平均分值，旁观者各项责任指数均低于 100 强平均分值。外资企业追赶者责任管理指数（47.4 分）在其四大责任板块中最为领先，市场责任指数（25.3 分）在四大责任板块中得分最低；起步者环境责任指数得分（33.4 分）在其四大责任板块中最高，而市场责任披露最不充分；旁观者各责任指数都不足 10 分，但社会责任指数（9 分）略高于其他责任板块得分。

① 由于行业间样本数量存在差异，排名仅供参考。

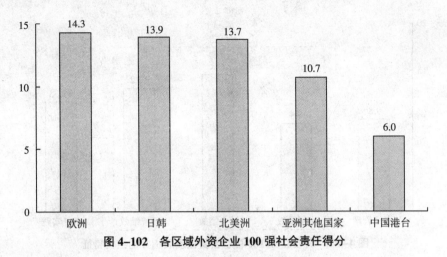

图 4-102 各区域外资企业 100 强社会责任得分

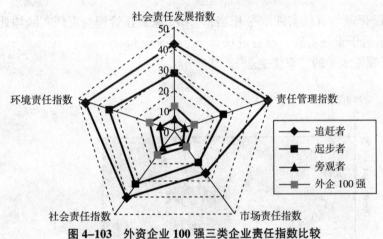

图 4-103 外资企业 100 强三类企业责任指数比较

（五）责任管理落后于责任实践，在责任实践中社会责任领先于市场责任和环境责任

外资企业 100 强社会责任发展指数由责任管理和市场、社会以及环境三个实践领域构成。经过分析，外资 100 强的责任管理得分落后于责任实践得分。主要原因是市场、社会和环境是企业履行社会责任的传统领域，服务客户、关爱员工等责任是企业生存的基础。而责任管理是新兴管理实践，许多企业尚未将其纳入企业管理体系之中。

在具体责任实践领域，市场责任得分落后于社会责任和环境责任，而社会责任最高。主要原因是在社会领域，外资企业对社区责任、公益捐赠披露较多；在环境领域，外资企业环境管理体系及制度建设等定性披露较多，但定量指标披露较少；在市场领域，外资企业对伙伴责任以及成长性、收益性和安全性等财务指标披露较少。

（六）不存在责任管理与责任实践皆领先的"双优企业"，72 家企业属于"双差企业"

从单个企业来看，外资企业 100 强中许多企业的责任管理与责任实践也是不平衡的。图 4-105 的横轴代表市场责任指数、社会责任指数和环境责任指数三个责任实践的平均分，而纵轴是责任管理指数得分。图中黄色区域表示责任管理领先于责任实践，绿色区域表示责任管理与责任实践水平相当，而蓝色区域表示责任管理落后于责任实践。通过对外资企业 100 强各责任板块指数的分析，可以得出：10 家企业责任管理领先于责任

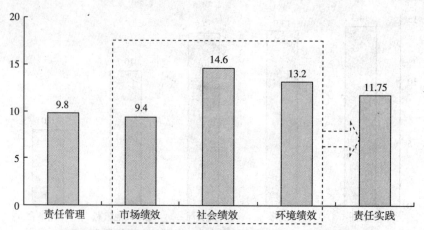

图 4–104　外资企业 100 强社会责任发展指数的结构特征

实践，80 家企业责任管理与责任实践水平相当，10 家企业责任管理落后于责任实践；没有责任管理与责任实践均处于领先水平的"双优企业"，有

72 家责任管理与责任实践均处于起步阶段的"双差企业"。

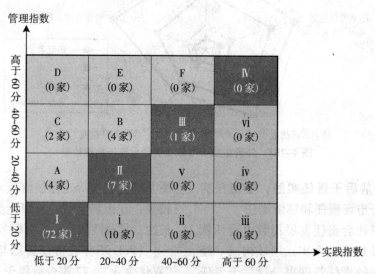

图 4–105　外资企业 100 强责任管理指数—责任实践指数情况

附录一

中国企业社会责任发展指数排序（2009）

排名	企业名称	企业性质	行业	责任管理	市场责任	社会责任	环境责任	社会责任发展指数
领先者（14家）								
1	中国远洋运输（集团）总公司	国有企业	交通运输、仓储、邮政业	90.0	70.0	62.0	76.0	84.5
2	国家电网公司	国有企业	电网	86.7	60.0	63.3	65.0	77.0
3	中国移动通信集团公司	国有企业	电信业	93.3	62.9	47.5	66.7	74.5
4	中国大唐集团公司	国有企业	电力	75.0	55.0	66.0	68.6	73.5
5	中国华能集团公司	国有企业	电力	70.0	60.0	64.0	65.7	73.0
6	宝钢集团有限公司	国有企业	金属制造业	75.0	60.0	70.0	47.1	71.5
7	联想控股有限公司	民营企业	通信设备制造业	78.3	74.0	40.0	54.0	70.5
8	中国海洋石油总公司	国有企业	石油石化	51.7	55.0	60.0	60.0	69.0
9	中国中铁股份有限公司	国有企业	建筑业	51.7	80.0	75.0	62.0	64.5
10	中国平安保险（集团）股份有限公司	民营企业	保险业	53.3	80.0	64.0	30.0	64.0
11	中国工商银行股份有限公司	国有企业	银行	46.7	73.3	53.3	66.0	62.5
12	中国石油天然气集团公司	国有企业	石油石化	60.0	55.0	54.0	84.0	62.0
12	中国中钢集团公司	国有企业	采矿业	56.7	70.0	62.0	38.6	62.0
14	中国石油化工集团公司	国有企业	石油石化	60.0	60.0	57.0	92.0	60.3
追赶者（28家）								
15	武汉钢铁（集团）公司	国有企业	金属制造业	45.0	80.0	42.0	81.4	59.5
16	中国民生银行股份有限公司	民营企业	银行	51.7	63.3	76.7	40.0	59.0
17	中国中化集团公司	国有企业	石油石化	66.7	75.0	52.0	64.0	58.5
18	鞍山钢铁集团公司	国有企业	金属制造业	63.3	50.0	54.0	57.1	57.5
18	交通银行股份有限公司	国有企业	银行	43.3	75.0	53.3	48.0	57.5
20	中国铁建股份有限公司	国有企业	建筑业	51.7	66.7	73.3	42.0	56.0
20	东风汽车公司	国有企业	交通运输设备制造业	46.7	53.3	45.0	60.0	56.0
22	中国南方航空集团公司	国有企业	交通运输、仓储、邮政业	50.0	82.5	44.0	46.0	55.0
22	中国建设银行股份有限公司	国有企业	银行	45.0	73.3	53.3	42.0	55.0
24	中国华电集团公司	国有企业	电力	63.6	40.0	40.0	54.3	54.5
25	中国南方电网有限责任公司	国有企业	电网	51.7	77.5	48.3	52.5	54.0
26	中国国电集团公司	国有企业	电力	63.3	50.0	56.0	37.1	52.0
27	华润（集团）有限公司	国有企业	零售业	33.3	52.9	60.0	33.3	51.5
28	中国银行	国有企业	银行	45.0	53.3	53.3	58.0	51.0
29	新希望集团有限公司	民营企业	食品业	25.0	60.0	47.5	26.7	50.0
30	首钢总公司	国有企业	金属制造业	36.7	40.0	46.0	60.0	48.5
30	中国人寿保险（集团）公司	国有企业	保险业	30.0	74.3	42.0	20.0	48.5

续表

排名	企业名称	企业性质	行业	责任管理	市场责任	社会责任	环境责任	社会责任发展指数
32	华夏银行股份有限公司	民营企业	银行	41.7	56.7	46.7	24.0	46.5
33	中国国际海运集装箱（集团）股份有限公司	国有企业	交通运输、仓储、邮政业	30.0	72.5	36.0	48.0	45.5
34	中国农业银行	国有企业	银行	40.0	60.0	33.3	26.0	43.5
34	通用汽车（中国）	外资企业	交通运输设备制造业	43.3	30.0	37.5	41.4	43.5
36	中国交通建设集团有限公司	国有企业	建筑业	38.3	70.0	41.6	46.0	43.0
36	索尼公司	外资企业	通信设备制造业	41.7	42.0	27.5	58.0	43.0
38	招商银行股份有限公司	民营企业	银行	21.7	53.3	46.7	40.0	42.5
39	金光纸业（中国）投资有限公司	外资企业	造纸业	50.0	13.3	47.5	38.6	42.0
40	TCL集团	国有企业	电气机械及器材制造业	25.0	60.0	35.0	36.0	41.5
41	可口可乐（中国）饮料有限公司	外资企业	食品业	54.7	15.7	47.5	43.3	41.0
42	华为技术有限公司	民营企业	通信设备制造业	48.3	30.0	47.5	22.0	40.0
起步者（79家）								
43	美的集团有限公司	民营企业	电气机械及器材制造业	41.7	22.0	37.5	44.0	39.5
44	上海贝尔阿尔卡特股份有限公司	外资企业	通信设备制造业	28.3	26.0	47.5	34.0	39.0
45	安阳钢铁集团有限责任公司	国有企业	金属制造业	28.3	45.0	38.0	47.1	38.5
45	神华集团有限责任公司	国有企业	采矿业	33.3	40.0	42.0	34.3	38.5
45	中粮集团有限公司	国有企业	贸易业	35.0	44.0	44.0	8.0	38.5
45	巴斯夫（中国）有限公司	外资企业	石油石化	40.0	5.0	35.0	32.5	38.5
49	中国人民保险集团公司	国有企业	保险业	31.7	54.3	26.0	0.0	38.0
50	英特尔中国	外资企业	通信设备制造业	40.0	14.0	52.5	50.0	37.5
51	兖矿集团有限公司	国有企业	采矿业	23.3	15.0	40.0	45.7	36.5
51	中国五矿集团公司	国有企业	采矿业	40.0	30.0	40.0	35.7	36.5
53	新华联控股有限公司	民营企业	采矿业	18.3	45.0	50.0	41.4	36.0
54	中国第一汽车集团公司	国有企业	交通运输设备制造业	16.7	33.3	45.0	50.0	35.5
55	中国电信集团公司	国有企业	电信业	18.3	45.7	30.0	30.0	35.0
55	富士施乐（中国）有限公司	外资企业	通用专用设备制造业	30.0	14.0	40.0	46.0	35.0
57	太原钢铁（集团）有限公司	国有企业	金属制造业	13.3	25.0	36.0	57.1	34.5
57	兴业银行股份有限公司	民营企业	银行	31.7	33.3	26.7	24.0	34.5
59	广东省粤电集团公司	国有企业	电力	15.0	20.0	40.0	40.0	33.5
59	中国联合通信有限公司	国有企业	电信业	26.7	45.7	20.0	23.3	33.5
61	海亮集团有限公司	民营企业	金属制造业	25.0	45.0	44.0	17.1	33.0
62	上海汽车工业（集团）总公司	国有企业	交通运输设备制造业	20.0	40.0	45.0	32.8	32.5
62	丰田汽车（中国）投资有限公司	外资企业	交通运输设备制造业	33.3	30.0	22.5	44.3	32.5
64	雅戈尔集团股份有限公司	民营企业	纺织服装业	18.3	40.0	35.0	35.0	32.0
64	ABB中国	外资企业	电气机械及器材制造业	45.0	16.0	40.0	18.0	32.0
66	苏宁电器股份有限公司	民营企业	零售业	13.3	51.4	37.5	0.0	31.5
66	吉林亚泰（集团）股份有限公司	民营企业	房地产	25.0	42.0	36.7	13.3	31.0
68	南京钢铁集团有限公司	民营企业	金属制造业	10.0	45.0	22.0	47.1	30.5

续表

排名	企业名称	企业性质	行业	责任管理	市场责任	社会责任	环境责任	社会责任发展指数
68	中天钢铁集团有限公司	民营企业	金属制造业	6.7	20.0	34.0	45.7	30.5
68	内蒙古蒙牛乳业(集团)股份有限公司	民营企业	食品业	20.0	27.1	27.5	56.7	30.5
68	三星中国投资有限公司	外资企业	通信设备制造业	10.0	36.0	20.0	54.0	30.5
72	杭州钢铁	国有企业	金属制造业	6.7	20.0	16.0	60.0	30.0
73	深圳发展银行	民营企业	银行	18.3	43.3	36.7	22.0	29.5
74	攀枝花钢铁（集团）公司	国有企业	金属制造业	13.3	30.0	46.0	27.1	29.0
74	中国铝业公司	国有企业	金属制造业	30.0	30.0	32.0	31.4	29.0
74	陕西东岭工贸集团股份有限公司	民营企业	金属制造业	13.3	25.0	32.0	35.7	29.0
74	惠普（中国）投资有限公司	外资企业	通信设备制造业	43.3	6.0	27.5	28.0	29.0
78	华泰集团有限公司	民营企业	食品业	6.7	30.0	40.0	32.9	28.5
79	陕西延长石油（集团）有限责任公司	国有企业	石油石化	23.3	35.0	35.0	36.0	28.3
80	万科企业股份有限公司	民营企业	房地产	20.0	46.0	20.0	30.0	28.0
81	福特汽车（中国）有限公司	外资企业	交通运输设备制造业	30.0	23.3	30.0	17.1	27.5
82	壳牌中国	外资企业	石油石化	28.3	20.0	33.8	27.5	27.3
83	铜陵有色金属集团控股有限公司	国有企业	金属制造业	25.0	35.0	30.0	24.3	27.0
83	中兴通讯股份有限公司	民营企业	通信设备制造业	15.0	22.0	32.5	18.0	27.0
85	物美控股集团有限公司	民营企业	零售业	10.0	41.4	35.0	6.7	26.5
86	中国中煤能源集团公司	国有企业	采矿业	26.7	35.0	20.0	24.3	26.0
86	中国重型汽车集团有限公司	国有企业	交通运输设备制造业	13.3	30.0	17.5	28.6	26.0
88	上海复星高科技（集团）有限公司	民营企业	医药制造业	6.7	36.0	46.0	0.0	25.5
88	江苏阳光集团有限公司	民营企业	纺织服装业	3.3	40.0	28.3	35.0	25.5
88	人民电器集团有限公司	民营企业	电气机械及器材制造业	26.7	30.0	52.5	6.0	25.5
91	浙江省物产集团公司	国有企业	贸易业	13.3	36.0	38.0	0.0	24.5
91	江苏雨润食品产业集团有限公司	民营企业	食品业	16.7	31.4	32.5	0.0	24.5
91	传化集团有限公司	民营企业	石油石化	33.3	40.0	32.5	15.0	24.5
94	中国水利水电建设集团公司	国有企业	建筑业	16.7	30.0	3.3	46.0	24.0
94	上海华谊（集团）公司	国有企业	石油石化	20.0	25.0	22.5	20.0	24.0
94	安利（中国）日用品有限公司	外资企业	零售业	8.3	24.3	42.5	30.0	24.0
94	沃尔玛（中国）投资有限公司	外资企业	零售业	8.3	18.6	32.5	43.3	24.0
98	莱芜钢铁集团有限公司	国有企业	金属制造业	10.0	35.0	12.0	34.3	23.5
98	广东格兰仕集团有限公司	民营企业	电气机械及器材制造业	3.3	46.0	25.0	16.0	23.5
98	西门子（中国）有限公司	外资企业	电气机械及器材制造业	28.3	30.0	25.0	14.0	23.5
101	中国建筑股份有限公司	国有企业	建筑业	16.7	43.3	13.3	38.0	23.0
101	滨化集团股份有限公司	民营企业	石油石化	11.7	25.0	15.0	30.0	23.0
101	华盛江泉集团有限公司	民营企业	电力	3.3	40.0	24.0	28.6	23.0
101	日立（中国）有限公司	外资企业	电气机械及器材制造业	11.7	12.0	25.0	42.0	23.0
105	河北敬业集团	民营企业	金属制造业	0.0	25.0	34.0	27.1	22.5

续表

排名	企业名称	企业性质	行业	责任管理	市场责任	社会责任	环境责任	社会责任发展指数
105	内蒙古伊利实业集团股份有限公司	民营企业	食品业	13.3	40.0	22.5	6.7	22.5
107	中国航空集团公司	国有企业	交通运输、仓储、邮政业	10.0	65.0	20.0	0.0	22.0
107	中国东方航空股份有限公司	国有企业	交通运输、仓储、邮政业	16.7	50.0	18.0	14.0	22.0
107	山东时风（集团）有限责任公司	民营企业	通用专用设备制造业	3.3	36.0	20.0	20.0	22.0
110	本溪钢铁（集团）有限责任公司	国有企业	金属制造业	6.7	35.0	14.0	32.8	21.5
110	三一集团有限公司	民营企业	通用专用设备制造业	23.3	26.0	30.0	16.0	21.5
110	红豆集团有限公司	民营企业	纺织服装业	10.0	20.0	25.0	25.0	21.5
110	利群集团股份有限公司	民营企业	零售业	6.7	34.3	27.5	0.0	21.5
114	中国太平洋保险(集团)股份有限公司	国有企业	保险业	10.0	31.4	16.0	0.0	21.0
114	佳能（中国）	外资企业	通用专用设备制造业	25.0	10.0	22.5	30.0	21.0
114	BP中国	外资企业	石油石化	13.3	10.0	30.0	25.0	21.0
117	济钢集团有限公司	国有企业	金属制造业	3.3	10.0	16.0	32.9	20.5
117	大众汽车集团（中国）	外资企业	交通运输设备制造业	11.7	16.7	22.5	31.4	20.5
119	中国化工集团公司	国有企业	石油石化	23.3	40.0	8.0	24.0	20.0
119	大同煤矿集团	国有企业	采矿业	6.7	25.0	42.0	8.6	20.0
119	广厦控股创业投资有限公司	民营企业	建筑业	20.0	26.7	26.7	0.0	20.0
	旁观者（179家）							
122	天津市物资集团总公司	国有企业	贸易业	16.7	20.0	25.0	0.0	19.5
122	金龙精密铜管集团股份有限公司	民营企业	金属制造业	10.0	40.0	28.0	7.1	19.5
122	南山集团公司	民营企业	纺织服装业	3.3	35.0	8.3	30.0	19.5
122	广州宝洁有限公司	外资企业	石油石化	10.0	0.0	17.5	22.5	19.5
126	广东物资集团公司	国有企业	贸易业	23.3	28.0	8.0	0.0	19.0
126	大金（中国）投资有限公司	外资企业	电气机械及器材制造业	8.3	4.0	20.0	38.0	19.0
128	百联集团有限公司	国有企业	零售业	16.7	18.6	25.0	6.7	18.5
128	正泰集团有限公司	民营企业	电气机械及器材制造业	3.3	12.0	22.5	28.0	18.5
128	光宝集团	外资企业	通信设备制造业	26.7	8.0	17.5	12.0	18.5
131	上海建工（集团）总公司	国有企业	建筑业	10.0	63.3	11.7	8.0	18.0
131	中国海运（集团）总公司	国有企业	交通运输、仓储、邮政业	10.0	35.0	16.0	8.0	18.0
131	中国机械工业集团公司	国有企业	通用专用设备制造业	10.0	28.0	25.0	0.0	18.0
131	松下电工（中国）有限公司	外资企业	电气机械及器材制造业	11.7	24.0	17.5	20.0	18.0
131	乐金电子（中国）有限公司	外资企业	通信设备制造业	5.0	12.0	27.5	20.0	18.0
136	中国冶金科工集团公司	国有企业	金属制造业	13.3	30.0	14.0	14.3	17.5
137	无锡尚德太阳能电力有限公司	外资企业	电气机械及器材制造业	10.0	24.0	17.5	14.0	17.0
137	东芝中国	外资企业	电气机械及器材制造业	35.0	14.0	17.5	2.0	17.0
137	宝马（中国）	外资企业	交通运输设备制造业	16.7	13.3	12.5	15.7	17.0
140	雀巢中国有限公司	外资企业	食品业	5.0	18.6	15.0	30.0	16.5
141	光明食品（集团）有限公司	国有企业	食品业	10.0	28.6	20.0	0.0	16.0
141	天津荣程联合钢铁集团有限公司	民营企业	金属制造业	3.3	15.0	16.0	24.3	16.0

续表

排名	企业名称	企业性质	行业	责任管理	市场责任	社会责任	环境责任	社会责任发展指数
141	摩托罗拉（中国）电子有限公司	外资企业	通信设备制造业	8.3	16.0	25.0	22.0	16.0
144	北大方正集团有限公司	国有企业	通信设备制造业	15.0	20.0	17.5	0.0	15.0
144	德力西集团有限公司	民营企业	电气机械及器材制造业	13.3	16.0	27.5	10.0	15.0
144	江苏省苏中建设集团股份有限公司	民营企业	建筑业	13.3	33.3	13.3	8.0	15.0
144	宁波金田投资控股有限公司	民营企业	金属制造业	10.0	25.0	20.0	4.3	15.0
144	天正集团有限公司	民营企业	电气机械及器材制造业	0.0	22.0	22.5	16.0	15.0
149	中天发展控股集团有限公司	民营企业	建筑业	6.7	43.3	16.7	0.0	14.5
149	国美电器控股有限公司	民营企业	零售业	5.0	34.3	27.5	3.3	14.5
149	斗山工程机械（中国）有限公司	外资企业	电气机械及器材制造业	1.7	12.0	20.0	16.0	14.5
152	京东方科技集团股份有限公司	国有企业	通信设备制造业	15.0	10.0	10.0	20.0	14.0
152	扬子江药业集团有限公司	民营企业	医药制造业	0.0	24.0	12.0	5.0	14.0
152	锦江麦德龙现购自运有限公司	外资企业	零售业	6.7	24.3	12.5	13.3	14.0
152	施耐德（中国）投资有限公司	外资企业	电气机械及器材制造业	11.7	16.0	22.5	8.0	14.0
156	中国化学工程集团公司	国有企业	建筑业	10.0	33.3	15.0	8.0	13.5
156	上海人民企业（集团）有限公司	民营企业	电气机械及器材制造业	3.3	10.0	30.0	8.0	13.5
156	联合利华（中国）有限公司	外资企业	石油石化	20.0	10.0	27.5	5.0	13.5
156	华硕	外资企业	通信设备制造业	11.7	12.0	12.5	14.0	13.5
160	内蒙古伊泰集团有限公司	民营企业	采矿业	15.0	35.0	20.0	0.0	13.0
160	山东省农村信用社联合社	民营企业	银行	10.0	20.0	26.7	0.0	13.0
160	百兴集团有限公司	民营企业	纺织服装业	3.3	15.0	23.3	0.0	13.0
160	庞大汽贸集团股份有限公司	民营企业	零售业	0.0	28.6	10.0	0.0	13.0
160	夏普	外资企业	通用专用设备制造业	5.0	8.0	27.5	16.0	13.0
160	爱立信（中国）通信有限公司	外资企业	通信设备制造业	13.3	12.0	15.0	8.0	13.0
160	国际商业机器全球服务（中国）有限公司	外资企业	信息传输和软件业	8.3	13.3	12.5	4.9	13.0
167	中国中信集团公司	国有企业	银行	13.0	16.7	23.2	0.0	12.5
167	广东省广新外贸集团有限公司	国有企业	贸易业	6.7	20.0	18.3	0.0	12.5
167	中国铁路物资总公司	国有企业	交通运输、仓储、邮政业	13.3	30.0	6.0	0.0	12.5
167	比亚迪股份有限公司	民营企业	交通运输设备制造业	13.3	16.7	20.0	5.7	12.5
167	江苏沙钢集团有限公司	民营企业	金属制造业	6.7	25.0	28.0	0.0	12.5
167	南金兆集团有限公司	民营企业	采矿业	6.7	30.0	6.0	17.1	12.5
167	天津天狮集团有限公司	民营企业	医药制造业	3.3	12.0	22.0	0.0	12.5
167	联强国际贸易（中国）有限公司	外资企业	贸易业	1.7	32.0	10.3	0.0	12.5
167	奥的斯电梯（中国）投资有限公司	外资企业	通用专用设备制造业	11.7	12.0	10.0	8.0	12.5
176	青岛丽东化工有限公司	外资企业	石油石化	5.0	5.0	6.3	17.5	12.3
177	江苏悦达集团有限公司	国有企业	交通运输设备制造业	3.3	16.7	17.5	8.6	12.0
177	中国电子信息产业集团公司	国有企业	通信设备制造业	16.7	12.0	15.0	0.0	12.0
177	浙江恒逸集团有限公司	民营企业	纺织服装业	0.0	10.0	20.0	5.0	12.0
177	上海三菱电梯有限公司	外资企业	通用专用设备制造业	1.7	8.0	10.0	18.0	12.0
181	江西铜业集团公司	国有企业	金属制造业	6.7	40.0	18.0	5.7	11.5

续表

排名	企业名称	企业性质	行业	责任管理	市场责任	社会责任	环境责任	社会责任发展指数
181	山西焦煤集团	国有企业	采矿业	6.7	15.0	22.0	7.1	11.5
181	中国航空油料集团公司	国有企业	交通运输、仓储、邮政业	15.0	15.0	12.0	0.0	11.5
181	临沂新程金锣肉制品有限公司	民营企业	食品业	6.7	11.4	22.5	6.7	11.5
181	海航集团有限公司	民营企业	交通运输、仓储、邮政业	3.3	25.0	8.0	10.0	11.5
186	中国邮政集团公司	国有企业	交通运输、仓储、邮政业	3.3	22.5	14.0	0.0	11.0
186	奥克斯集团有限公司	民营企业	电气机械及器材制造业	0.0	20.0	25.0	4.0	11.0
186	爱默生发电机有限公司	外资企业	电气机械及器材制造业	5.0	20.0	17.5	4.0	11.0
186	理光中国	外资企业	通用专用设备制造业	5.0	0.0	12.5	28.0	11.0
186	佳通轮胎（中国）投资有限公司	外资企业	石油石化	8.3	10.0	17.5	10.0	11.0
186	联众（广州）不锈钢有限公司	外资企业	金属制造业	1.7	5.0	6.0	24.3	11.0
192	大连大商集团有限公司	民营企业	零售业	3.3	5.7	27.5	0.0	10.5
192	杭州娃哈哈集团有限公司	民营企业	食品业	3.3	5.7	22.5	13.3	10.5
192	沈阳远大企业集团有限公司	民营企业	建筑业	0.0	30.0	10.0	8.0	10.5
195	桐昆集团股份有限公司	民营企业	纺织服装业	16.7	5.0	3.3	0.0	10.0
195	四川宏达（集团）有限公司	民营企业	石油石化	5.0	10.0	22.5	2.5	10.0
195	法尔胜集团公司	民营企业	金属制造业	3.3	20.0	20.0	0.0	10.0
195	浙江荣盛控股集团有限公司	民营企业	石油石化	0.0	5.0	17.5	10.0	10.0
199	通威集团有限公司	民营企业	食品业	5.0	4.3	12.5	6.7	9.5
199	三胞集团有限公司	民营企业	通信设备制造业	0.0	22.0	20.0	0.0	9.5
199	现代汽车中国投资有限公司	外资企业	交通运输设备制造业	3.3	16.7	15.0	11.4	9.5
199	仁宝集团	外资企业	通信设备制造业	6.7	8.0	7.5	16.0	9.5
199	日产（中国）投资有限公司	外资企业	交通运输设备制造业	6.7	10.0	10.0	11.4	9.5
199	台达集团	外资企业	通信设备制造业	8.3	8.0	15.0	8.0	9.5
205	北台钢铁（集团）有限责任公司	国有企业	金属制造业	6.7	5.0	12.0	7.1	9.0
205	九州通医药集团股份有限公司	民营企业	医药制造业	6.7	8.0	8.0	0.0	9.0
205	恒力集团有限公司	民营企业	纺织服装业	0.0	15.0	13.3	25.0	9.0
205	戴尔中国有限公司	外资企业	通信设备制造业	1.7	4.0	27.5	12.0	9.0
205	益海嘉里集团	外资企业	食品业	5.0	2.9	20.0	10.0	9.0
210	北京建龙重工集团有限公司	民营企业	采矿业	10.0	30.0	10.0	0.0	8.5
210	箭牌糖果（中国）有限公司	外资企业	食品业	1.7	0.0	20.0	26.7	8.5
210	诺基亚（中国）投资有限公司	外资企业	通信设备制造业	1.7	10.0	7.5	24.0	8.5
210	微星科技	外资企业	通信设备制造业	1.7	12.0	7.5	14.0	8.5
210	华新丽华控股有限公司	外资企业	金属制造业	8.3	15.0	18.0	0.0	8.5
215	新华联合冶金投资集团有限公司	民营企业	采矿业	10.0	25.0	2.0	11.4	8.0
215	萍乡钢铁有限责任公司	民营企业	金属制造业	6.7	5.0	4.0	4.3	8.0
215	华芳集团有限公司	民营企业	纺织服装业	6.7	20.0	13.3	0.0	8.0
215	万向集团公司	民营企业	交通运输设备制造业	3.3	30.0	2.5	5.7	8.0
215	江苏三房巷集团有限公司	民营企业	石油石化	0.0	20.0	5.0	10.0	8.0

续表

排名	企业名称	企业性质	行业	责任管理	市场责任	社会责任	环境责任	社会责任发展指数
215	欧莱雅（中国）有限公司	外资企业	石油石化	8.3	10.0	17.5	2.5	8.0
215	UT 斯达康通讯有限公司	外资企业	通信设备制造业	1.7	12.0	17.5	0.0	8.0
215	卡特彼勒（中国）投资有限公司	外资企业	通用专用设备制造业	8.3	4.0	7.5	12.0	8.0
215	小松（中国）投资有限公司	外资企业	通用专用设备制造业	8.3	8.0	12.5	0.0	8.0
224	天津市中环电子信息集团有限公司	国有企业	通信设备制造业	0.0	18.0	5.0	8.0	7.5
224	江苏高力集团有限公司	民营企业	房地产	3.3	0.0	13.3	3.3	7.5
224	旭阳煤化工集团有限公司	民营企业	石油石化	3.3	15.0	15.0	2.5	7.5
224	普利司通（中国）投资有限公司	外资企业	石油石化	5.0	10.0	10.0	5.0	7.5
228	湖南华菱钢铁集团有限责任公司	国有企业	金属制造业	0.0	30.0	12.0	0.0	7.0
228	山东大王集团有限公司	民营企业	电气机械及器材制造业	20.0	0.0	0.0	0.0	7.0
228	本田中国投资有限公司	外资企业	交通运输设备制造业	0.0	0.0	15.0	17.1	7.0
228	翔鹭石化股份有限公司	外资企业	石油石化	5.0	0.0	7.5	2.5	7.0
232	山西煤炭运销集团有限公司	国有企业	采矿业	6.7	35.0	10.0	1.4	6.5
232	江苏金浦集团有限公司	民营企业	石油石化	6.7	10.0	7.5	10.0	6.5
232	江阴澄星实业集团有限公司	民营企业	石油石化	0.0	15.0	5.0	5.0	6.5
232	浦项（中国）投资有限公司	外资企业	金属制造业	1.7	5.0	14.0	2.9	6.5
232	雪铁龙（中国）投资有限公司	外资企业	交通运输设备制造业	5.0	6.7	5.0	8.6	6.5
237	新疆广汇实业投资(集团)有限责任公司	民营企业	房地产	6.7	16.0	0.0	0.0	6.0
237	纬创集团	外资企业	通信设备制造业	8.3	4.0	10.0	2.0	6.0
239	海信集团有限公司	国有企业	通信设备制造业	3.3	8.0	12.5	0.0	5.5
239	奇瑞汽车股份有限公司	民营企业	交通运输设备制造业	3.3	3.3	5.0	8.6	5.5
239	日照钢铁控股集团有限公司	民营企业	金属制造业	0.0	10.0	4.0	18.6	5.5
239	英迈中国投资有限公司	外资企业	电气机械及器材制造业	0.0	16.0	7.5	0.0	5.5
239	德龙钢铁有限公司	外资企业	金属制造业	5.0	10.0	12.0	0.0	5.5
244	江阴市西城钢铁有限公司	民营企业	金属制造业	3.3	0.0	4.0	8.6	5.0
244	河北文丰钢铁有限公司	民营企业	金属制造业	3.3	10.0	18.0	7.1	5.0
244	四川省川威集团有限公司	民营企业	金属制造业	0.0	10.0	0.0	11.4	5.0
244	神达电脑集团	外资企业	通信设备制造业	1.7	8.0	2.5	8.0	5.0
244	微软（中国）有限公司	外资企业	信息传输和软件业	1.7	2.9	7.5	5.0	5.0
244	正新橡胶（中国）有限公司	外资企业	石油石化	1.7	5.0	5.0	5.0	5.0
250	天津钢管集团股份有限公司	国有企业	金属制造业	0.0	10.0	4.0	10.0	4.5
250	浙江远大进出口有限公司	民营企业	贸易业	0.0	24.0	8.3	0.0	4.5
250	SK 中国	外资企业	石油石化	1.7	5.0	12.5	2.5	4.5
253	广州汽车工业集团有限公司	国有企业	交通运输设备制造业	0.0	6.7	5.0	0.0	4.0
253	唐山瑞丰钢铁（集团）有限公司	民营企业	金属制造业	0.0	5.0	4.0	4.3	4.0
253	富士康科技集团	外资企业	通信设备制造业	5.0	0.0	7.5	4.0	4.0
256	天津冶金集团有限公司	国有企业	金属制造业	3.3	10.0	6.0	0.0	3.5
256	唐山港陆钢铁有限公司	民营企业	金属制造业	3.3	5.0	4.0	0.0	3.5

续表

排名	企业名称	企业性质	行业	责任管理	市场责任	社会责任	环境责任	社会责任发展指数
258	江苏申特钢铁有限公司	民营企业	金属制造业	3.3	10.0	4.0	0.0	3.0
258	浙江省兴合集团公司	民营企业	贸易业	0.0	8.0	3.3	0.0	3.0
258	天津友发钢管集团有限公司	民营企业	金属制造业	0.0	10.0	4.0	0.0	3.0
261	三菱商事（中国）有限公司	外资企业	贸易业	1.7	0.0	5.2	3.3	2.5
262	北京汽车工业控股有限责任公司	国有企业	交通运输设备制造业	0.0	0.0	5.0	0.0	2.0
263	江西省冶金集团公司	国有企业	金属制造业	0.0	5.0	4.0	0.0	1.5
263	宏碁集团	外资企业	通信设备制造业	1.7	0.0	10.0	0.0	1.5
265	海城市西洋耐火材料有限公司	民营企业	非金属矿物制品业	0.0	5.0	0.0	0.0	1.0
265	希捷国际科技（无锡）有限公司	外资企业	通信设备制造业	0.0	0.0	5.0	0.0	1.0
265	群康科技（深圳）有限公司	外资企业	通信设备制造业	1.7	0.0	2.5	0.0	1.0
268	上海电气（集团）总公司	国有企业	电气机械及器材制造业	0.0	0.0	0.0	0.0	0.0
268	唐山钢铁集团有限责任公司	国有企业	金属制造业	0.0	0.0	0.0	0.0	0.0
268	天津汽车工业（集团）有限公司	国有企业	交通运输设备制造业	0.0	0.0	0.0	0.0	0.0
268	黑龙江北大荒农垦集团总公司	国有企业	农业	0.0	0.0	0.0	0.0	0.0
268	华晨汽车集团控股有限公司	国有企业	交通运输设备制造业	0.0	0.0	0.0	0.0	0.0
268	永城煤电控股集团	国有企业	采矿业	0.0	0.0	0.0	0.0	0.0
268	安徽海螺集团有限责任公司	国有企业	非金属矿物制品业	0.0	0.0	0.0	0.0	0.0
268	山东魏桥创业集团有限公司	民营企业	纺织服装业	0.0	0.0	0.0	0.0	0.0
268	江苏华西集团公司	民营企业	金属制造业	0.0	0.0	0.0	0.0	0.0
268	江苏新长江实业集团有限公司	民营企业	金属制造业	0.0	0.0	0.0	0.0	0.0
268	德讯（中国）货运代理有限公司	外资企业	交通运输、仓储、邮政业	0.0	0.0	0.0	0.0	0.0
268	太平船务（中国）有限公司	外资企业	交通运输、仓储、邮政业	0.0	0.0	0.0	0.0	0.0
268	凌致时装	外资企业	纺织服装业	0.0	0.0	0.0	0.0	0.0
268	伟创力公司	外资企业	通信设备制造业	0.0	0.0	0.0	0.0	0.0
268	江苏佳世达电通有限公司	外资企业	通信设备制造业	0.0	0.0	0.0	0.0	0.0
268	戴姆勒—克莱斯勒（中国）投资有限公司	外资企业	交通运输设备制造业	0.0	0.0	0.0	0.0	0.0
268	飞思卡尔半导体（中国）有限公司	外资企业	通信设备制造业	0.0	0.0	0.0	0.0	0.0
268	上海大润发	外资企业	零售业	0.0	0.0	0.0	0.0	0.0
268	三井物产（中国）有限公司	外资企业	金属制造业	0.0	0.0	0.0	0.0	0.0
268	乐金飞利浦液晶显示	外资企业	通信设备制造业	0.0	0.0	0.0	0.0	0.0
268	北京康捷空国际货运代理有限公司	外资企业	交通运输、仓储、邮政业	0.0	0.0	0.0	0.0	0.0
268	海力士-恒亿半导体有限公司	外资企业	通信设备制造业	0.0	0.0	0.0	0.0	0.0
268	捷普集团	外资企业	通信设备制造业	0.0	0.0	0.0	0.0	0.0
268	旭电公司	外资企业	通用专用设备制造业	0.0	0.0	0.0	0.0	0.0
268	亚旭电子科技	外资企业	通信设备制造业	0.0	0.0	0.0	0.0	0.0
268	丹沙中福货运代理有限公司	外资企业	交通运输、仓储、邮政业	0.0	0.0	0.0	0.0	0.0
268	乐金化学（中国）投资有限公司	外资企业	石油石化	0.0	0.0	0.0	0.0	0.0
268	台一集团	外资企业	金属制造业	0.0	0.0	0.0	0.0	0.0

续表

排名	企业名称	企业性质	行业	责任管理	市场责任	社会责任	环境责任	社会责任发展指数
268	耐克体育（中国）有限公司	外资企业	纺织服装业	0.0	0.0	0.0	0.0	0.0
268	上海易初莲花连锁超市	外资企业	零售业	0.0	0.0	0.0	0.0	0.0
298	马钢（集团）控股有限公司	国有企业	金属制造业	0.0	0.0	0.0	0.0	−1.0
299	阿迪达斯（中国）有限公司	外资企业	纺织服装业	0.0	0.0	0.0	0.0	−2.0
299	宁波奇美电子	外资企业	通信设备制造业	0.0	0.0	0.0	0.0	−2.0

附录二

中国国有企业 100 强社会责任发展指数（2009）

排名	企业名称	行业	责任管理	市场责任	社会责任	环境责任	社会责任发展指数
领先者（12 家）							
1	中国远洋运输（集团）总公司	交通运输、仓储、邮政业	90.0	70.0	62.0	76.0	84.5
2	国家电网公司	电网	86.7	60.0	63.3	65.0	77.0
3	中国移动通信集团公司	电信业	93.3	62.9	47.5	66.7	74.5
4	中国大唐集团公司	电力	75.0	55.0	66.0	68.6	73.5
5	中国华能集团公司	电力	70.0	60.0	64.0	65.7	73.0
6	宝钢集团有限公司	金属制造业	75.0	60.0	70.0	47.1	71.5
7	中国海洋石油总公司	石油石化	51.7	55.0	60.0	60.0	69.0
8	中国中铁股份有限公司	建筑业	51.7	80.0	75.0	62.0	64.5
9	中国工商银行股份有限公司	银行	46.7	73.3	53.3	66.0	62.5
10	中国石油天然气集团公司	石油石化	60.0	55.0	54.0	84.0	62.0
10	中国中钢集团公司	采矿业	56.7	70.0	62.0	38.6	62.0
12	中国石油化工集团公司	石油石化	60.0	60.0	57.0	92.0	60.3
追赶者（19 家）							
13	武汉钢铁（集团）公司	金属制造业	45.0	80.0	42.0	81.4	59.5
14	中国中化集团公司	石油石化	66.7	75.0	52.0	64.0	58.5
15	鞍山钢铁集团公司	金属制造业	63.3	50.0	54.0	57.1	57.5
15	交通银行股份有限公司	银行	43.3	75.0	53.3	48.0	57.5
17	中国铁建股份有限公司	建筑业	51.7	66.7	73.3	42.0	56.0
17	东风汽车公司	交通运输设备制造业	46.7	53.3	45.0	60.0	56.0
19	中国南方航空集团公司	交通运输、仓储、邮政业	50.0	82.5	44.0	46.0	55.0
19	中国建设银行股份有限公司	银行	45.0	73.3	53.3	42.0	55.0
21	中国华电集团公司	电力	63.6	40.0	40.0	54.3	54.5
22	中国南方电网有限责任公司	电网	51.7	77.5	48.3	52.5	54.0
23	中国国电集团公司	电力	63.3	50.0	56.0	37.1	52.0
24	华润（集团）有限公司	零售业	33.3	52.9	60.0	33.3	51.5
25	中国银行	银行	45.0	53.3	53.3	58.0	51.0
26	首钢总公司	金属制造业	36.7	40.0	46.0	60.0	48.5
26	中国人寿保险（集团）公司	保险业	30.0	74.3	42.0	20.0	48.5
28	中国国际海运集装箱（集团）股份有限公司	交通运输、仓储、邮政业	30.0	72.5	36.0	48.0	45.5
29	中国农业银行	银行	40.0	60.0	33.3	26.0	43.5
30	中国交通建设集团有限公司	建筑业	38.3	70.0	41.6	46.0	43.0
31	TCL 集团	电气机械及器材制造业	25.0	60.0	35.0	36.0	41.5

续表

排名	企业名称	行业	责任管理	市场责任	社会责任	环境责任	社会责任发展指数
		起步者（31家）					
32	安阳钢铁集团有限责任公司	金属制造业	28.3	45.0	38.0	47.1	38.5
32	神华集团有限责任公司	采矿业	33.3	40.0	42.0	34.3	38.5
32	中粮集团有限公司	贸易业	35.0	44.0	44.0	8.0	38.5
35	中国人民保险集团公司	保险业	31.7	54.3	26.0	0.0	38.0
36	兖矿集团有限公司	采矿业	23.3	15.0	40.0	45.7	36.5
36	中国五矿集团公司	采矿业	40.0	30.0	40.0	35.7	36.5
38	中国第一汽车集团公司	交通运输设备制造业	16.7	33.3	45.0	50.0	35.5
39	中国电信集团公司	电信业	18.3	45.7	30.0	30.0	35.0
40	太原钢铁（集团）有限公司	金属制造业	13.3	25.0	36.0	57.1	34.5
41	广东省粤电集团公司	电力	15.0	20.0	40.0	40.0	33.5
41	中国联合通信有限公司	电信业	26.7	45.7	20.0	23.3	33.5
43	上海汽车工业（集团）总公司	交通运输设备制造业	20.0	40.0	45.0	32.8	32.5
44	杭州钢铁	金属制造业	6.7	20.0	16.0	60.0	30.0
45	攀枝花钢铁（集团）公司	金属制造业	13.3	30.0	46.0	27.1	29.0
45	中国铝业公司	金属制造业	30.0	30.0	32.0	31.4	29.0
47	陕西延长石油（集团）有限责任公司	石油石化	23.3	35.0	35.0	36.0	28.3
48	铜陵有色金属集团控股有限公司	金属制造业	25.0	35.0	30.0	24.3	27.0
49	中国中煤能源集团公司	采矿业	26.7	35.0	20.0	24.3	26.0
49	中国重型汽车集团有限公司	交通运输设备制造业	13.3	30.0	17.5	28.6	26.0
51	浙江省物产集团公司	贸易业	13.3	36.0	38.0	0.0	24.5
52	中国水利水电建设集团公司	建筑业	16.7	30.0	3.3	46.0	24.0
52	上海华谊（集团）公司	石油石化	20.0	25.0	22.5	20.0	24.0
54	莱芜钢铁集团有限公司	金属制造业	10.0	35.0	12.0	34.3	23.5
55	中国建筑股份有限公司	建筑业	16.7	43.3	13.3	38.0	23.0
56	中国航空集团公司	交通运输、仓储、邮政业	10.0	65.0	20.0	0.0	22.0
56	中国东方航空股份有限公司	交通运输、仓储、邮政业	16.7	50.0	18.0	14.0	22.0
58	本溪钢铁（集团）有限责任公司	金属制造业	6.7	35.0	14.0	32.8	21.5
59	中国太平洋保险（集团）股份有限公司	保险业	10.0	31.4	16.0	0.0	21.0
60	济钢集团有限公司	金属制造业	3.3	10.0	16.0	32.9	20.5
61	中国化工集团公司	石油石化	23.3	40.0	8.0	24.0	20.0
61	大同煤矿集团	采矿业	6.7	25.0	42.0	8.6	20.0
		旁观者（38家）					
63	天津市物资集团总公司	贸易业	16.7	20.0	25.0	0.0	19.5
64	广东物资集团公司	贸易业	23.3	28.0	8.0	0.0	19.0
65	百联集团有限公司	零售业	16.7	18.6	25.0	6.7	18.5
66	上海建工（集团）总公司	建筑业	10.0	63.3	11.7	8.0	18.0
66	中国海运（集团）总公司	交通运输、仓储、邮政业	10.0	35.0	16.0	8.0	18.0
66	中国机械工业集团公司	通用专用设备制造业	10.0	28.0	25.0	0.0	18.0

排名	企业名称	行业	责任管理	市场责任	社会责任	环境责任	社会责任发展指数
69	中国冶金科工集团公司	金属制造业	13.3	30.0	14.0	14.3	17.5
70	光明食品（集团）有限公司	食品	10.0	28.6	20.0	0.0	16.0
71	北大方正集团有限公司	通信设备制造业	15.0	20.0	17.5	0.0	15.0
72	京东方科技集团股份有限公司	通信设备制造业	15.0	10.0	10.0	20.0	14.0
73	中国化学工程集团公司	建筑业	10.0	33.3	15.0	8.0	13.5
74	中国中信集团公司	银行	13.0	16.7	23.2	0.0	12.5
74	广东省广新外贸集团有限公司	贸易业	6.7	20.0	18.3	0.0	12.5
74	中国铁路物资总公司	交通运输、仓储、邮政业	13.3	30.0	6.0	0.0	12.5
77	江苏悦达集团有限公司	交通运输设备制造业	3.3	16.7	17.5	8.6	12.0
77	中国电子信息产业集团公司	通信设备制造业	16.7	12.0	15.0	0.0	12.0
79	江西铜业集团公司	金属制造业	6.7	40.0	18.0	5.7	11.5
79	山西焦煤集团	采矿业	6.7	15.0	22.0	7.1	11.5
79	中国航空油料集团公司	交通运输、仓储、邮政业	15.0	15.0	12.0	0.0	11.5
82	中国邮政集团公司	交通运输、仓储、邮政业	3.3	22.5	14.0	0.0	11.0
83	北台钢铁（集团）有限责任公司	金属制造业	6.7	5.0	12.0	7.1	9.0
84	天津市中环电子信息集团有限公司	通信设备制造业	0.0	18.0	5.0	8.0	7.5
85	湖南华菱钢铁集团有限责任公司	金属制造业	0.0	30.0	12.0	0.0	7.0
86	山西煤炭运销集团有限公司	采矿业	6.7	35.0	10.0	1.4	6.5
87	海信集团有限公司	通信设备制造业	3.3	8.0	12.5	0.0	5.5
88	天津钢管集团股份有限公司	金属制造业	0.0	10.0	4.0	10.0	4.5
89	广州汽车工业集团有限公司	交通运输设备制造业	0.0	6.7	5.0	0.0	4.0
90	天津冶金集团有限公司	金属制造业	3.3	10.0	6.0	0.0	3.5
91	北京汽车工业控股有限责任公司	交通运输设备制造业	0.0	0.0	5.0	0.0	2.0
92	江西省冶金集团公司	金属制造业	0.0	5.0	4.0	0.0	1.5
93	上海电气（集团）总公司	电气机械及器材制造业	0.0	0.0	0.0	0.0	0.0
93	唐山钢铁集团有限责任公司	金属制造业	0.0	0.0	0.0	0.0	0.0
93	天津汽车工业（集团）有限公司	交通运输设备制造业	0.0	0.0	0.0	0.0	0.0
93	黑龙江北大荒农垦集团总公司	农业	0.0	0.0	0.0	0.0	0.0
93	华晨汽车集团控股有限公司	交通运输设备制造业	0.0	0.0	0.0	0.0	0.0
93	永城煤电控股集团	采矿业	0.0	0.0	0.0	0.0	0.0
93	安徽海螺集团有限责任公司	非金属矿物制品业	0.0	0.0	0.0	0.0	0.0
100	马钢（集团）控股有限公司	金属制造业	0.0	0.0	0.0	0.0	−1.0

附录三

中国民营企业 100 强社会责任发展指数（2009）

排名	企业名称	行业	责任管理	市场责任	社会责任	环境责任	社会责任发展指数
领先者（2 家）							
1	联想控股有限公司	通信设备制造业	56.0	74.0	40.0	54.0	70.5
2	中国平安保险（集团）股份有限公司	保险业	58.0	80.0	64.0	30.0	64.0
追赶者（7 家）							
3	中国民生银行股份有限公司	银行	60.0	63.3	76.7	40.0	59.0
4	新希望集团有限公司	食品业	44.7	60.0	47.5	26.7	50.0
5	华夏银行股份有限公司	银行	42.4	56.7	46.7	24.0	46.5
6	招商银行股份有限公司	银行	46.7	53.3	46.7	40.0	42.5
7	华为技术有限公司	通信设备制造业	33.2	30.0	47.5	22.0	40.0
起步者（31 家）							
8	美的集团有限公司	电气机械及器材制造业	34.5	22.0	37.5	44.0	39.5
9	新华联控股有限公司	采矿业	45.5	45.0	50.0	41.4	36.0
10	兴业银行股份有限公司	银行	28.0	33.3	26.7	24.0	34.5
11	海亮集团有限公司	金属制造业	35.4	45.0	44.0	17.1	33.0
12	雅戈尔集团股份有限公司	纺织服装业	36.7	40.0	35.0	35.0	32.0
13	苏宁电器股份有限公司	零售业	29.6	51.4	37.5	0.0	31.5
14	吉林亚泰（集团）股份有限公司	房地产	30.7	42.0	36.7	13.3	31.0
15	南京钢铁集团有限公司	金属制造业	38.0	45.0	22.0	47.1	30.5
15	中天钢铁集团有限公司	金属制造业	33.2	20.0	34.0	45.7	30.5
15	内蒙古蒙牛乳业（集团）股份有限公司	食品业	37.1	27.1	27.5	56.7	30.5
18	深圳发展银行	银行	34.0	43.3	36.7	22.0	29.5
19	陕西东岭工贸集团股份有限公司	金属制造业	30.9	25.0	32.0	35.7	29.0
20	华泰集团有限公司	食品业	34.3	30.0	40.0	32.9	28.5
21	万科企业股份有限公司	房地产	32.0	46.0	20.0	30.0	28.0
22	中兴通讯股份有限公司	通信设备制造业	24.2	22.0	32.5	18.0	27.0
23	物美控股集团有限公司	零售业	27.7	41.4	35.0	6.7	26.5
23	上海复星高科技（集团）有限公司	医药制造业	27.3	36.0	46.0	0.0	25.5
23	江苏阳光集团有限公司	纺织服装业	34.4	40.0	28.3	35.0	25.5
23	人民电器集团有限公司	电气机械及器材制造业	29.5	30.0	52.5	6.0	25.5
27	江苏雨润食品产业集团有限公司	食品业	21.3	31.4	32.5	0.0	24.5
27	传化集团有限公司	石油石化	29.2	40.0	32.5	15.0	24.5
29	广东格兰仕集团有限公司	电气机械及器材制造业	29.0	46.0	25.0	16.0	23.5
29	滨化集团股份有限公司	石油石化	23.3	25.0	15.0	30.0	23.0

续表

排名	企业名称	行业	责任管理	市场责任	社会责任	环境责任	社会责任发展指数
29	华盛江泉集团有限公司	电力	30.9	40.0	24.0	28.6	23.0
32	河北敬业集团	金属制造业	28.7	25.0	34.0	27.1	22.5
32	内蒙古伊利实业集团股份有限公司	食品业	23.1	40.0	22.5	6.7	22.5
34	山东时风（集团）有限责任公司	通用专用设备制造业	25.3	36.0	20.0	20.0	22.0
35	三一集团有限公司	通用专用设备制造业	24.0	26.0	30.0	16.0	21.5
35	红豆集团有限公司	纺织服装业	23.3	20.0	25.0	25.0	21.5
35	利群集团股份有限公司	零售业	20.6	34.3	27.5	0.0	21.5
38	广厦控股创业投资有限公司	建筑业	17.8	26.7	26.7	0.0	20.0
旁观者（62家）							
39	金龙精密铜管集团股份有限公司	金属制造业	25.0	40.0	28.0	7.1	19.5
39	南山集团公司	纺织服装业	24.4	35.0	8.3	30.0	19.5
41	正泰集团有限公司	电气机械及器材制造业	20.8	12.0	22.5	28.0	18.5
42	天津荣程联合钢铁集团有限公司	金属制造业	18.4	15.0	16.0	24.3	16.0
43	德力西集团有限公司	电气机械及器材制造业	17.8	16.0	27.5	10.0	15.0
43	江苏省苏中建设集团股份有限公司	建筑业	18.2	33.3	13.3	8.0	15.0
43	宁波金田投资控股有限公司	金属制造业	16.4	25.0	20.0	4.3	15.0
43	天正集团有限公司	电气机械及器材制造业	20.2	22.0	22.5	16.0	15.0
47	中天发展控股集团有限公司	建筑业	20.0	43.3	16.7	0.0	14.5
47	国美电器控股有限公司	零售业	21.7	34.3	27.5	3.3	14.5
49	扬子江药业集团有限公司	医药制造业	13.7	24.0	12.0	5.0	14.0
50	上海人民企业（集团）有限公司	电气机械及器材制造业	16.0	10.0	30.0	8.0	13.5
50	内蒙古伊泰集团有限公司	采矿业	18.3	35.0	20.0	0.0	13.0
50	山东省农村信用社联合社	银行	15.6	20.0	26.7	0.0	13.0
50	百兴集团有限公司	纺织服装业	12.8	15.0	23.3	0.0	13.0
50	庞大汽贸集团股份有限公司	零售业	12.9	28.6	10.0	0.0	13.0
55	比亚迪股份有限公司	交通运输设备制造业	14.1	16.7	20.0	5.7	12.5
55	江苏沙钢集团有限公司	金属制造业	17.7	25.0	28.0	0.0	12.5
55	南金兆集团有限公司	采矿业	17.7	30.0	6.0	17.1	12.5
55	天津天狮集团有限公司	医药制造业	11.3	12.0	22.0	0.0	12.5
59	浙江恒逸集团有限公司	纺织服装业	11.7	10.0	20.0	5.0	12.0
60	临沂新程金锣肉制品有限公司	食品业	13.5	11.4	22.5	6.7	11.5
60	海航集团有限公司	交通运输、仓储、邮政业	14.3	25.0	8.0	10.0	11.5
62	奥克斯集团有限公司	电气机械及器材制造业	16.3	20.0	25.0	4.0	11.0
63	大连大商集团有限公司	零售业	11.1	5.7	27.5	0.0	10.5
63	杭州娃哈哈集团有限公司	食品业	13.8	5.7	22.5	13.3	10.5
63	沈阳远大企业集团有限公司	建筑业	16.0	30.0	10.0	8.0	10.5
66	桐昆集团股份有限公司	纺织服装业	2.8	5.0	3.3	0.0	10.0

续表

排名	企业名称	行业	责任管理	市场责任	社会责任	环境责任	社会责任发展指数
66	四川宏达（集团）有限公司	石油石化	11.7	10.0	22.5	2.5	10.0
66	法尔胜集团公司	金属制造业	13.3	20.0	20.0	0.0	10.0
66	浙江荣盛控股集团有限公司	石油石化	10.8	5.0	17.5	10.0	10.0
70	通威集团有限公司	食品业	7.8	4.3	12.5	6.7	9.5
70	三胞集团有限公司	通信设备制造业	14.0	22.0	20.0	0.0	9.5
72	九州通医药集团股份有限公司	医药制造业	5.3	8.0	8.0	0.0	9.0
72	恒力集团有限公司	纺织服装业	17.8	15.0	13.3	25.0	9.0
74	北京建龙重工集团有限公司	采矿业	13.3	30.0	10.0	0.0	8.5
75	新华联合冶金投资集团有限公司	采矿业	12.8	25.0	2.0	11.4	8.0
75	萍乡钢铁有限责任公司	金属制造业	4.4	5.0	4.0	4.3	8.0
75	华芳集团有限公司	纺织服装业	11.1	20.0	13.3	0.0	8.0
75	万向集团公司	交通运输设备制造业	12.7	30.0	2.5	5.7	8.0
75	江苏三房巷集团有限公司	石油石化	11.7	20.0	5.0	10.0	8.0
80	江苏高力集团有限公司	房地产业	5.6	0.0	13.3	3.3	7.5
80	旭阳煤化工集团有限公司	石油石化	10.8	15.0	15.0	2.5	7.5
82	山东大王集团有限公司	电气机械及器材制造业	0.0	0.0	0.0	0.0	7.0
83	江苏金浦集团有限公司	石油石化	9.2	10.0	7.5	10.0	6.5
83	江阴澄星实业集团有限公司	石油石化	8.3	15.0	5.0	5.0	6.5
85	新疆广汇实业投资（集团）有限责任公司	房地产业	5.3	16.0	0.0	0.0	6.0
86	奇瑞汽车股份有限公司	交通运输设备制造业	5.6	3.3	5.0	8.6	5.5
86	日照钢铁控股集团有限公司	金属制造业	10.9	10.0	4.0	18.6	5.5
86	江阴市西城钢铁有限公司	金属制造业	4.2	0.0	4.0	8.6	5.0
86	河北文丰钢铁有限公司	金属制造业	11.7	10.0	18.0	7.1	5.0
86	四川省川威集团有限公司	金属制造业	7.1	10.0	0.0	11.4	5.0
91	浙江远大进出口有限公司	贸易	10.8	24.0	8.3	0.0	4.5
92	唐山瑞丰钢铁（集团）有限公司	金属制造业	4.4	5.0	4.0	4.3	4.0
93	唐山港陆钢铁有限公司	金属制造业	3.0	5.0	4.0	0.0	3.5
94	江苏申特钢铁有限公司	金属制造业	4.7	10.0	4.0	0.0	3.0
94	浙江省兴合集团公司	贸易	3.8	8.0	3.3	0.0	3.0
94	天津友发钢管集团有限公司	金属制造业	4.7	10.0	4.0	0.0	3.0
97	海城市西洋耐火材料有限公司	非金属矿物制品业	1.7	5.0	0.0	0.0	1.0
98	山东魏桥创业集团有限公司	纺织服装业	0.0	0.0	20.0	0.0	0.0
98	江苏华西集团公司	金属制造业	0.0	0.0	0.0	0.0	0.0
98	江苏新长江实业集团有限公司	金属制造业	0.0	0.0	0.0	0.0	0.0

附录四

中国外资企业 100 强社会责任发展指数（2009）

排名	企业名称	行业	责任管理	市场责任	社会责任	环境责任	社会责任发展指数
领先者（0 家）							
追赶者（4 家）							
1	通用汽车（中国）	交通运输设备制造业	43.3	30.0	37.5	41.4	43.5
2	索尼公司	通信设备制造业	41.7	42.0	27.5	58.0	43.0
3	金光纸业（中国）投资有限公司	造纸业	50.0	13.3	47.5	38.6	42.0
4	可口可乐（中国）饮料有限公司	食品业	54.7	15.7	47.5	43.3	41.0
起步者（17 家）							
5	上海贝尔阿尔卡特股份有限公司	通信设备制造业	28.3	26.0	47.5	34.0	39.0
6	巴斯夫（中国）有限公司	石油石化	40.0	5.0	35.0	32.5	38.5
7	英特尔中国	通信设备制造业	40.0	14.0	52.5	50.0	37.5
8	富士施乐（中国）有限公司	通用专用设备制造业	30.0	14.0	40.0	46.0	35.0
9	丰田汽车（中国）投资有限公司	交通运输设备制造业	33.3	30.0	22.5	44.3	32.5
10	ABB 中国	电气机械及器材制造业	45.0	16.0	40.0	18.0	32.0
11	三星中国投资有限公司	通信设备制造业	10.0	36.0	20.0	54.0	30.5
12	惠普（中国）投资有限公司	通信设备制造业	43.3	6.0	27.5	28.0	29.0
13	福特汽车（中国）有限公司	交通运输设备制造业	30.0	23.3	30.0	17.1	27.5
14	壳牌中国	石油石化	28.3	20.0	33.8	27.5	27.3
15	安利（中国）日用品有限公司	零售业	8.3	24.3	42.5	30.0	24.0
15	沃尔玛（中国）投资有限公司	零售业	8.3	18.6	32.5	43.3	24.0
17	西门子（中国）有限公司	电气机械及器材制造业	28.3	30.0	25.0	14.0	23.5
18	日立（中国）有限公司	电气机械及器材制造业	11.7	12.0	25.0	42.0	23.0
19	佳能（中国）	通用专用设备制造业	25.0	10.0	22.5	30.0	21.0
19	BP 中国	石油石化	13.3	10.0	30.0	25.0	21.0
21	大众汽车集团（中国）	交通运输设备制造业	11.7	16.7	22.5	31.4	20.5
旁观者（79 家）							
22	广州宝洁有限公司	石油石化	10.0	0.0	17.5	22.5	19.5
23	大金（中国）投资有限公司	电气机械及器材制造业	8.3	4.0	20.0	38.0	19.0
24	光宝集团	通信设备制造业	26.7	8.0	17.5	12.0	18.5
25	松下电工（中国）有限公司	电气机械及器材制造业	11.7	24.0	17.5	20.0	18.0
25	乐金电子（中国）有限公司	通信设备制造业	5.0	12.0	27.5	20.0	18.0
27	无锡尚德太阳能电力有限公司	电气机械及器材制造业	10.0	24.0	17.5	14.0	17.0
27	东芝中国	电气机械及器材制造业	35.0	14.0	17.5	2.0	17.0
27	宝马（中国）	交通运输设备制造业	16.7	13.3	12.5	15.7	17.0

续表

排名	企业名称	行业	责任管理	市场责任	社会责任	环境责任	社会责任发展指数
30	雀巢中国有限公司	食品业	5.0	18.6	15.0	30.0	16.5
31	摩托罗拉（中国）电子有限公司	通信设备制造业	8.3	16.0	25.0	22.0	16.0
32	斗山工程机械（中国）有限公司	电气机械及器材制造业	1.7	12.0	20.0	16.0	14.5
33	锦江麦德龙现购自运有限公司	零售业	6.7	24.3	12.5	13.3	14.0
33	施耐德（中国）投资有限公司	电气机械及器材制造业	11.7	16.0	22.5	8.0	14.0
35	联合利华（中国）有限公司	石油石化	20.0	10.0	27.5	5.0	13.5
35	华硕	通信设备制造业	11.7	12.0	12.5	14.0	13.5
37	夏普	通用专用设备制造业	5.0	8.0	27.5	16.0	13.0
37	爱立信（中国）通信有限公司	通信设备制造业	13.3	12.0	15.0	8.0	13.0
37	国际商业机器全球服务（中国）有限公司	信息传输和软件业	8.3	13.3	12.5	4.9	13.0
40	联强国际贸易（中国）有限公司	贸易	1.7	32.0	10.3	0.0	12.5
40	奥的斯电梯（中国）投资有限公司	通用专用设备制造业	11.7	12.0	10.0	8.0	12.5
42	青岛丽东化工有限公司	石油石化	5.0	5.0	6.3	17.5	12.3
43	上海三菱电梯有限公司	通用专用设备制造业	1.7	8.0	10.0	18.0	12.0
44	爱默生发电机有限公司	电气机械及器材制造业	5.0	20.0	17.5	4.0	11.0
44	理光中国	通用专用设备制造业	5.0	0.0	12.5	28.0	11.0
44	佳通轮胎（中国）投资有限公司	石油石化	8.3	10.0	17.5	10.0	11.0
44	联众（广州）不锈钢有限公司	金属制造业	1.7	5.0	6.0	24.3	11.0
48	现代汽车中国投资有限公司	交通运输设备制造业	3.3	16.7	15.0	11.4	9.5
48	仁宝集团	通信设备制造业	6.7	8.0	7.5	16.0	9.5
48	日产（中国）投资有限公司	交通运输设备制造业	6.7	10.0	10.0	11.4	9.5
48	台达集团	通信设备制造业	8.3	8.0	15.0	8.0	9.5
52	戴尔中国有限公司	通信设备制造业	1.7	4.0	27.5	12.0	9.0
52	益海嘉里集团	食品业	5.0	2.9	20.0	10.0	9.0
54	箭牌糖果（中国）有限公司	食品业	1.7	0.0	20.0	26.7	8.5
54	诺基亚（中国）投资有限公司	通信设备制造业	1.7	10.0	7.5	24.0	8.5
54	微星科技	通信设备制造业	1.7	12.0	7.5	14.0	8.5
54	华新丽华控股有限公司	金属制造业	8.3	15.0	18.0	0.0	8.5
58	欧莱雅（中国）有限公司	石油石化	8.3	10.0	17.5	2.5	8.0
58	UT斯达康通讯有限公司	通信设备制造业	1.7	12.0	17.5	0.0	8.0
58	卡特彼勒（中国）投资有限公司	通用专用设备制造业	8.3	4.0	7.5	12.0	8.0
58	小松（中国）投资有限公司	通用专用设备制造业	8.3	8.0	12.5	0.0	8.0
62	普利司通（中国）投资有限公司	石油石化	5.0	10.0	10.0	5.0	7.5
63	本田中国投资有限公司	交通运输设备制造业	0.0	0.0	15.0	17.1	7.0
63	翔鹭石化股份有限公司	石油石化	5.0	0.0	7.5	2.5	7.0
65	浦项（中国）投资有限公司	金属制造业	1.7	5.0	14.0	2.9	6.5
65	雪铁龙（中国）投资有限公司	交通运输设备制造业	5.0	6.7	5.0	8.6	6.5
67	纬创集团	通信设备制造业	8.3	4.0	10.0	2.0	6.0

排名	企业名称	行业	责任管理	市场责任	社会责任	环境责任	社会责任 发展指数
68	英迈中国投资有限公司	电气机械及器材制造业	0.0	16.0	7.5	0.0	5.5
68	德龙钢铁有限公司	金属制造业	5.0	10.0	12.0	0.0	5.5
70	神达电脑集团	通信设备制造业	1.7	8.0	2.5	8.0	5.0
70	微软（中国）有限公司	信息传输和软件业	1.7	2.9	7.5	5.0	5.0
70	正新橡胶（中国）有限公司	石油石化	1.7	5.0	5.0	5.0	5.0
73	SK 中国	石油石化	1.7	5.0	12.5	2.5	4.5
74	富士康科技集团	通信设备制造业	5.0	0.0	7.5	4.0	4.0
75	三菱商事（中国）有限公司	贸易	1.7	0.0	5.2	3.3	2.5
76	宏碁集团	通信设备制造业	1.7	0.0	10.0	0.0	1.5
77	希捷国际科技（无锡）有限公司	通信设备制造业	0.0	0.0	5.0	0.0	1.0
77	群康科技（深圳）有限公司	通信设备制造业	1.7	0.0	2.5	0.0	1.0
79	德讯（中国）货运代理有限公司	交通运输、仓储、邮政业	0.0	0.0	0.0	0.0	0.0
79	太平船务（中国）有限公司	交通运输、仓储、邮政业	0.0	0.0	0.0	0.0	0.0
79	凌致时装	纺织服装业	0.0	0.0	0.0	0.0	0.0
79	伟创力公司	通信设备制造业	0.0	0.0	0.0	0.0	0.0
79	江苏佳世达电通有限公司	通信设备制造业	0.0	0.0	0.0	0.0	0.0
79	戴姆勒—克莱斯勒（中国）投资有限公司	交通运输设备制造业	0.0	0.0	0.0	0.0	0.0
79	飞思卡尔半导体（中国）有限公司	通信设备制造业	0.0	0.0	0.0	0.0	0.0
79	上海大润发	零售业	0.0	0.0	0.0	0.0	0.0
79	三井物产（中国）有限公司	金属制造业	0.0	0.0	0.0	0.0	0.0
79	乐金飞利浦液晶显示	通信设备制造业	0.0	0.0	0.0	0.0	0.0
79	北京康捷空国际货运代理有限公司	交通运输、仓储、邮政业	0.0	0.0	0.0	0.0	0.0
79	海力士–恒亿半导体有限公司	通信设备制造业	0.0	0.0	0.0	0.0	0.0
79	捷普集团	通信设备制造业	0.0	0.0	0.0	0.0	0.0
79	旭电公司	通用专用设备制造业	0.0	0.0	0.0	0.0	0.0
79	亚旭电子科技	通信设备制造业	0.0	0.0	0.0	0.0	0.0
79	丹沙中福货运代理有限公司	交通运输、仓储、邮政业	0.0	0.0	0.0	0.0	0.0
79	乐金化学（中国）投资有限公司	石油石化	0.0	0.0	0.0	0.0	0.0
79	台一集团	金属制造业	0.0	0.0	0.0	0.0	0.0
79	耐克体育（中国）有限公司	纺织服装业	0.0	0.0	0.0	0.0	0.0
79	上海易初莲花连锁超市	零售业	0.0	0.0	0.0	0.0	0.0
99	阿迪达斯（中国）有限公司	纺织服装业					−2.0
99	宁波奇美电子	通信设备制造业	0.0	0.0	0.0	0.0	−2.0

附录五

中国社会科学院经济学部
企业社会责任研究中心介绍

中国社会科学院经济学部企业社会责任研究中心（以下简称"中心"）成立于 2008 年 2 月，是中国社会科学院主管的非营利性学术研究机构。全国人大常委会委员、中国社会科学院学部主席团代主席、经济学部主任陈佳贵研究员任中心理事长，中国社会科学院经济研究所钟宏武副研究员担任主任。

中心的最高权力机构是理事会，理事会设理事长一人，副理事长若干人。理事会由从事企业社会责任领域研究工作或实践工作的外部专家和企业管理人员构成，现有中国社会科学院、国务院国有资产监督管理委员会、人力资源与社会保障部、中国企业联合会、中国人民大学等数十位专家、学者担任中心理事。中心办事机构设主任一人，副主任若干人。

中心的定位是：

●研究者：重大理论和实践问题的研究。中心将以我国企业社会责任理论创新为己任，积极开展中国企业社会责任问题的系统理论研究，促进中国特色的企业社会责任理论体系的形成和发展。中心将编撰《中国企业社会责任》文库，支持与企业社会责任相关的理论专著的编写和出版。

●传播者：宣传企业社会责任知识。中心将组织力量，编写一系列符合中国国情的企业社会责任培训教材。并组织、参加各种有关企业社会责任的学习、交流、研讨活动，与社会分享中心研究成果，传播企业社会责任知识。

●推进者：为各类机构的社会责任实践提供意见和建议。中心将承担与企业社会责任领域有关的项目调研和研究服务，为政府部门、社会团体和企业等各类组织研究、解决应用性问题提供意见和建议。

●观察者：跟踪记录中国企业社会责任理论和实践的最新进展。中心将每年出版一本《中国企业社会责任蓝皮书》，记录上一年度企业社会责任研究和实践的重大进展，并连续发布《中国企业社会责任发展指数报告》。

中国社会科学院经济学部企业社会责任研究中心

2009 年 12 月

电话：010-60537905
传真：010-68032473
网站：www.cass-csr.org
E-mail：cass_csr@sina.com
地址：北京市阜外月坛北小街 2 号
邮编：（100836）

中心领导成员

理事长：

陈佳贵　全国人大常委会委员、中国社会科学院原副院长、
中国社会科学院学部主席团代主席、经济学部主任、研究员

副理事长：

彭华岗　国务院国有资产管理委员会研究局局长

陈　英　联合国全球契约理事会理事

李汉林　中国社会科学院科研局局长、研究员

金　碚　中国社会科学院工业经济研究所所长、研究员

刘迎秋　中国社会科学院研究生院院长、研究员

王延中　中国社会科学院监察局局长、研究员

黄速建　中国社会科学院工业经济研究所副所长、研究员

黄群慧　中国社会科学院科研局副局长、研究员

冯　仑　万通集团董事局主席

刘　刚　中国人民大学 MBA 中心主任

主　任：

钟宏武　中国社会科学院经济研究所副研究员、博士

副主任：

余　菁　中国社会科学院工业经济研究所研究室副主任、副研究员、博士

李伟阳　国家电网公司办公厅社会责任处处长、高级会计师

中国社会科学院经济学部企业
社会责任研究中心研究业绩

　　主持《社会责任国际标准与组织治理、环境相关国际规范符合性技术评价研究》、《中央企业社会责任推进机制研究》、《上市公司社会责任信息披露》、《灾后重建与企业社会责任》等重大课题。出版《中国企业社会责任报告编写指南》、《企业社会责任蓝皮书（2009）》等专著，在《经济研究》、《中国工业经济》、《人民日报》等刊物上发表论文数十篇。为国家电网公司、宝钢集团、中国中钢集团、中国民生银行、联想集团等企业提供咨询服务。

课题：

- 国家科技支撑计划课题：《社会责任国际标准风险控制及企业社会责任评价技术研究》之《子任务1-2：社会责任国际标准与组织治理、环境相关国际规范符合性技术评价研究》（课题负责人：黄群慧），2009年10月-2010年10月；
- 国资委研究局、中国社会科学院经济学部企业社会责任研究中心：《中央企业社会责任推进机制研究》（课题负责人：彭华岗、黄群慧），2009年3月至今；
- 深交所、中国社会科学院经济学部企业社会责任研究中心：《上市公司社会责任信息披露》（课题负责人：钟宏武），2009年3月-2009年12月；
- 中国社会科学院国情调研—企业调研课题：《中国中钢集团考察》（课题负责人：黄群慧、黄天文），2009年6月-2009年12月；
- 中国工业经济联合会、中国社会科学院经济学部企业社会责任研究中心：工信部制定《推进企业社会责任建设指导意见》前期研究成果（课题负责人：李玉华），2009年10月-2009年12月；
- 中国社会科学院交办课题：《灾后重建与企业社会责任》（课题负责人：韩朝华），2008年8月-2009年8月；
- 中国社会科学院课题：《海外中资企业社会责任研究》（课题负责人：钟宏武），2007年6月-2008年6月；
- 中国社会科学院经济学部企业社会责任研究中心：《中国企业社会责任发展指数研究》（课题负责人：钟宏武），2009年5月-2009年10月；
- 国资委课题：《中央企业社会责任理论研究》（课题负责人：彭华岗），2007年4月-2007年8月；
- 国家科技部课题：《企业社会责任指标体系研究》（课题负责人：王敏），2007年9月-2008年9月；
- 国家电网课题：《国有企业社会责任理论创新研究》（课题负责人：王敏），2006年6月-2007年6月；
- 福特基金会课题：《公司与社会公益Ⅲ》（课题负责人：钟宏武），2006年6月-2007年6月。

专著：

- 陈佳贵、黄群慧、彭华岗、钟宏武：《企业社会责任蓝皮书（2009）》，社会科学文献出版社2009年版。
- 钟宏武、孙孝文、张蒽、张唐槟：《中国企业社会责任报告编写指南》，收录于陈佳贵等主编：

《中国企业社会责任》文库，经济管理出版社 2009 年版。

● 钟宏武、张蒽、张唐槟、孙孝文：《中国企业社会责任发展指数报告》，收录于陈佳贵等主编：《中国企业社会责任》文库，经济管理出版社 2009 年版。

● 钟宏武：《慈善捐赠与企业绩效》，经济管理出版社 2007 年版。

论文：

● 黄群慧、彭华岗、钟宏武、张蒽：《中国 100 强企业社会责任发展状况评价》，载《中国工业经济》2009 年第 10 期；

● 钟宏武：《日本企业社会责任研究》，载《中国工业经济》2008 年第 9 期，人大复印资料全文转载；

● 钟宏武：《企业捐赠作用的综合解析》，载《中国工业经济》2007 年第 2 期，人大复印资料全文转载；

● 钟宏武：《企业社会责任"三步走"》，载《人民日报》2008 年 11 月 11 日；

● 钟宏武：《国企捐赠是"慷他人之慨"吗?》，载《人民日报（海外版）》2008 年 2 月 25 日；

● 钟宏武：《企业慈善捐赠为何不够慷慨?》，载《人民日报（海外版）》2006 年 10 月 20 日第 5 版；

● 钟宏武：《5·12 大地震企业捐赠大众评价调查》，载《中国经济周刊》2008 年 6 月 5 日；

● 钟宏武：《2008 中国企业社会责任公众调查》，载《WTO 经济导刊》2008 年第 8 期；

● 钟宏武：《日本企业公益：中国的一面镜子》，载《中国财富》2008 年第 7 期；

● 钟宏武：《个人捐赠免税问题调查》，载《公益时报》2008 年 6 月 23 日；

● 钟宏武：《海外中资企业的社会责任缺失问题及其治理》，载《对外援助工作通讯》2007 年第 9 期。

后 记

  2009 年 10 月，中心发布了《企业社会责任蓝皮书》，其总报告《中国 100 强企业社会责任发展指数》引起了社会的广泛关注。一些专家、读者指出该研究的样本存在天然局限性，即中国 100 强企业中国有企业占 80% 以上，比重过高，而民企和外资的比重过低，影响到部分结论的普适性。有鉴于此，中心将中国 100 强企业社会责任发展指数升级为中国企业社会责任发展指数（2009），全面研究、评价了国企 100 强、民企 100 强和外企 100 强的社会责任管理水平和社会责任信息披露现状，以期更为客观地反映中国企业社会责任发展现状和阶段性特征。

  本报告后台数据库的建构是集体劳动成果，共有 30 余位同志参与其中。数据库的内容结构和技术路线由钟宏武、孙孝文、张蒽、张唐槟研究确定，并听取了相关专家的意见和建议。报告的研究过程涉及 300 家企业社会责任公开信息的搜集、阅读和整理，庞大的基础资料分析工作由钟宏武、孙孝文组织协调完成。其中，中国 300 强企业的最终名单由钟宏武、张唐槟研究确定；企业社会责任报告、年报和官方网站的信息收集工作由孙孝文组织协调完成；信息录入、数据清理与指标赋权由钟宏武、孙孝文、张蒽、张唐槟共同组织完成。

  本报告的写作提纲由钟宏武、张蒽、张唐槟、孙孝文共同确定。第一章"中国 100 强系列企业社会责任发展指数（2009）"由张蒽、孙孝文、胡雯雯撰写；第二章"中国国有企业 100 强社会责任发展指数（2009）"由张蒽、胡雯雯撰写；第三章"中国民营企业 100 强社会责任发展指数（2009）"由张唐槟撰写；第四章"中国外资企业 100 强社会责任发展指数（2009）"由孙孝文撰写；附录由张蒽整理。全书由钟宏武、张蒽共同审阅、修改和定稿。

  企业社会责任覆盖面广、实践性强、变化很快，本报告仍有诸多不完善之处。我们将在未来的研究中不断完善企业社会责任评价指标体系，优化研究方法和技术路线，更准确、深入地反映中国企业社会责任阶段性特征，推动中国企业社会责任更快更好的发展。

中国社会科学院经济学部
企业社会责任研究中心
2009 年 12 月